JN114095

21世紀の家族づくり

第2版

増子 勝義

【編著】

学文社

執筆者 （執筆順）

* **増子　勝義**　城 西 国 際 大 学（第1・2・7・15章）

　南山　浩二　成　　城　　大　　学（第3章）

　魚住　明代　城 西 国 際 大 学（第4・6・12章）

　伊佐　智子　久 留 米 大 学（非常勤）（第5章）

　蓼沼　康子　城 西 短 期 大 学（第9・13章）

　加藤　朋江　福 岡 女 子 短 期 大 学（第8・14章）

　堀　千鶴子　城 西 国 際 大 学（第10・11章）

*は編者

はしがき

　本書は，人びとの「幸せな家族づくり後押しするような情報提供をしてみたい」という考えのもと編まれたものだ。IT環境の膨張による情報の氾濫のなか，家族について真剣に考えたり，学んだりしようとする人たちが，偏った情報に惑わされたり，苦しんだりすることなく自己の家族観を持ち，実践することに資することを目標とした。そして，「変化と多様性」の認識だけを変わらない共通項として，もう一度ニュートラルな視点から「家族」をとらえなおしていくことを考えた。

　その想いは今現在も変わっていないが，コロナ禍を経て，少しく考えるところが生じた。1つには，少子化がますます加速されるだろうことだ。コロナ禍のために，若者たちは大切な出会いの場を失いつつあり，出会いがなければ恋愛も結婚もない。そうでなくとも窮屈な日本社会において，はみ出そうとしない若い世代は，出会いの場どころか実際の活動の場を失いつつある。社会学的に言い換えるなら，対面的相互作用の圧倒的縮小が現出した。言うまでもないが，ヒトがコミュニケーション能力を発達させ「ことば」を生みだしたのは，対面状況においてである。情弱な編者には証拠を示すことは不可能だが，コロナ禍のもとでの出会いの場はマッチングアプリへとシフトした。このことは，編者ら中高年の人たちにとっては未知へのチャレンジだが，若い人たちにとってはチャンスととらえられるのかもしれない。それにしても，この国の少子化対策は歯がゆい。誤解を恐れずに言えば，大切なのは子育て支援よりは結婚支援であろう。ひと頃，無謀にも自治体主催の出会いパーティなるものが行われたが，近頃は消滅した。

　2つには，コロナ禍により，家族生活と仕事のバランスの見直し・調整が必要となり，そのことでより結束を固めた家族とそうでない家族に二極化したことだ。これも仮説の域を出ないが，コロナ禍は，近代家族的価値観の不整合と

ii

無力を逆照射したのではないだろうか。編者の周りでも家計の行き詰まり等を原因とする家族関係の悪化についての話題や相談が急増している。言い出すときりがないが，家に長くいるようになっただけで，家のことを「やらない，できない，時間がない」人びとは，ここ3年をどう過ごしたのだろうか。

　こうしたことから，コロナ禍は家族のレジリエンス（resilience）を問うようになったと言ってもいいかもしれない。レジリエンスとは，編者がグリーフケアについて研究を始めた頃に遭遇し，今では人口に膾炙した言葉で，個人の「困難に耐え，立ち向かい，立ち直る力」を指している。だから，定義からして家族に用いることは，議論されなくてはならないことだとも理解している。しかし，言いたいことは，性別役割分業という方法は，コロナ禍の新しいライフスタイルの展開には無力で，互いを尊重し，助け合う協働主義的家族こそがレジリエンスのある家族だということである。この時期にまさに家族形成しようとしている若い人たちが模索する生活は，必ずしも裕福でなくとも，コロナ禍に耐え，確実に新しい家族像を描きつつあることを，編者は実感する。政治の不始末に対し国民それぞれが自らのレジリエンスによって持ちこたえるのが，この国の常のようだ。この点からも，これから就職をはじめ様々なライフイベントを経験していくであろう学生諸君に期待したい。

　ところで，編者らが大学環境の激変のなか，なんとか授業をこなしてこれた一因に本書がある。様々な授業形態に対応するため，縦横に使わせていただいた。初版から3年余で第二版を出していただけることは，大変な慶事だと認識している。この第二版では，論点の直しは最小限にして，データを新しくすることと主張の矛盾を正すことだけに止めることとした。末筆になり恐縮だが，いつの間にかシリーズになってしまっていたこの家族に関する論考の出版に20年余にわたって携わってくださった田中千津子社長をはじめ学文社の皆様に，深い感動と感謝の意を表したい。並大抵の感謝では足りないと思っている。

　2022年12月吉日

　　　　　　　　　　　　　　　　　　　　城西国際大学　増子　勝義

目　次

Part I　家族への新しい視点

第1章　社会変動と家族 ･･････････････････････････････････2

家族とは……4／家族類型……5／家族史の区分と家制度……6／少子化の意味……7／少子化のなかの家族……9／核家族化の実態……12／近代家族……13／近代家族からの脱却……15／未婚化と単身世帯の増加……17／家族の機能変化……17／家族機能は縮小したか？……18／制度の制約……18／経済社会の制約……19／個人の選択と家族……20

第2章　家族とライフコースの視点 ･････････････････････････21

ライフコースとは……23／ライフコースの記述……23／ライフコース研究の基本仮定……26／ライフコースの観察……30／ライフコースの構成要素……30／ライフコースの社会学のために……32／家族とライフコースの新たな視点……33／ライフプランとライフコース……34

第3章　家族は「やすらぎの場」といえるのか？─夫婦間の役割分担に焦点をあてて─ ････････････････38

「やすらぎの場」としての家族？……40／家族の多様化現象と家族研究……42／ストレスの社会学……43／ストレス生成装置としての＜近代家族＞……45／家族をつくることの意味─結婚がもたらすもの─……47／夫婦間におけるコミュニケーションと調整の必要性……49／ストレスへの対処─家族内外の資源の動員……51／まとめにかえて─自己選択機会の増大と家族のゆくえ……53

第4章　ジェンダーからみた家族 ･･････････････････････････56

戦後の家族とジェンダー役割……58／母性と近代家族……59／フェミニズムと家族……62／家族の時間とジェンダー役割……64

第5章　家族と生殖をめぐる技術 ･･････････････････････････68

生殖と家族─自らの不思議な体験を通して─……70／リプロダクティブ・ヘルス／ライツ……71／リプロダクティブ・ヘルス／ライツと人口問題……72／生まないという選択─避妊と人工妊娠中絶─……74／人工生殖技術……76／

人工生殖技術により生じている問題の概観……79／第三者がかかわる生殖技術と家族関係の複雑化……80／子どもの出自を知る権利……81／同性カップル，非婚女性の不妊治療……82／死後生殖という問題……82／命を選別する技術―着床前診断，出生前診断―……83／おわりに―あらためて生殖とは何か―……83／高齢社会を迎えて―子どもをもつとはどういう意味か―……84

第6章　家族とウエルネス・ライフ ……………………………………86

健康寿命の伸長……89／セルフケア意識の向上と地域の取り組み……90／格差社会とウエルネス……92／家族支援とは……94／家族とウエルネス・ライフ……96

第7章　家族の変容と社会保障 ……………………………………99

高齢化のインパクト……101／家族と社会保障の論点……103／生活保護と家族……105／年金と家族……106／日本型福祉社会の破綻……109／「家族の失敗」論……110／家族主義……110／介護保険と家族……112／21世紀の社会保障……113／家族の変化と社会保障……115／社会保障制度史からみえてくること……116

Part Ⅱ　家族の危機と再生

第8章　未婚化・少子化と子ども ……………………………………120

「いつの間に……」……122／未婚化……123／少子化……126／未婚化と少子化をめぐる議論……128／少子社会と子ども……130

第9章　ワーク・ライフ・バランスと家族 …………………………135

ワーク・ライフ・バランスとは何か……137／日本における経緯……141／家族の現在……143／働き方と家族……147

第10章　ドメスティック・バイオレンスと家族 ……………………150

ドメスティック・バイオレンスからみえる家族……152／ドメスティック・バイオレンスの類型と内容……155／ドメスティック・バイオレンスからみえる家族……158／家族における愛情と暴力……163

第11章　ひとり親家族の生活困難 …………………………………166

ひとり親家族への着目……168／新たな用語の登場―「ひとり親家族」「非婚」……169／ひとり親家族の状況……170／ケアの観点による近代家族の問い直

し……178

第12章　オルタナティブ・ファミリー ・・・・・・・・・・・・・・・・・・・・・・・・・・・・182

パートナー関係の多様化……184／親子の関係―血縁・非血縁の親子―……
188／居住関係―誰と住まうのか―……191／家族とは……194

第13章　家族文化と子どもの社会化 ・・・・・・・・・・・・・・・・・・・・・・・・・196

子どもの社会化……198／子どもと家族の歴史……200／家族文化の多様性
……205／子どもの社会化の現在……207

第14章　災害と家族 ・・・211

震災までと震災の直後……214／チェルノブイリの記憶……217／放射性物質
に対する考えの相違……218／移住の実際……221／新しいネットワークの構
築……223／移住の決め手となったもの……224／移住したことに伴う悩み
……226

第15章　がん患者家族とグリーフ ・・・・・・・・・・・・・・・・・・・・・・・・・・・・230

大量死時代……232／サイコオンコロジー……233／緩和ケア……233／クオリ
ティ・オブ・ライフとクオリティ・オブ・デス……235／第二の患者論……
238／がん患者家族の心の問題……239／グリーフ……240／グリーフケア……
241／グリーフワーク……243／死別へのサポート……245／自助グループ……
247／自助グループでの留意点……249／がん患者家族への心理的援助のため
に……250

索　引 ・・・252

Part I

家族への新しい視点

第1章　社会変動と家族

未婚化の進展

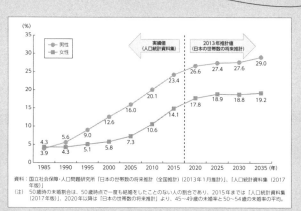

資料：国立社会保障・人口問題研究所「日本の世帯数の将来推計（全国推計）（2013年1月推計）」、「人口統計資料集（2017年版）」
（注）　50歳時の未婚割合は、50歳時点で一度も結婚をしたことのない人の割合であり、2015年までは「人口統計資料集（2017年版）」、2020年以降は「日本の世帯数の将来推計」より、45～49歳の未婚率と50～54歳の未婚率の平均。

出所）厚生労働省『平成29年版　厚生労働白書—社会保障と経済成長』p.183

　…ライフスタイルが従来とは異なるものになってきている．たとえば，2035年には50歳時の未婚割合が男性で約29％，女性では約19％になるものと見込まれているほか，共働き世帯と専業主婦世帯（男性雇用者と無業の妻からなる世帯）とを比べると，1997（平成9）年には既に前者の数が後者の数を上回っている状況にも配慮する必要がある．
　こうした状況に加え，多くの国民が結婚したい，子どもを生み育てたい，結婚した後も子どもを育てながら働きたいと希望しているにもかかわらず，その希望がかなえられず，結果として少子化が進んでしまっているものと考えられることなどから，国民が希望する結婚や出産を実現できる環境を整備することが重要となる．

　（厚生労働省『平成29年版　厚生労働白書—社会保障と経済成長』p.182を一部改変）

(撮影：ぱくたそ)

🔑 キーターム

核家族（nuclear family）　1組の夫婦と未婚の子，ひとり親と未婚の子あるいは夫婦のみからなる家族.

直系家族（stem family）　2組の夫婦関係を含む三世代にわたる親族が同一世帯を形成するもの.

複合家族（joint family）　2組以上の既婚子を同居させる家族.

近代家族（modern family）　夫婦が対等の関係で結ばれ，男女の性別役割分業が明確化して，「男は仕事，女は家庭」という考え方が実践される家族. したがって，子どもに日常的にかかわるのは，事実上，母親の役割となる.

4

✐ 家族とは？

現代社会では，家族を説明しようとすると「自分たちをそうだと考えている
2人もしくはそれ以上の人びとの集まりである」というしかない．この定義に
ならない表現は，人びとの意識に強く依存しているが，それほど家族というも
ののあり方が多様化していることを暗示する．そして，一般には，その人びと
は家族であることを証明するため，それぞれがそのなかでの義務や役割，責任
を引き受けることとされる．

たとえば，スウェーデンでは，家族は「夫婦と未婚の子からなる扶養共同
体」（高島，1997）である．これは，明らかに，男女が愛情によって結びつき，
一定期間ともに過ごし，そのことによって子をなし，子をなしたからには，親
として子どもが成人するまで扶養の義務が生じるというライフコースの自然な
流れを想定したものである．この場合のスウェーデン人の家族観の背後には徹
底した個人主義的価値観があるといわれている．

また，オーストラリアでは，家族とは「血縁，（事実婚を含む）婚姻，養子
縁組，親の再婚，養育等の関係で結ばれた2人以上の人間が同じ世帯に住ん
でいる場合であり，そのうちの1人が15歳以上でなくてはならない」（マクドナ
ルド，2000）とされている．多民族であるこの国では，許容範囲が広いといわ
れる法規範に忠実であることが求められる．

ここで，世帯という言葉が登場するが，これは一般に「住居と家計を同じに
する2人以上の人の集まり」を指す統計上の概念である．一般には，「家族」
と「世帯」は分離され，別物である．日本の政府統計等では，家族は捉えにく
いことから，世帯で家族を代替させることが多い．

ところで，オーストラリアの政府統計（2005）をみていたところ，family
household という用語に遭遇した．すなわち，オーストラリアには，直訳する
と「家族世帯」になってしまうような分類が存在するということだ．すなわち，
全世帯員が家族員でもあるような住まい方をしている人たちであり，これがオ
ーストラリアの家族である．この家族を形成する世帯は，オーストラリアの全

世帯の72％であり，その中で夫婦家族が85％で，ひとり親家族が14％，その他の家族が 1 ％である．

　日本の家族については，森岡清美の以下の定義がある．すなわち，森岡によると，「家族とは，夫婦，親子，きょうだいなど少数の近親者を成員とし，成員相互の深い感情的包絡で結ばれた，第一次的な福祉追求の集団である」（森岡・望月，1983）．この森岡の定義は，1980年代のものであり，現在においては家族員とそうでない人の区別はつきにくい．そして，この定義が行われた頃からも家族は縮小の一途をたどっている．

　しかし，家族はただいたずらに小さくなっているのではなく，家族をつくろうとする人たちのその時々の選択を反映していることを忘れてはならない．

⌒ 家族類型

　世帯という言葉が出てきたので，これから論考を進めていくうえで必要になってくる家族類型について触れておきたい．

　家族員の続柄による組み合わせを重視した場合，以下の 3 分類が用いられる．

　核家族とは，「婚姻によって成立する 1 組の夫婦とそこから生まれた未婚の子からなる家族」である．核は，nuclearの訳であり，マードックの著書『社会構造』（Murdock, G. P., 1949）によって打ち立てられた核家族普遍説はつとに有名である．考えてみればそれもそのはずであり，ターナーとマリアンスキー（Turner, J. H. & Maryanski, A.）は，ホモ・エレクトスのころに核家族の萌芽形態があったとする．異なるいい方をすれば，核家族は，サバンナに進出した人

図 1 - 1 　家族の三形態

間が，少なくとも数十万年前に，生存のため―大型肉食獣から身を守り，食料を確保し，子を産み育てるために―止むを得ず始めた生活法なのだという．記述を採録すると「バンドを持続するため，また再生産と生産のための選択圧力が全く新しい種類の構造を人間に押し付けたのであろう．これこそが家族である」（ターナー＆マリアンスキー，2008：160）ということだ．

　現代社会では，核家族は，単独にかまたはそれらの複合したより大きな家族（複合家族）の構成体として存在し，居住の共同や経済的協力を必要条件とし存在し続けている．形態的には，夫婦と未婚の子ども，男親と未婚の子ども，女親と未婚の子ども，夫婦のみといった4つのパターンがある．

　これらに対し，直系家族は，典型的には，夫婦にひとりの既婚男子とその妻子からなる家族である．親夫婦と代々あとつぎが結婚して同居し，その子がまたあとつぎとして，家名，社会的地位，財産，祭祀権などを引き継いでゆく．

　複合家族とは，上記の「核家族の複合したより大きな家族の構成体」であり，夫婦と未婚の子どもおよび既婚子とその配偶者と子どもからなる．

✐ 家族史の区分と家制度

　岩上（2007）は，第2次世界大戦後の家族の変遷を4つの時期に分けて考察する．すなわち，第1期は，終戦直後から1950年代半ばごろまで，第2期は，まさに高度経済成長期の1970年代半ばごろまで，第3期は，1990年代半ばまで，第4期は，世紀をまたぎ現在までである．上記の区分は，厳密には岩上のものとは若干ずれるが，それぞれを名づけるとすれば「家制度からの脱却期」，「日本型近代家族形成期」，「日本型近代家族からの脱却期」，「家族の個人化の時期」である．

　第2次世界大戦後の日本では，新憲法を制定し，「家制度」からの脱却が図られた．「家」というのは，「家長の統率のもとに，家産にもとづいて家業を経営し，非血縁者を跡取り養子にしてでも，先祖から子孫へと，世代を超えて家系が存続繁栄することに重点をおく制度である」（森岡・望月，1983：14）．具

体的には，1898年の明治民法の「親族」や「相続」についての規定等のことを総称して家制度といっている．米村の言葉をかりれば，家は，「共同性に関わる意識や規範の体系である．単に同時代を生きる人びとだけをつなぐ横断的な体系ではなく，生死を超えた超世代的な共同性，同一性にかかわる規範体系でもある」（米村，2014：19）．つまりそれは，所属者の連帯意識の醸成と同時に強い拘束力を持つのだ．やや引用が長くなったが，制度としての家とは，絶対的な家長のもと，家名と家産を存続させる装置であった．

　この場合，家制度からの脱却というためには，憲法をはじめとする法規が変わるとともに，人びとの間に内面化された家にまつわる規範がどう薄れてゆくのかを観察しなくてはならない．しかし，上記の「家」の存続に対する執着を家意識という場合があるが，人びとの間での意識の揺れと希薄化が観測されるには，一定の時間が必要であっただろう．

　戦後，新憲法のもとで「家族法」が制定された．家族に関しては，憲法24条で「個人の尊厳と両性の本質的平等」を明記し，世界的にみても先進的な家族法規定をもつに至ったとする見方もある（加茂，2010：6）．

　しかしながら，法のみが変わっても人びとの家族の捉え方・考え方や行動規範が伴わなくては，脱却とはいわないであろう．日本では，こういった両性の平等と婚姻の自由が本来の意味で根づく前に急激に少子化することとなった．すなわち，戦後家族史のひとつの流れは，「家」制度から家族や個人が自立性を獲得してゆく過程だとして，そのこととの引き換えに失ってしまったものも見逃してはならない．

少子化の意味

　私たちが，自立性の獲得と引き換えに失ったもののひとつに子どもおよび子どもの社会化にまつわる文化があげられるかもしれない．そこで少子化についてみておきたい．少子化をみていくときに用いられる数値が合計特殊出生率である．合計特殊出生率というのは，ひとりの女性が生涯に産む子ども数のこと

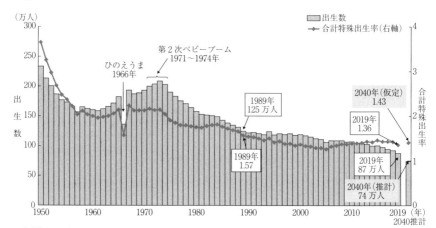

資料）2019年までは厚生労働省政策統括官付参事官付人口動態・保健社会統計室「人口動態統計」
（2019年は概数），2040年の出生数は国立社会保障・人口問題研究所「日本の将来推計人口
（平成29年推計）」における出生中位・死亡中位仮定による推計値

図1-2　出生数および合計特殊出生率の推移

出所）https://www.mhlw.go.jp/stf/wp/hakusyo/kousei/19/backdata/01-01-01-07.html（2022年10月
4日検索）

であるから，日本の場合夫婦あるいはカップル単位の子ども数を表していると
いってよいだろう．2人から生まれてくる子どもの数であるから，おおむね
2.07が人口を維持するための人口置換水準である．

　この合計特殊出生率（以下，出生率）の推移を追う．以前のデータによると
1947年は4.45であり，この数字は，人口が増え続けるどころか次世代には倍増
する数値である．それが1950年には3人台となり，1961年に一旦1人台になっ
てから，1966年は丙午（ひのえうま）の年であり，1.58という最低水準を示した．
　しかし，1970年ごろまでは人口置換水準を大きく割り込むことはなかった．
1973年の2.14を境に低下し始め，1989年にいわゆる「1.57ショック」を経験し
た．これは，それまで最低だった「ひのえうま」の年の1.58を割り込んだこと
でそう呼ばれた．1990年代には1.50を割り込み，1997年には1.40も割り込んだ．
1.40という出生率の意味するところに気づかない向きが多いため，その数値の
意味を確認しておきたい．2人の人間から生まれてくる人間の数を想像すれば
よい．1.40ということは，1人の人間から生じる人間数は0.70人である．これ

が 2 世代続くだけで，人口は半減することになる．

　実際に，2003 年には 1.29 と 1.3 を下回り，2005 年には，史上最低の 1.26 を記録するに至った．上記と同様の計算をすると，1.20 という出生率が 2 世代続くだけで，人口は 3 分の 1 に自然減する．労働人口が激減するわけであるから，全体社会の経済水準の維持という日本の政策目標は夢物語となる．このまま推移すれば，もっともっと先の 2300 年ごろには，日本の総人口は，500 万人さえ割り込む計算になるからだ．

少子化のなかの家族

　さらに，平均世帯人員の推移をみることによって，家族の小規模化の様子を追っていきたい．改めて確認するが，日本では別居家族と居住の問題から，国勢調査等は世帯単位で行っている．

　1953 年時点での平均世帯人員は，5.00 人であり，1961 年に，4.00 人を割り込み 1992 年には，3.00 人を割り込んだ．そして，2011 年には，2.63 人であった（上記とは別統計より）．家族の小規模化と核家族化を同一視してはならない．

　家族史の第 2 期（1955 年ごろからの約 20 年間）は，まさに家族が小さくなっていく時代ということになろう．家族類型の推移についてみておきたい．まず，夫婦のみの世帯であるが，1975 年の 387.7 万世帯（11.8％）から 2000 年には 942.2 万世帯（20.7％）と数では 2.4 倍，比率では 8.9 ポイントの伸びを示している．また，2016 年には 1,185.0 万世帯となり，23.7％を占めるに至り，2019 年には，1,263.9 万世帯（24.4％）と割合でも倍増している（この記述は主に表 1 - 1 によるが，1975 年からのデータはこれが最新であるため，表はそのままにし，本文中に 2019 年国民生活基礎調査および『令和 2 年国勢調査』の数値を加算することとした）．

　夫婦と未婚の子のみの世帯は，1975 年の 1,404.3 万世帯（42.7％）から，増減を繰り返した．2019 年には，1,471.8 万世帯（28.4％）となり，割合では 14.3 ポイント落としている．それに対し，ひとり親と未婚の子のみの世帯は，1975 年の 138.5 万世帯（4.2％）から急激に増えて，1990 年には 200 万世帯（5.1％），2006 年

表 1 - 1　世帯構造別にみた世帯数の推移

推計数（千世帯）

年次	総数（A）	単独世帯	核家族世帯 総数	夫婦のみの世帯	夫婦と未婚の子のみの世帯	ひとり親と未婚の子のみの世帯	三世代世帯	その他の世帯	高齢者世帯（B）
1975（昭和50）	32,877	5,991	19,304	3,877	14,043	1,385	5,548	2,034	1,089
80（55）	35,338	6,402	21,318	4,619	15,220	1,480	5,714	1,904	1,684
86（61）	37,544	6,826	22,834	5,401	15,525	1,908	5,757	2,127	2,362
89（平成元）	39,417	7,866	23,785	6,322	15,478	1,985	5,599	2,166	3,057
90（2）	40,273	8,446	24,150	6,695	15,398	2,060	5,428	2,245	3,113
91（3）	40,506	8,597	24,154	6,715	15,333	2,102	5,541	2,218	3,592
92（4）	41,210	8,974	24,317	7,071	15,247	1,998	5,390	2,529	3,688
93（5）	41,826	9,320	24,836	7,393	15,291	2,152	5,342	2,328	3,913
94（6）	42,069	9,201	25,103	7,784	15,194	2,125	5,361	2,404	4,252
95（7）	40,770	9,213	23,997	7,488	14,398	2,112	5,082	2,478	4,390
96（8）	43,807	10,287	25,855	8,258	15,155	2,442	5,100	2,565	4,866
97（9）	44,669	11,156	25,911	8,661	14,903	2,347	4,999	2,603	5,159
98（10）	44,496	10,627	26,096	8,781	14,951	2,364	5,125	2,648	5,614
99（11）	44,923	10,585	26,963	9,164	15,443	2,356	4,754	2,621	5,791
2000（12）	45,545	10,988	26,938	9,422	14,924	2,592	4,823	2,796	6,261
2001（13）	45,664	11,017	26,894	9,403	14,872	2,618	4,844	2,909	6,654
2002（14）	46,005	10,800	27,682	9,887	14,954	2,841	4,603	2,919	7,182
2003（15）	45,800	10,673	27,352	9,781	14,900	2,670	4,769	3,006	7,250
2004（16）	46,323	10,817	28,061	10,161	15,125	2,774	4,512	2,934	7,874
2005（17）	47,043	11,580	27,872	10,295	14,609	2,968	4,575	3,016	8,349
2006（18）	47,531	12,043	28,025	10,198	14,826	3,002	4,326	3,137	8,462
2007（19）	48,023	11,983	28,658	10,636	15,015	3,006	4,045	3,337	9,009
2008（20）	47,957	11,928	28,664	10,730	14,732	3,202	4,229	3,136	9,252
2009（21）	48,013	11,955	28,809	10,688	14,890	3,230	4,015	3,234	9,623
2010（22）	48,638	12,386	29,097	10,994	14,922	3,180	3,835	3,320	10,207
2011（23）	46,684	11,787	28,281	10,575	14,443	3,263	3,436	3,180	9,581
2012（24）	48,170	12,160	28,993	10,977	14,668	3,348	3,648	3,370	10,241
2013（25）	50,112	13,285	30,163	11,644	14,899	3,621	3,329	3,334	11,614
2014（26）	50,431	13,662	29,870	11,748	14,546	3,576	3,464	3,435	12,214
2015（27）	50,361	13,517	30,316	11,872	14,820	3,624	3,264	3,265	12,714
2016（28）	49,945	13,434	30,234	11,850	14,744	3,640	2,947	3,330	13,271

構成割合（%）　　（B）/（A）×100

年次	総数（A）	単独世帯	核家族世帯 総数	夫婦のみの世帯	夫婦と未婚の子のみの世帯	ひとり親と未婚の子のみの世帯	三世代世帯	その他の世帯	（B）/（A）×100
1975（昭和50）	100.0	18.2	58.7	11.8	42.7	4.2	16.9	6.2	3.3
80（55）	100.0	18.1	60.3	13.1	43.1	4.2	16.2	5.4	4.8
86（61）	100.0	18.2	60.8	14.4	41.4	5.1	15.3	5.7	6.3
89（平成元）	100.0	20.0	60.3	16.0	39.3	5.0	14.2	5.5	7.8
90（2）	100.0	21.0	60.0	16.6	38.2	5.1	13.5	5.6	7.7
91（3）	100.0	21.2	59.6	16.6	37.9	5.2	13.7	5.5	8.9
92（4）	100.0	21.8	59.0	17.2	37.0	4.8	13.1	6.1	8.9

西暦	平成	総数	単独世帯	核家族世帯	夫婦のみの世帯	夫婦と未婚の子のみの世帯	ひとり親と未婚の子のみの世帯	三世代世帯	その他の世帯	(再掲)高齢者世帯
93	(5)	100.0	22.3	59.4	17.7	36.6	5.1	12.8	5.6	9.4
94	(6)	100.0	21.9	59.7	18.5	36.1	5.1	12.7	5.7	10.1
95	(7)	100.0	22.6	58.9	18.4	35.3	5.2	12.5	6.1	10.8
96	(8)	100.0	23.5	59.0	18.9	34.6	5.6	11.6	5.9	11.1
97	(9)	100.0	25.0	58.0	19.4	33.4	5.3	11.2	5.8	11.5
98	(10)	100.0	23.9	58.6	19.7	33.6	5.3	11.5	6.0	12.6
99	(11)	100.0	23.6	60.0	20.4	34.4	5.2	10.6	5.8	12.9
2000	(12)	100.0	24.1	59.1	20.7	32.8	5.7	10.6	6.1	13.7
2001	(13)	100.0	24.1	58.9	20.6	32.6	5.7	10.6	6.4	14.6
2002	(14)	100.0	23.5	60.2	21.5	32.5	6.2	10.0	6.3	15.6
2003	(15)	100.0	23.3	59.7	21.4	32.5	5.8	10.4	6.6	15.8
2004	(16)	100.0	23.4	60.6	21.9	32.7	6.0	9.7	6.3	17.0
2005	(17)	100.0	24.6	59.2	21.9	31.1	6.3	9.7	6.4	17.7
2006	(18)	100.0	25.3	59.0	21.5	31.2	6.3	9.1	6.6	17.8
2007	(19)	100.0	25.0	59.7	22.1	31.3	6.3	8.4	6.9	18.8
2008	(20)	100.0	24.9	59.8	22.4	30.7	6.7	8.8	6.5	19.3
2009	(21)	100.0	25.5	60.0	22.3	31.0	6.7	8.4	6.7	20.0
2010	(22)	100.0	25.2	59.8	22.6	30.7	6.5	7.9	6.8	21.0
2011	(23)	100.0	25.2	60.6	22.7	30.9	7.0	7.4	6.8	20.5
2012	(24)	100.0	26.5	60.2	22.8	30.5	6.9	7.6	7.0	21.3
2013	(25)	100.0	26.5	60.2	23.2	29.7	7.2	6.6	6.7	23.2
2014	(26)	100.0	27.1	59.2	23.3	28.8	7.1	6.9	6.8	24.2
2015	(27)	100.0	26.8	60.2	23.6	29.4	7.2	6.5	6.5	25.2
2016	(28)	100.0	26.9	60.5	23.7	29.5	7.3	5.9	6.7	26.6

資料）昭和55年以前は厚生省大臣官房統計情報部「厚生行政基礎調査」、昭和61年以降は厚生労働省政策統括官付世帯統計室「国民生活基礎調査」.

注）1.（1）単独世帯とは、世帯員が一人だけの世帯をいう。
（2）夫婦のみの世帯とは、世帯主とその配偶者のみで構成する世帯をいう。
（3）夫婦と未婚の子のみの世帯とは、夫婦と未婚の子のみで構成する世帯をいう。
（4）ひとり親と未婚の子のみの世帯とは、父親または母親と未婚の子のみで構成する世帯をいう。
（5）三世代世帯とは、世帯主を中心とした直系三世代以上の世帯をいう。
（6）その他の世帯とは、上記（1）～（5）以外の世帯をいう。
2. 高齢者世帯とは、65歳以上の者のみで構成するか、またはこれに18歳未満の未婚の者が加わった世帯をいう。
3. 平成7年の数値は兵庫県を除いたものである。
4. 平成23年の数値は、岩手県、宮城県及び福島県を除いたものである。
5. 平成24年の数値は、福島県を除いたものである。
6. 平成28年の数値は、熊本県を除いたものである。

出所）厚生労働省（2017）『厚生労働白書―社会保障と経済成長』資料編. p.18

には300万世帯（6.3%）を超えた．そして2016年には364.0万世帯（7.3%）となり，2019年には361.6万世帯（7.0%）に達した．以上が，核家族世帯の推移である．

同時期の「夫婦のみの世帯」「夫婦と未婚の子のみの世帯」「ひとり親と未婚の子のみの世帯」を合わせた「核家族世帯」の割合の変化だけをみてみると，1975年の58.7%から，2016年の60.5%まで，60%を上下して推移している．このことから，二人家族は増加しているものの国が生活保護の基準家族と定めていた「夫婦と子供からなる典型的とされる核家族」は必ずしも増えていないのである．

三世代世帯の推移をみておきたい．1975年の554.8万世帯（16.9%）から，2000年には，482.3万世帯（10.6%）になった．2016年には294.7万世帯（5.9%），そして2019年には262.7万世帯（5.1%）にまで激減している．上記の家を三世代家族と考えると，直系家族としての形態は，急速に失われた．その他の世帯は，1975年の203.4万世帯（6.2%）から，2005年の301.6万世帯（6.4%）を経て，333万世帯（6.7%）にまで増加している．

以上から，家族はどんどん小さくなり，家族関係もますますダイアド化してきているのである．

核家族化の実態

日本では，1955年から高度経済成長期に入り，それは1973年のオイルショックまで続いた．この時期の上記のような家族変化を「核家族化」と断じる向きがある．この場合，2つのことが根拠とされる．ひとつは，核家族数が単純に増加していることである．もうひとつは，人びとの家族観が，夫婦と子どもからなる家族を典型とすることにかわっていくことである．この点については，次に論じる．

ところで，核家族化というとき，直系家族からただちに三世代同居のあとつぎ夫婦が独立して，核家族になっていったのではない．きょうだい数が多かった時代の直系家族に残れなかった人たち，すなわちあととり以外のきょうだい

たちが，まず都会に出ていった．そしてそこで結婚してつくったのが核家族ということになる．上記のように「核家族」は，数の上では増加しているが，割合としては1975年以降伸びていない．

　おそらく，「核家族化」とされていることの実態は，少なくとも21世紀に入ってからは「夫婦だけの家族」と「ひとり親と未婚の子の家族の割合」が増えたことである．厳密な意味では，このことは核家族化とはいえない．まして，さまざまな問題事象や逆機能の原因を核家族化に求めるのは誤りである．形態としての核家族自体には何の問題もない．問題は，時代性をまとった「近代家族」にある．

近代家族

　歴史は，「近代家族という怪物」を誕生させた．「怪物」とは，筆者が勝手に呼んでいるだけだ．なぜそう呼ぶのかというと，私事で恐縮だが，社会人になるまで，いやなってからも，どれほど私たちはこの近代家族的価値観に翻弄され続けたか知れないからである．

　近代家族は，日本では，封建的で，家父長的な旧民法の「家」から民主的な新民法下の「家族」への移行のためつくられた概念である（千田，2011：6）．

　一般には，古代家族から伝統家族までは，家族は大きな親族集団のなかに組み込まれ，その組み込まれようによりさまざまな態様を示していた．しかし，産業社会への移行によって，ほとんどの先進国では，家族は，「近代家族」といわれる下記の特徴をもつようになった．

　千田（2011：i）は，「近代家族とは，政治的・経済的単位である私的領域であり，夫が稼ぎ手であり妻が家事に責任を持つという性別役割分業が成立しており，ある種の規範のセットを伴う家族の形態のことである」と的確に表現している．ここでは，近代家族の特徴を，① 私的領域の拡大，② 性別役割分業，③ 規範のセットとしている．

　少し説明しよう．「私的領域」は，端的には産業革命によってもたらされた．

農業や家業によって食を得ていた家族は，特に忙しい時期には，家族員すべてが家業にいそしむことが常であったと想像しうる．住居と田畑あるいは職場は近く，仕事の合間を縫って家事や育児のために家に帰ることも可能であった．男も女も家事を分担していたというよりそうせざるを得なかった．

　しかし，産業革命を機に生活は一変する．多くの労働者が生まれ，家族主体の農業が不可能になり，職人の世界でも代々の職業がなくなり，工場制労働になっていく．労働者は，家族から離れ働きに行くようになり，生活するところ（私的領域）と働くところ（公的領域）に分離した．分離したために「男は公共領域・女は家内領域という性別役割分業」が一般化した．私的領域を担当することとなった女性は，家庭内の家事や育児を担当することになる．「専業主婦」の誕生である．ヨーロッパでは，19世紀から20世紀にかけて「専業主婦」が一般的であったという．

　日本でも，高度経済成長期の一時，サラリーマン家族の一部にこの性別役割分業が普及しかけたことがある．しかし，社会経済的情勢は，日本女性に「専業主婦」の地位に安住することを許さなかった．女性は，すぐに社会に出て働くようになり，専業主婦はある種のステータスとなった．周知のように，働くようになった女性の家内労働は減少せず，無賃のシャドーワークとなったのである．

　規範のセットとは，「一生に一度の運命の人と出会って，結婚し，子どもをつくり，添い遂げるというロマンティックラブ，子どもは天使のように愛らしく，母親は子どもを無条件に本能的に愛してるはずだという母性，貧しくてもなんでも親密な自分の家族が一番であるという家庭の神話などに彩られた」（千田，2011：16-17）ものである．

　近代家族は，ヨーロッパやアメリカでは，産業化に伴って自然に生じてくるものだとされていた．日本では，どうだろうか？

　日本では，一時，家族が上記の「近代家族」の特徴を備えていったことと，人びとの幸福感がうまくマッチしたことから，人びとは「家族というものは，こういうものだ」という一元的な見方をするようになった．

✐　近代家族からの脱却

　この近代家族もまた歴史的産物であるから，時代とともに変容せざるを得ないことになる．高度経済成長期には，近代家族，それは日本人の就業形態，都市的ライフスタイルの象徴だった．そして，あたかもこれが家族とそれを取り巻く生活の一般的なあり方と勘違いされ，全盛期を迎えたのだった．

　付け加えれば，このころの雇用はほぼ終身雇用だったため，幸福へのチケットが優良企業に入ることであると根拠なく妄信している人びとが大多数だったような印象がある．

　しかし，20世紀の終わりから21世紀になるころ，この終身雇用が揺らぎ始める．つまり，男性の勤続年数の伸びが頭打ちとなり，転職者比率が高まった．

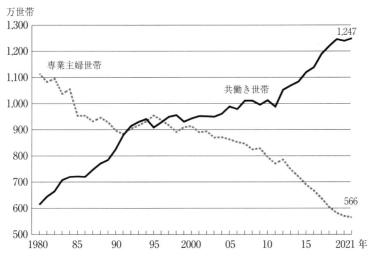

資料　総務省統計局「労働力調査特別調査」，総務省統計局「労働力調査（詳細集計）」
　注）1.「専業主婦世帯」は，夫が非農林業雇用者で妻が非就業者（非労働力人口及び完全失業者）の世帯．2018年以降は厚生労働省『厚生労働白書』，内閣府『男女共同参画白書』に倣い夫が非農林業雇用者で妻が非就業者（非労働力人口及び失業者）の世帯．
　　　2.「共働き世帯」は，夫婦ともに非農林業雇用者の世帯．
　　　3. 2011年は岩手県，宮城県及び福島県を除く全国の結果．
　　　4. 2013年～2016年は，2015年国勢調査基準のベンチマーク人口に基づく時系列用接続数値．

図1-3　専業主婦世帯と共働き世帯の推移

出所）（独）労働政策研究・研修機構「早わかり　グラフで見る長期労働統計」図12を転載
　　　https://www.jil.go.jp/kokunai/statistics/timeseries/pdf/g0212.pdf（2022年10月4日検索）

こうして，一家の大黒柱がやせ細ったのだ．

　話を少し戻そう．高度経済成長が1973年のオイルショックによって終結すると，日本にも「大きな国家」の見直し論が噴出し，それに伴う行財政全般の再編を行わざるを得なくなると同時に，人びとの生活も大きな変貌を遂げることになる．家計についていえば，男性ひとりの給料で標準世帯としての一家4人を養うことは，不可能になった．そして，「女性の社会進出」が，大きな趨勢となってくる．

　しかし，日本型雇用慣行などの影響もあり，女性の社会進出は必ずしも順調に推移したわけではない．もう一度夫婦の働き方に目を向けると，1980年ごろには「専業主婦」が多かったのだが（図1-3），家計の補助や子どもの教育費および自由に使えるお金などのために，既婚女性は働きだした．はじめはパート就労が主であった．続いて，結婚後もフルタイム就労を続ける妻が増え始める．すでに読者は気づかれたと思うが，「夫は仕事，妻は家事・育児」という役割関係が変化し，妻の家計への寄与率が上昇して，現在も上昇し続けていることも事実である．

　1997年には，共働き世帯は専業主婦のいる世帯の数を完全に上回り，2007年には1,000万世帯を超えている．そして，2020年には，専業主婦のいる世帯が571万世帯なのに対し，共働き世帯は1,240万世帯にまでなった．生まれる子どもの数がどんどん減少し，この時期には，核家族のなかでも「二人（ふたり）家族」が増えた．そうなると，近代家族の特徴のうち「男は公共領域・女は家内領域」という性別役割分業が成立しなくなる．

　付言すれば，「母子家族」における相対貧困率は，たとえば2018年のことであるが51.4％に達した．母子家族の平均年収は299.9万円であり，父子家族の半分以下であった．「父子家族」は経済的には母子家族より恵まれているが，父親には家事能力のない人が多いので日常生活が崩壊しやすい．したがって子どもを教育以外の何らかの活動に従事させざるを得なくなるかもしれない．

　最終的には「ふたりになった家族を家族たらしめるものは何か？」という本

質論にまで行き着いてしまうことになる．このように，変化しつづけている家族は，そのアイデンティティをも問われざるを得なくなる．

🖋 未婚化と単身世帯の増加

　20世紀から21世紀（家族区分の第 4 期）にかけての日本の社会構造は，単身世帯の増加により大きく変化していく．どのくらいの増加かというと，1975年には599万世帯で全世帯数の18.2％だったのが，1990年には845万世帯で21％に達し，2006年から25％を越していて，2020年には38.1％まで上昇している．

　そして，このことは，婚姻の減少と晩婚化，それにつながる少子化を遠因とする．少子化と家族の小規模化についてはすでに述べたので，未婚化，晩婚化について触れておくこととする．厚生労働省の発表した2021年の人口動態統計によると，婚姻件数は50万1,116組であり，戦後最少を記録した．初婚平均年齢は，男性31.0歳，女性が29.5歳（2021年）であった．これまで常識とされてきた「結婚して親になる」というライフコースも，選択肢のひとつでしかなくなってしまったのである．

🖋 家族の機能変化

　家族の変化は，形態のみにとどまるものではない．「家族の機能」も変化する．機能とは，「はたらき」のことである．そして，そのはたらきが構造維持の方向で作用する場合のことをいう．社会に存在する集団はすべて何らかの機能を果たしていると考えてよい．

　かつての家族社会学者は，家族の機能について論じることをたいへん好んだようで，先に述べたマードックは，核家族が，性的機能，生殖的機能，教育的機能，経済的機能の普遍的な 4 つの機能を有し，この 4 つの機能を同時に果たす集団は，核家族以外にないとした．核家族を理想化し，ほとんどの家族がこの形態に収れんしていくことを予測した．

　これに対し，パーソンズ（Parsons, T.）は，家族が果たす根源的機能として

子どもの基礎的社会化と大人の情緒の安定化機能をあげた．子どもの社会化とは，子どもが現代社会に適応し，生きていくことに必要な規範，態度，言語などを習得することである．また，大人の情緒の安定化とは，ストレスや欲求不満を解消し，精神的安寧を回復することである．

　さらに，オグバーン（Ogburn, W. F.）は，家族の機能を，経済，心理，地位付与，教育，保護，宗教，および娯楽機能に分類した．そして，愛情以外の諸機能が，企業・学校・政府などの諸機関に吸収され，失われるか縮小していったと分析した．

✐　家族機能は縮小したか？

　家族機能に関する議論には，それぞれが考えるさまざまな家族機能がどんどん外部化し，ひいては家族機能が縮小することにつながるとする家族機能縮小説（オグバーン）と，家族がこれまでもっていた機能をすべて果たす必要はなくなり，とくに愛情機能のような中心的機能に特化してゆくバージェス（Burgess, E. W.）の家族機能特化説がある．後者においても，愛情機能以外は失われる．家族は伝統的機能を失い，子どもを養育し，愛情を授受し，パーソナリティの発達を支える機能に専門化したとするものである．家族の機能とは，「家族員めいめいのための福祉追求という文脈に位置づけられること」が条件となる．バージェスは，その諸機能を結びつける働きをする愛情授受の機能，生殖および養育の機能，パーソナリティ発達を「本質的機能」とした．そして，外部化したのは，経済，教育，保護，宗教，娯楽といった「付加的機能」であるから，家族は，パーソンズのいうように，個人を育て社会のなかで生きていけるようにする重要な機能はもち続けているのである．

✐　制度の制約

　思わしくない社会現象をすぐに核家族と結び付けたがる政策とマスコミは，家族機能として，たとえばアメリカの社会学者たちのいう家族の保護機能のな

かに，子どもの保育と高齢者の介護を入れたがる傾向があった．いわく，「戦後社会を支えてきた『家族内福祉』の崩壊」がいわれて久しいにもかかわらず，介護保険や障害者総合支援法では，公的サービスは，「あくまで家族のできないところを支えるためにある」として，家族は，改革の度に給付の削減を強いられている．

　女性が家庭のなかで担わされてきた保育や介護のサービスを減らしても，家族形態によるあるいは家族のあり方による格差の再生産でしかない．ここでの格差というのは，保育や介護ニーズの度合いおよび動員しうる資源と関連している．そして，現在の社会保障制度下においては，その家族に保育や介護ニーズを外部化する経済力がなければ，それぞれの家族員の無給労働に頼らざるを得なくなる．

✎　経済社会の制約

　「男性稼ぎ主」の安定雇用に基づいた日本型雇用システムが十分に機能していた時代はとうに過ぎ去り，「核家族」の生活を共働きで賄っていくしかなくなった．加えて，単身，事実婚カップル，ひとり親と未婚の子世帯の増加などにより，国が前提としてきた「標準的家族」（典型的核家族）は，数の上からも，比率の上からも小さくなり，幸福への特急券という魅力も色あせてきた．

　福祉経済学の土俵でいえば，20世紀初頭にスウェーデンが実現したように，女性の就労率をさらに引き上げるためには，育児・介護と仕事の両立を支える効果的な施策が待たれる．この議論も他の章に譲るが，それがないと将来の財政も不安だし少子化も緩和されない．若者が，安心して配偶者選択も結婚も子育てもゆとりをもって行えるために社会はどうあるべきか，を国と国民が根本から考える必要がある．

　親の格差は，子どもの社会化に影響する．子どもの保育・教育への社会的な投資，支援が強く求められている．

20

✎ 個人の選択と家族

　経済的合理性の原理に基づかなくとも，人びとは個々の価値観や幸福感に照らし，それぞれの年齢および状況に応じた合理的なライフコース選択をしていく．その時，人びとの自由な選択を阻むもののひとつは，「近代家族」に代表されるような家族に関する固定観念である．

　家族を取り巻く人びとの生活とは何であり，幸福とは何であり，それを守るために何をしていかなくてはならないかを，私たちは，根本から考えなおさなくてはならない．その上で，個々人はますます暮らしにくくなるであろうこれからの時代の諸問題に対処する必要がある．それこそ，真の意味の生活力が問われる時代が到来しているのだ．

　そして，生活力とは，これまでと現在への深い洞察から未来を見据える力に他ならない．

📖 参考文献

岩上真珠（2007）「戦後日本の家族はどう変わったか？」沢山美果子他編『「家族」はどこへいく』青弓社

岩間暁子・大和礼子・田間奏子（2015）『問いから始める家族社会学』有斐閣

加茂直樹（2010）『現代日本の家族と社会保障』世界思想社

厚生労働省（2006）『平成18年版　厚生労働白書　持続可能な社会保障制度と支え合いの循環　「地域」への参加と「働き方の見直し」』

マクドナルド，P.（釜野さおり訳）（2000）「オーストラリアの家族関係—保守派．リベラル派．ラディカル派の論争」『人口問題研究56- 2』（pp.4-24）

森岡清美・望月嵩（1983）『新しい家族社会学』培風館

マードック，G. P.（内藤莞爾監訳）（1949＝1978）『社会構造—核家族の社会人類学』新泉社

落合恵美子（1994）『21世紀家族へ』有斐閣選書

千田有紀（2011）『日本型近代家族』勁草書房

高島昌二（1997）『スウェーデンの家族・福祉・国家』ミネルヴァ書房

富永健一（2001）『社会変動の中の福祉国家』中央公論新社

ターナー，J. H. ＆マリアンスキー，A.（正岡寛司訳）（2008＝2017）『自然選択による人間社会の起源』学文社

米村千代（2014）『「家」を読む』弘文堂

第2章　家族とライフコースの視点

"オンデマンド婚"のその後

　2008年4月25日付『日本経済新聞』夕刊の第15面に，筆者のコメントとして以下の引用が掲載された．この記事では，同じ会社の同期入社で，遠距離恋愛の末，結婚当初から別居する夫婦を例として，「いつも一緒にいなくとも，必要とするときにそばにいてくれればよいとする結婚形式」を「オンデマンド婚」とし，そういったいわば自由な結婚形式が増えたことを伝えたものだった．

　家族の形も多様化がいちじるしい．城西国際大学の増子勝義教授は「個々人により幸せの形は違う．個性化の時代になった」と話す．

　オンデマンド婚については「夫婦の間で合意があれば，物理的に離れて暮らすという結婚形態を選択することもあり得る．そんなほかと違う夫婦や家族が，世間からはみ出しているわけではない．夫婦どちらか一方が，家族の幸せのために犠牲になるのではなく，それぞれの幸せを感じられることが家族本来の姿だ」と指摘する．

　あの時から10年，夫婦や家族がどうなっていくかは，本文にも記したとおり人びとの選択にゆだねられるが，それぞれのカップルがオンリーワン（のありかた）をめざしてもいいような気がしている．

（『日本経済新聞』2008年4月25日付夕刊第15面を参照）

22

(撮影：ぱくたそ)

☞ キーターム

ライフコース研究　　個人と社会の関係および社会変動を個々人の人生時間という時間軸を設定することによって解明していこうとする研究法.

コーホート（cohort）　　ある社会において人生上の出来事を一定期間内に経験した人びとの統計上の集団である. 出生コーホート, 結婚コーホート, 就職コーホートなどが設定できる.

コーホート効果　　特定の歴史的出来事に特定の年齢で遭遇することによる効果.

加齢効果　　加齢すること自体が人生にもたらす変化.

時代効果　　特定の歴史的出来事と遭遇したさまざまの年齢幅の人に共通してみられる現象.

タイミング（timing）　　ある人生上の出来事（ここではライフイベント）を何歳で経験したかということ. 時機と訳すことがある.

⌇ ライフコースとは？

　家族について考えることは，ライフコースについて考えることである．なぜなら，ライフコースは，個々の人びとの人生ではなく「社会的にパターン化された軌道（pathways）」であり，人びとの人生経験の集約だからである．

　実際筆者らが「現代日本の人びとは家族に関して自由に多様な選択をするにいたっていない」と考えてしまうのも，ライフコース研究の賜物である．

　たとえば，「平均寿命の伸びから夫婦関係も長期化しつつある」と記述したとしよう．これは，確度の低い想像の産物であるといわなければならない．本当にそういうためには，実際にある年に結婚した夫婦が全組死別するか離婚し終えるまで待たねばならない．

　このように，ライフコース研究は，1980年代に日本に取り入れられて以来，実際のライフコース調査によって知見を蓄積してきた．

　方法論の説明に入る前に，ライフコースの定義を紹介しておこう．筆者の知る限り，エルダー（Elder, G.）の定義がもっとも有名かつ適切である．

　「ライフコースとは，年齢によって区分された生涯時間を通じての道筋（pathways）であり，人生上の出来事についてのタイミング（timing），持続期間（duration），間隔（spacing），および順序（order）にみられる社会的パターンである」というものだ．

　すなわち，ライフコースを「人びとがたどった道筋」とすることで，学際的に観察可能な対象としたのである．

⌇ ライフコースの記述

　ライフコース研究は，日本では主に社会学という学問領域のなかで行われてきた．そして，独特の術語をもちいて記述されてきた．① 役割と役割移行，② ライフイベント，③ 年齢，④ コーホート，⑤ タイミング等である．これらを説明する．

24

① 役割と役割移行

　社会的に期待され学習される行動様式を「役割」と呼んでいる．ある社会的場面で一定の地位を占めた行為者は，社会が用意するその地位にふさわしいものとして準備され，期待される行動様式を学習し，それぞれ個々に適応することによってふさわしいとされる行動を行うようになる．

　こういうとむずかしいように思われがちだが，人は生まれた瞬間に，ある親の子になり，祖父母が健在なら孫になり，上にきょうだいがいればきょうだいになる（子役割，孫役割，きょうだい役割を得る）．また，大学では教員との関係で学生となり，同期生との間で友人役割を得ることになる．そして，それぞれの役割には，それにふさわしい行動様式が伴うのである．

　こうしたある1人の人の持つ役割の束を社会学的には個人といっている．つまり，子ども役割は，出生時に取得され，両親の双方とも亡くなったときに喪失する．

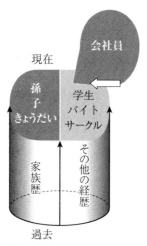

注）矢印は，時間の経過．学生の時の役割群を断面に記した．就職する
　　ことはこういった役割群に職業役割と経歴をさしはさむことである．

図2-1　個人の役割とその移行

出所）筆者作成

② ライフイベント

役割取得と喪失は，それぞれ，ライフイベント（人生の重要な出来事）にともなって生じる．たとえば，大学入学という出来事と同時に学生役割を取得し，卒業と同時にそれを喪失する．

ライフコース研究の中核をなすライフコース調査では，人びとの出生から調査時までのライフイベントの経験をたずねていくことになる．

表2-1　人生史データのタイプ

1．イベント・ヒストリィ
　（a）過去の出来事：領域を特定した出来事，タイミング，持続期間，配列
　　　　事例：居住，結婚，出産，就労，職種，就学の歴史
　（b）現在の地位：領域を特定した現在の地位，右辺を打ち切られた持続時間
　　　　事例：現在の居所，婚姻上の地位，既往出生児数，就労，職種，通学
　（c）将来の期待
　　　　事例：出産の意向，居住あるいは職種変更の期待

2．経験の累積
　（a）過去の経験
　　　　事例：親としての地位，就学，就労経験，達成，技能，過去の関心，過去の態度，
　　　　　　　価値など
　（b）現在の経験
　　　　事例：就学，仕事，能力，技能，関心，態度，価値
　（c）将来の経験への期待
　　　　事例：職業キャリアや人生計画における長期展望

3．出来事や経験の評価／解釈
　（a）過去の評価
　　　　事例：変化の方向を定義するため現在の条件と比較しながら過去の環境を評価する
　　　　　　　こと
　（b）現在の評価
　　　　事例：所得，職種や結婚の満足度，生活の質の評価
　（c）将来に期待される出来事や経験の評価
　　　　事例：過去と現在の比較による将来の評価，楽天性，および計画の有効性について
　　　　　　　の信念

出所）エルダー＆ジール（2004）p.191より転載

家族という観点からいえば，生まれおちて子役割を得るのは，出生家族
（family of orientation）のなかであり，結婚して配偶者役割を得るのは，結婚家
族（family of procreation）においてということになる．

表2-1には，考慮されるべきライフイベントを示しておいた．

③ 年齢

そして，このライフイベントをどの時点で経験したかということについては，
年齢で測定する．もちろん暦年齢，すなわち生まれてからの経過時間を用いる．
ただし，年未満の月等は切り上げられる場合が多い．誕生月に影響されないた
めである．

④ コーホート

コーホートとは，ある社会において人生上の出来事を一定期間内に経験した
人びとの統計上の集団である．したがって，同時出生集団というのは，厳密に
は不正確である．出生コーホート，結婚コーホート，就職コーホートなどが設
定できる．

⑤ タイミング

エルダーのライフコースの定義のなかにあるタイミングとは，実際，ライフ
イベントを「いつ（何歳で）」経験したかということである．持続期間とは，
特定の状態がどれだけ長く持続するかであり，間隔とはライフイベント間の時
間差，および順序とは，文字通りライフイベントの生起する順序である．これ
らは，ライフコース調査の分析用具として使用される．

✎ ライフコース研究の基本仮定

さて，1990年に日本において数少ないライフコースのプロジェクトを組んで
いた正岡寛司は，以下のような基本仮定に立脚していた（正岡ほか編，1990）.
その後，さまざまな提示はあったが，これが原点であり，読者にとってもっと
もわかりやすく受け入れやすいと思われるので引用して紹介し，若干の説明を
加える．

（1）　人びとの人生を観察可能な出来事の生活史とみなす．

　　ライフコース研究のもっとも大切な考察のひとつは人びとの人生はライフ
イベントのタイミングと配列において独自に形成されていくということであ
る．ここでのタイミングや配列の強調は，人びとの人生に対する社会史の影
響と，就学，就労，家族，資産，健康，被災などの個人の人生軌道のいくつ
かの道筋との相互連関を示している．

（2）　人びとの人生には加齢（aging）による変化がみられる．

　　年齢にはさまざまあるが，人びとは，暦年齢による変化の経験をするとい
うことである．加齢にともなう肉体的変化には，普遍性，不可逆性，縮小性，
有害性を伴うといわれる．

　　また，加齢とともに，否定的な変化の意識が芽生えるとされる．それは，
以下の 4 項目である．

　　① 体力の衰え

　　　　上記の有害性とも関連して，衰えだけを強調しているように思われが
　　ちだが，生涯発達心理学では，肉体の衰えは知識や人格の成熟によって
　　克服できるとしている．

　　② 時間的展望の狭まりと逆転

　　　　これは，すなわち，生きてきた長さとこれから生きると予想される時
　　間の長さの比較の問題である．とくに，男性に起こりやすい中年期の危
　　機というのは，好むと好まざるとにかかわらず自己の人生全体がみえて
　　しまうことに起因する．

　　③ 生産性における限界感の認識

　　　　さらに功利主義的にいえば，己の到達点がみえてしまうので，一抹の
　　寂寥感があることは確かである．

　　④ 老いと死の不安

　　　　人生の到達点の先には終焉がある．個人の人生行路という観点からい
　　えば，死の受容はより良い生のためあるいは生活の質のために必要であ

28

り，これは介護や医療の場面でも同様の作用があるのかもしれない．

　　以上は，加齢に結び付けられた中高齢期のイメージである．

（3）　人びとの人生には個人差がある．

　生まれたばかりの赤ん坊にも，個体差がみられ，それは加齢とともに加速し，差異が拡大するとされる．

（4）　人びとの人生には時代差がみられる．

　まさにこのことが，ライフコース研究の醍醐味のひとつをなす．すなわち同じ時代に生まれた同一出生コーホートは，同じ年齢で歴史的事件を経験することとなり，同様の影響を受けることになる．

　携帯電話のある世代の恋愛行動は，もたなかった世代の恋愛行動とは明らかに異なっている．また，「婚活」は，恋愛結婚が主流になり始めた昭和40年以降の配偶者選択においては，想像だにされなかった解釈である．恋愛行動に打算と駆け引きが付け加えられてしまった．

（5）　人生における人びとの経験は多次元的（生物学的，心理的，相互作用的，社会的，そして歴史的）な要因の影響を受ける．

　人は，生物学的存在であると同時に心理的存在でもある．また，人びとのなかに生きているし，社会構造内に地位を占めている社会的動物である．これらすべてが時間の経過とともに変化し，個々の人生に大きな影響を与える．

（6）　人びとの人生はその生涯を通じて発達的変化を継続する．

　図2-2をみてほしい．人生の変化モデルが下図のような加齢とともに下がっていくものから，上図のようにだんだん上がっていくもの（生涯発達モデル）になったのもごく最近のことである．ただし，このように考えない限り生きていく意欲が減退するのも事実であろう．

（7）　同じ時点に生まれ同じ時代に加齢していく人びとは，別の時点に生まれ別の時代において加齢していく人びとに比べて共通な人生経験を重ねがちであり，また，共通なライフコースのパターンを示しがちである．

（8）　人びとの出来事経験の生活史は，ライフコースのパターンとして把握す

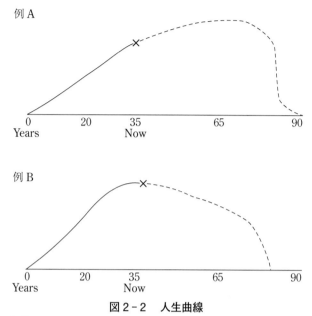

図2-2 人生曲線

出所）Harald Swedner, *On the Need for a Unified Approach to Human Welfare.* 宮本益治（1993）p.46より転載

ることができる.

　（7）から，「ライフコースにおける個人の移行や変化はまったく無定形で
はなくある秩序と規則性とが諸個人のライフコースの展開に作用している」
（正岡ほか編，1990）.

（9）　人びとの人生はその生涯においていくどかの大きな変化を経験する.

　このことは，人びとのライフコースが必ずしも連続性のあるものではなく，
のちに転機と呼ばれるような大きな出来事によって分断され，再構築が必要
とされるような場合があるとさらに仮定される.

このように，ライフコース研究はいくつかの基本的仮定から出発しており，

ライフコース調査とは切っても切り離せない関係にある.

✐ ライフコースの観察

「観察可能なもの」となったライフコースの観察とは,どのように行われるのであろうか? ライフコースの観察法のひとつがライフコース調査である.

ライフコース調査は,表2-1にあげたようなイベントのそれぞれの経験の有無とタイミングをたずねていき,ライフヒストリー(年表)を完成させていく.

たとえば,結婚家族の生成と親なり(第一子を設けること)について観察する場合,一応標準的にこれらのイベントを経験したであろう年齢の人たちに振り返ってもらう方法と大学卒業時点で形成した対象者群を卒業コーホートとして,リアルタイムでその人たちのたどる経歴を記録するのである.前者を遡及法,後者を追跡法という場合がある.

追跡法は,遡及法にくらべ,当事者の記憶によらなくてよい分データの精度において勝るが,調査に投資する費用と人的労働が膨大になるのが難点である.したがって,日本では,なかなか実施されにくいが,「からだ・心・つながりの発達研究」(正岡寛司を中心とする早稲田大学人間研究センター)は,大卒から中年期までの過程を10年間にわたり観察した数少ない実例である.

✐ ライフコースの構成要素

ジール(Giele, J. Z.)とエルダーによるライフコースの分析の4要素を紹介しておく.

① 時空間上の位置(文化的背景)

個人とその社会行動は,異なる複数の水準にある社会・物理的文脈とその個人の独自な側面の双方が個人の経験に影響を及ぼす.経験は,時間を組み込みながら,社会的個人的にパターン化される.

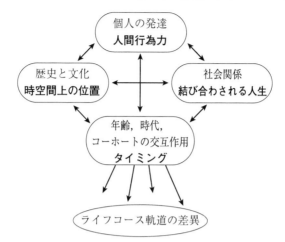

図2-3　ライフコース・パラダイムの4つの主要な要素
出所）エルダー＆ジール（1998＝2003）p.52より転載

② 結び合わされる人生（社会的統合）

社会的行為のすべての水準（文化的，制度的，社会的，心理的，そして社会生物学的）は，ひとつの全体の部分としてのみならず，同じ経験を共有している他の人たちとの接触の結果としてたがいに作用し，また，たがいに影響を与える．

③ 人間行為力（個人の目的志向性）

すべての力学的なシステムは時間の流れにおいて継続し，また個人は自らの必要を満たすために，その行動を環境に適応させていく．

④ 人生のタイミング（戦略的適応）

ライフイベントのタイミングは，個人もしくは集合体の目標を達成させるための受動的また能動的な適応と理解できるという．

そして，上記すべての要素がひとつに集まるのは，「タイミングという通風口を通してである」（エルダー＆ジール，1998＝2003：52）．

✐ ライフコースの社会学のために

家族研究とライフコース研究が解決しなくてはならない3つの課題を述べておきたい.

ひとつ目は,年齢規範の弱化とライフコースデータの一見の矛盾である.矛盾と書いてしまったが,要はこうである.たとえば,晩婚化,未婚化が進行し,かつてのように女性の結婚をクリスマスケーキに例えるような風潮はなくなった.このことは,適齢期規範の弱化と考えられ,よくいわれるように「結婚は,人生のなかでいつ起きてもおかしくない現象」として認知されるかのようだ.同様のことは,他のライフイベントについてもいえる.

しかし,嶋﨑の研究(2008)によると,人生の移行過程には,画一化・規格化する局面もあるという.

嶋﨑は,「全国家族調査98」のデータを用いて,若者が「大人になるなりかた」を検証している.結果,男性はどのコーホートにおいても,「学卒→就職→結婚」(学卒と同時に就職し,その後結婚することも含める)という標準的パターンを踏んで大人になっていった.女性は,この比率は年長の女性ほど低く,7割に満たなかったが,戦後成人期への移行を経験したコーホートでは,男性と女性とが,同じように標準的パターンを歩むようになり,男性も女性も94%前後になるという.とくに,近年は,学校を終えるとほとんど同時に就職し,その後に結婚するというように画一的に大人になってゆくのだという.

そうすると,新たな疑問がわいてくる.成人期への移行は年齢に関係なく,順序だけがまもられるのか? そうではないのか? このことは20世紀から問い続けられている.

2つ目は,ライフコースの社会学が,20世紀に入り新しく導入された比較的新しい視点であることと関連している.遡及法をとることの限界から高齢期のライフコース研究がまだ明確な知見を得ていないこと,また,遡及法自体に事実上内包される記憶違い,虚偽,忘却などから,データの信頼性を上げるための方策が必要である.

　それはさておき，高齢期のリアルタイムの観察にも困難が伴う．それは，高齢者の生活自体の不安定さ，認知症の問題等が付きまとうからである．

　さらに，高齢期という人生段階自体が，20世紀に新しく現れた人生段階であり，たとえば，人口のうちかなりの割合の人たちが80歳代，90歳代の人生を送ることになったのは，前世紀後半のわずか20〜30年のことである．

　そこで，世界の最高齢国である日本では，人びとがライフコースの新局面を生きることはもちろん，人類という枠のなかでも，人びとが人生のこの段階を生きることは歴史上初の経験である．そこで，人びとは集団で恐る恐る慎重に歩んでいかざるをえない．私たちはこの老いと死の経験をよりよく生きる術を身につける必要がある．

　また，ひとり暮らし高齢者や高齢者世帯の子とその家族は，多くが中年期を送っているはずであるが，その人生行路のなかに，確実に「老親の扶養と介護」という課題が組み込まれざるを得ないのである．このことは，前著で，家族の介護規範を批判していることと矛盾してはいない（増子，2010，第12章）．つまり，急速な高齢化にまさに手をこまねいている政府を利することになる犠牲的介護は受け入れられないということである．真に合理的なやり方でこの問題に取り組めない官僚政治体制の餌食になってはならない．

家族とライフコースの新たな視点

　ライフコース研究では，どうやって家族を観るのか？　ライフコースにおける 3 つの時間のひとつに家族時間がある．すなわち，一定の歴史時間のなかに生きる個人は時間の経過とともに家族内での位置と役割をも変えていく．

　たとえば，『新世紀の家族さがし』内の「家族とライフコースの変化」（安藤，2007）の焦点のひとつは，家族の家族員のライフコースへの影響ないし，それへの統制であった．しかし，それは20世紀の家族のみにいえることなのかもしれない．すなわち，平均寿命の伸びによる個々人の人生時間の長期化と家族規模の縮小により家族とライフコースに関する新しい課題が数限りなく生じてき

ている.

　ここでは，その新しい課題を何点か指摘しておきたい．家族が小規模化すると，強制力を行使すべき家族の代表者はひとりとなる．したがって，この文脈で家族を定義するなら，「2人以上の成員のライフプランとその軌跡の交差」とすることができよう．

　たとえば，すべての子どもの就職は，親が60歳になる前に，正確には，年金生活者になる前に完了していてほしい出来事である．昨今の子どもは，就職してからも親元にいついたり，頻繁に親を訪問したりして親のすねをかじるらしく，これをある研究者たちは「パラサイト」（山田昌弘）と呼んだ．

　また，「ふたり家族」の場合，お互いのライフプランが直接的に衝突する場合がある．共働きの夫婦において，一方が海外赴任あるいは地方転勤のオファーを受けた場合どのように夫婦はその状況に対応していくのか？　一方の家族員の，起業，転職，リストラ退職，派遣切り退職，再就職のタイミングや方法をもうひとりのパートナーないし家族員はどう支持していくのか？　家族の「2人化」によって，改めて結婚家族の成員個々のライフコースにおけるキャリアが逆照射されたといってよいかもしれない．

　それぞれの個人のライフニーズに焦点を当てた時間使用や資源動員をどのようにきめ細かく行い，個々の「幸福」あるいは質の高い生活の設計法を確立できるのか？　支えとなるべき家族員はいない．ここで想起されることは，森岡が記した1980年の「家族とライフコースに関する日米比較研究」会議報告である．そこには「ライフコースが前提とする家族は，近親者のダイアド複合であって集団性が稀薄であり…」という記述がある．森岡は，ライフコース研究における家族のとらえ方を40年前に看破していた．

ライフプランとライフコース

　このようにライフコース研究からみると家族の「個人化」論は支持されているかのようだ．このことを検証するには，人びとの家族観にどのような変化が

生じているかをみていく必要があろう．家族観によって，人びとの生活行動やライフコースに違いが生じるか否かの議論はさておき，未婚者の結婚家族に対する意識をみておこう．第15回出生動向基本調査によれば，男女の8割に支持されている意見は「③婚前交渉構わない」，「④女らしさ，男らしさ必要」，

表2-2　結婚・家族に関する未婚者の意識（2015年）

結婚・家族に関する考え方	【未婚男性】			【未婚女性】		
	賛成	反対	不詳	賛成	反対	不詳
① 生涯を独身で過ごすというのは，望ましい生き方ではない	64.7%	32.8	2.5	58.2%	40.2	1.6
② 男女が一緒に暮らすなら結婚すべきである	74.8	22.9	2.4	70.5	27.8	1.7
③ 結婚前の男女でも愛情があるなら性交渉をもってかまわない	86.1	11.1	2.8	83.2	14.8	1.9
④ どんな社会においても，女らしさや男らしさはある程度必要だ	84.4	13.2	2.4	82.5	15.7	1.8
⑤ 結婚しても，人生には結婚相手や家族とは別の自分だけの目標を持つべきである	83.8	13.2	3.0	88.4	9.8	1.8
⑥ 結婚したら，家庭のためには自分の個性や生き方を半分犠牲にするのは当然だ	59.3	38.1	2.7	47.2	51.0	1.8
⑦ 結婚後は，夫は外で働き，妻は家庭を守るべきだ	30.7	66.5	2.8	28.6	69.5	1.9
⑧ 結婚したら，子どもは持つべきだ	75.4	21.9	2.7	67.4	30.6	2.0
⑨ 少なくとも子どもが小さいうちは，母親は仕事を持たず家にいるのが望ましい	69.8	27.6	2.6	73.0	25.3	1.7
⑩ いったん結婚したら，性格の不一致くらいで別れるべきではない	69.2	28.0	2.8	59.7	38.3	2.0
⑪ 結婚していなくても，子どもを持つことはかまわない	32.3	64.9	2.8	34.6	63.7	1.7
⑫ 結婚した男性にとって，家族と過ごす時間は仕事の成功よりも重要である	70.0	26.8	3.2	63.9	33.1	3.0
⑬ 女性が最初の子どもを産むなら20代のうちがよい	75.3	21.6	3.1	80.1	17.9	2.0

注）対象は18～34歳の未婚者．客体数は，男性（2,705），女性（2,570）．
出所）国立社会保障・人口問題研究所「第15回出生動向基本調査」2015年3月
　　　http://www.ipss.go.jp/ps-doukou/j/doukou15_s/doukou15_gaiyo.asp（2017年12月21日検索）

「⑤ 自己目標持つべき」の3項目，7割に支持されているのは「② 同棲なら結婚」，「⑨ 母親は家に」の2項目だった（報告書にならい選択肢の表記を省略した．実際の選択肢は，表2‐2参照）．

　同調査結果のうち⑤の「結婚しても，人生には結婚相手や家族とは別の自分だけの目標を持つべきである」と，⑥の「結婚したら，家庭のためには自分の個性や生き方を半分犠牲にするのは当然だ」の回答に注目したい．すなわち，⑤への回答で，女性の賛成が88.4％，反対が9.8％で，男性の賛成が83.8％，反対が13.2％で，女性の賛成の方が5ポイント高い．⑥への回答では，女性の賛成が47.2％，反対が51.0％で，男性の賛成が59.3％，反対が38.1％で，男性の賛成の方が12ポイント高い．この逆転こそが，男女の意識のすれ違いともとれるのである．

　家族とライフコースに関する人びとの意識と志向が，それぞれの人生の軌跡を創出するのであり，さまざまな偶発的事件と外部環境とによってそれらが影響される．そう考えると，まず大切なのは，その時々の選択と決断であるばかりでなく，それらを行わせる人びとのライフコース観だということになる．あえて，ライフコース観としたのは，一般に使われる人生観とは区別したかったからである．

　ライフコース研究の前提については，本章はじめの基本仮定において明示したが，そのなかでも，ここで再度取り上げるべきは「個人差」である．すなわち，社会は，あるいは国家は，人びとのライフコース上での自由な選択を妨げるようなものとして存在してはならない．それどころか，人びとの選択に寛容な社会こそが「共生社会」といえるのだ．この文脈で考えれば，昨今取りざたされるLGBTの人びとへの接し方もおのずとみえてこよう．

　このようにライフコース研究は，人びとの家族をめぐってのプランニングへの相対的視点を用意する一方，さらなる幸福追求へのインセンティブをも提供するのである．

📖 **参考文献**

安藤由美（2007）「家族とライフコースの変化」増子勝義編『新版　新世紀の家族さがし』学文社

エルダー, G. H. & ジール, J. Z.（正岡寛司・藤見純子訳）（1998＝2003）『ライフコース研究の方法』明石書店

正岡寛司ほか編（1990）『昭和期を生きた人びと—ライフコースのコーホート分析』早稲田大学人間総合研究センター

宮本益治編著（1993）『高齢化と家族の社会学』文化書房博文社

増子勝義編著（2010）『21世紀の家族さがし』学文社

森岡清美（1982）「研究動向親子孫3世代家族か，ライフコースか」『家族研究年報』No.8, 家族問題研究会

嶋﨑尚子（2008）『ライフコースの社会学』（早稲田社会学ブックレット［社会学のポテンシャル2］）学文社

第3章　家族は「やすらぎの場」といえるのか？
─夫婦間の役割分担に焦点をあてて─

同じ立場にある家族がともに支え合う

精神障害がある人の家族が結成した団体『みんなねっと』（公益社団法人全国精神保健福祉会連合会）の月刊誌．この団体の目標は，共に支え学びあい連帯しつつ「精神障がいのある本人と家族が安心して暮らせる社会」を実現していくことである．

（「みんなねっと」ホームページ　https://seishinhoken.jp/　2018年5月1日検索）

（撮影：写真AC）

🗝 キーターム

ストレス（stress）　「個人の資源に負担をかけ，あるいは，その限度をこえるもの，そして，個人の安寧を危うくするもの」として，個人によって主観的に評価される「人間と環境との間の特定な関係」（Lazarus, R. S. & S., Folkman (1984) *Stress, Appraisal, and Coping*, Springer.）.
対処（coping）　個人がストレス状況を改善するために行う行動のこと.
資源（resources）　個人が行う対処のために動員される手段のこと. その種類は，能力や技能，知識・情報，物財など幅広い. また，個人資源とか，家族内資源または家族外資源などというように，その所在（どこにあるのか）によって分類する場合もある.

𝒸 「やすらぎの場」としての家族？

　社会情勢の大きな変化と動揺は，人びとの生活に影響を及ぼす．経済・金融等におけるグローバリゼーションの進展などを背景に，能力主義・業績主義・効率性に一層明確に価値をおき続けている現代社会では，人びとは激しい競争を強いられている．終身雇用制や年功序列賃金制度などの雇用慣行の見直し，非正規雇用の拡大などといった雇用の流動化も進んでおり，長時間労働による身体的・精神的な健康状態の悪化を事由とした過労死や過労自殺も社会問題化している．このように，ストレスに満ちた様相を強めている社会状況において，家族はストレスとは縁遠く，むしろ「やすらぎの場」として人びとによって期待されている．

　統計数理研究所が5年おきに実施している日本人の国民性調査によれば，一番大切なものは何かとの問いに対し「家族」と回答した人の割合は，1950年代末には約1割程度であったが，1970年代から顕著な増加傾向を示し，2003年には約半数となり，以降2008年・2013年と横ばいとなっている（図3-1）．

　さらに，国民生活に関する世論調査（内閣府）の結果をみてみよう．家庭に求める役割については，2017年では「家族の団らんの場」が約65％ともっとも多く，ついで「休息・やすらぎの場」「家族の絆を強める場」となっており，2001年調査から同様の傾向が維持されている（図3-2）．

　このように，家族の価値は上昇し，多くの人びとにとって，家族は〈やすらぎの場〉〈大切な絆〉として位置づけられているといえる．しかし，家族をつくれば，家族は自動的にこうした期待通りの場になるといえるのだろうか．なぜなら，今日，「家族＝やすらぎの場」という図式にそぐわないであろう事態を，私たちは，容易に見出すこともできるからである．たとえば，夫婦関係に心配や葛藤などを抱えている夫婦．離婚率は，多くの欧米諸国に比べ依然低いものの，増加傾向を示してきたといえる．そして育児をめぐる親たちの大変さや悩み，家庭と仕事との両立のむずかしさなどである．

　私たちは，これらの事態を，あくまでも個々の家族の個別の問題なのであり，

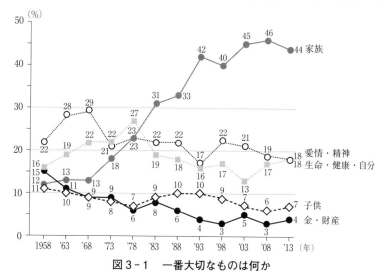

図3-1　一番大切なものは何か

出所）統計数理研究所「国民性調査」の結果に基づき「その他」「わからない・特になし」
を除外して作成

http://www.ism.ac.jp/kokuminsei/table/data/html/ss2/2_7/2_7_all.htm（2018年5
月1日検索）

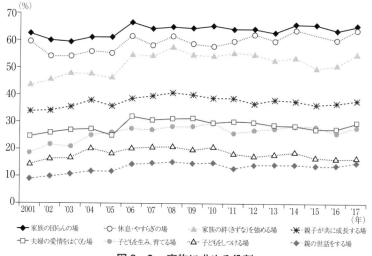

図3-2　家族に求める役割

出所）内閣府「国民生活に関する世論調査」の結果に基づき作成．各調査時期については，
調査年のみ示し各調査月については省略

https://survey.gov-online.go.jp/h29/h29-life/zh/z23-2.html（2018年5月1日検索）

その家族が本来の家族のあるべき姿から逸脱しているからだと断言することができるだろうか．そうではなく，私たちが安らぎの場であると信じてきた家族のあり方そのものを，今一度，再検討する必要があるのである．

✎ 家族の多様化現象と家族研究

今日，家族の多様化現象が進行しているといわれる．社会状況や個人の志向性などの変化を背景に，家族は大きな変化のなかにある．このような現状では，「一定の家族のあり方を理想型として家族を研究すること」に対して大きな疑問が投げかけられている．

家族問題研究も同様に新しい局面にある．戦後から1970年代くらいまで，近似的等式として，〈非標準的家族＝問題家族〉が成り立っていたのであり，当時主流をしめていた社会学理論である構造機能主義の影響などを背景に，一定の家族像（＝後に述べる近代家族）からの逸脱に原因を求めるという視角は，家族問題に対する主なアプローチとして採用され続けてきたといえる（山田，2000）．しかし，このアプローチでは，標準とする家族には問題はないと考えており，家族問題の捉え方は，標準家族からの逸脱の有無などといった静態的記述にとどまる傾向があった．

今日では，一定の家族モデル（＝近代家族）からの逸脱に家族問題の原因を見出すのではなく，一見してネガティブに見える現象が家族という場で生じているように見えるが，それは，従来支配的であった家族モデルが社会の構造変動や個人が志向する家族的関係と合わなくなってきたことに伴い表面化した徴候であるとするパースペクティブへと，その視角は移行しているのである（山根，2000）（図3-3）．

自発的・選択的にシングルにとどまる人びとが少なからず存在する．女性の社会進出の進展を背景に，男性─稼得役割／女性─家事役割といった固定的な性別役割分業をこえた夫婦関係のあり方もより普及しつつある．異性愛主義をこえたセクシュアリティやカップルも存在する．このように，家族を営むかど

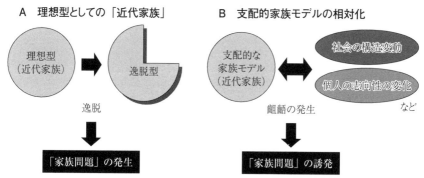

図 3-3　「家族問題」への 2 つの視角

出所）山根の議論（山根, 2000）を参考に作成した図（南山, 2018）を一部改変して記載

うか，あるいはどのような家族を営むかどうかについての個人の選択可能性の高まり（＝家族の個人化現象）を背景に，家族の多様化傾向は進行しているといえるが，第 2 の立場は，こうしたある意味新たな家族のありようの出現を，即座に「家族問題」「家族危機」とイコールとしない視角なのである（南山, 2018）．

　次項で紹介するストレスの社会学（石原, 2008）も，こうした近年の研究動向の一部をなすものであり，「家族」という場において営まれる人間関係などが個人にストレスをもたらすこともあると考えている（南山, 2006）．つまり，〈家族＝やすらぎの場〉という図式や一定の家族関係（＝近代家族）を理想型として無条件に前提としない立場といえよう．

ストレスの社会学

　ストレスの社会学では，家族をはじめ，地域社会，学校，職場などのさまざまな場や，このような場などでとり行われる人間関係などが，どのような場合に，個人の安寧を脅かしてしまうのかを検討しようとする．

　まず，抑うつ・不安・身体的症候など，個人によって主観的に経験される不快な状態をディストレス（distress），ディストレスを引き起こす可能性がある

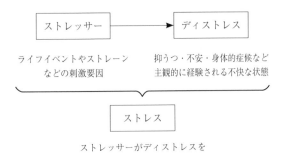

図3-4　個人と環境との「関係性」としてのストレス

　刺激要因をストレッサー（stressor）あるいはストレス源と呼び区分する．そして，ストレッサーが，ディストレスを生じさせている場合，ストレッサーに位置づけられた環境的要因と個人との関係を，ストレス（stress）とするものである（稲葉，2008a）．この場合，ストレスは「個人の資源に負担をかけ，あるいは，その限度をこえるもの，そして，個人の安寧を危うくするもの」として，個人によって主観的に評価される「人間と環境との間の特定な関係」（図3-4）（Lazarus & Folkman, 1984）を示している．

　なお，ストレッサーには，次のようなものがある．まず，突発的に生じる急性的なストレッサーであるライフイベント（life events）があげられる．近親者との死別など，より衝撃の強い出来事を経験した場合ほどストレスは高いと考えられ，複数の出来事が度重なって生じる場合それぞれの出来事の個人への衝撃は累積され，より深刻なストレス状況を導くことになるのである．一方，ライフイベントに比べて，その影響が慢性的で持続性を有するストレッサーとしてストレーン（strain）があげられる．ライフイベントのような日常生活を大きく変化させてしまうような出来事でなくとも，日常生活において，個人が特定の状態に置かれ続けることも，十分，ストレス状況を生起させるストレッサーと成りうるのである（稲葉，2008a；石原，2008）．

✐　ストレス生成装置としての〈近代家族〉

　夫婦と未婚の子どもからなり，愛情を結合の基盤におき，夫が稼ぎ妻が家事・育児を行う．こうした家族を「近代家族」と呼ぶ．近代家族と聞けば，「近代的」で「理想的」な「家族」だと思うかもしれないが，そうではなく，近代化に対応しながら，近代社会に出現したという限りにおいてこう呼ばれているのである．日本社会において，このような家族のあり方が都市を中心としながら理念的・実態的に定着していったのは，1960年代以降の高度経済成長期であると考えられている（山田，1994）．

　高度経済成長期，産業構造は，農業などの第一次産業にかわって，第二次産業・第三次産業中心へと転換し，多くの雇用労働者がうまれた．人びとが，都市へ就業の場を求めたことにより，都市への人口集中が進んでいく．そして，ホワイトカラー層の増大や男性の賃金上昇などを背景に，夫ひとりの賃金で暮らし，妻が家事・育児を専門に行う家族のあり方が，徐々に広まっていくのである．しかも，恋愛結婚の数が見合い結婚を上回ったのもちょうどこのころであった．

　こうした経緯で日本社会に普及した〈家族〉もストレスと無縁ではなかったのである．それでは，なぜ〈家族〉という場がストレスの源泉となる可能性があるのか，いくつかの議論を参照しながら考えてみよう（落合，1997；山田，1994）．

　性別役割分業とストレス生成の仕組み　近代家族的な役割関係では，夫は，家事・育児などの家族責任を妻に完全に任せ，稼得役割に専念し，主として企業社会（職業領域）に依拠しながら，自らのアイデンティティを見出すことになる．会社で出世し，高い給料を得る．このことは，男たちの自己実現の方法であると同時に，夫・父親としての役目を果たすことでもある．一方，妻は，家事・育児などを専門的に担い，夫や子どもなどの他の家族メンバーの世話（ケア）を行うことに自らのアイデンティティの基盤をおくことになる．

　ここまでを簡単にまとめてみよう．夫・父親は，仕事のために家族と過ごす

時間があまりとれなくとも，それは，家族のために働いているからであり，仕方のないこととされ，必然的に，夫・父親は，家庭との間に距離が生じやすいのである．家族のケアを一手に引き受ける妻にとって，子どもの成長や進学・就職，夫の出世は，妻自身の喜びでもある．時として，このことが，自らが担い遂行している日々の家族責任の成果と同義となってしまい，さらに，彼女たちを，より良き妻・母として，家事・育児などに過剰に自己投入させていくことにもなる．さらに地域や親族関係から孤立化し，完結した閉じた空間となりやすい現代の家族の様相も加味され，その責務はさらに加重される．

　つまり，妻・母親にとっては，たやすく，ストレスを被りやすい構造が，家族には潜んでいるのである．また，このような父親不在ともいえる状況では，母親と子どもの関係は濃密なものとなりやすく，夫・父親にとって，家庭には居場所がないという事態も生じやすい．そうなってしまえば，夫・父親にとっても，もはや，〈家族〉は，仕事の疲れを癒してくれるやすらぎの場だとはいえないだろう．

　家族の結合原理としての「愛情」　さらに，検討しておく必要があるのは，近代家族の結合原理としての「愛情」である．働き収入を得ること，家庭内に関わる家事・育児・介護など，〈家族〉に関わりなされるもろもろの行為は，「愛情」に関連づけられて解釈され統制されてしまうのである．

　子育てについていえば，子どもが小さいうちは，子どもの健全な発育にとって，母親の愛情が必要とする「三歳児神話」の社会的な浸透により，子育てはもっぱら母親がなすべきことと位置づけられてしまう．「愛情」や「母性愛」が人びとのたちふるまいの裏づけになってしまったことはとてもやっかいなのだ．なぜなら「愛情」や「母性愛」は容易には否定できないものであり，その人の存在評価にも結びついてしまうものだからだ（山田，1994）．

　女性は家事や育児・介護などに十分すぎるほど熱心に取り組み，男性は寸暇を惜しんで仕事をしなければならない．なぜなら，それは愛する家族のためであり，もしそうしなければ愛情のない人であり，ひいては，その人間性すら疑

われてしまうことにもなりかねないからである．近代家族の根幹をなしてきた性別役割分業体制が，「愛情」という根拠を基盤に添えたことで，〈家族〉を営む人も，自らが担う役割を否定することがむずかしく，また社会もそうすることを容認しにくい状況を生み出してしまったともいえる．

家族をつくることの意味―結婚がもたらすもの―

　前章で述べたように，夫が働き妻が家事・育児等を行うといった性別役割分業を主な特徴とする家族の場合，〈家族〉はストレスを生み出してしまう仕組みをもっており，とくに妻・母親がストレス経験をしやすいことが考えられた．

　それでは，さらに結婚の意味や心理的メリットについての議論を紹介しよう．これらの議論でも，結婚・家族という経験が女性と男性とでは大きく異なることが指摘されている．

　「生まれ変わり」としての結婚　夫が働き妻が家事・育児等を行うといった性別役割分業を前提とすれば，女性にとって，結婚は，男性とは異なり，生活や人生そしてアイデンティティのあり様などを大きく変えてしまうような「生まれ変わり」ともいえるほどのイベント（山田，1996）であるという．

　まず，結婚相手である男性の就労や収入の状況は，結婚後の生活水準を決定する可能性が高い．というのも，現代社会において，私たちはお金を支払いモノやサービスを消費しながら日々暮らしているのであり，主たる働き手である男性の稼得状況（＝収入）が，結果として，家族の暮らし向きを大きく左右してしまうのである．

　このような経済的側面だけではない．結婚というイベントは，女性に対してアイデンティティや文化・慣習といった側面でも大きな変化をもたらすといえる．たとえば，女性が結婚時に退職すれば，主な社会的役割は，就労役割から家庭内の役割へと全面的に移行していくことになる．

　また，選択的夫婦別姓が法的に認められていない日本では，女性が相手の戸籍に入籍するとなれば苗字もかわることになる．さらに，結婚相手の親と同居

し相手の家に入るいわゆる「嫁入り」するような場合にあっては，新しい文化や慣習に適応することが求められることも少なくない．たとえば，毎日の食事ひとつにしてもメニュー・作り方や味・食べ方や片づけ方など「嫁入り」した家の文化や慣習に適応していくことが求められることもあるだろう．

結婚の心理的メリット　結婚は個人に何をもたらすのだろうか．稲葉は，未婚・有配偶・離別・再婚といった婚姻上の地位（marital status）とディストレスの関係について，実際の調査データの分析結果に基づき議論している（稲葉, 2008b）．その議論を集約すれば次のようになる．

男性は，結婚により配偶者から重要なサポートを獲得することができるといえ，初婚・再婚の違いをこえて，同様の心理的なメリットを得ることができるのである．つまり男性にとって，結婚は自分を「ケアしてくれる人」の出現を意味しているという．

他方，女性にとってはどうだろうか．女性にしてみれば，結婚は「家計を支える稼ぎ手」とともに自分が「ケアする人」の出現も意味しており，男性ほど心理的メリットをもたらさない傾向にあるという．そして，初婚に比べ家族関係がより複雑化することが考えられる再婚では，さらに心理的ディストレスが増幅される可能性が高い傾向にあると指摘する．

つまり，男性にとって結婚は「質の高いケアを受ける機会」を増大させ心理的メリットを高めるといえるが，女性にとっての結婚は，「質の高いケアを提供する機会」の増大を意味しているのであり，心理的メリットが小さくなると考えられるのである．このように結婚の心理的メリットが男女で異なるのは，社会が性別役割分業構造をつくりあげ維持しているからに他ならないのである．

さて，以上のような考察に対して次のように付け加えられる．結婚がもたらすものは心理的メリットだけではないのであって，男女で結婚の心理的メリットが異なるという結果から，即座に結婚が女性を搾取し，男性が女性を支配する構造であるとはいえないが，こうした傾向が維持されるのならば，それは不平等な構造であるといえるとしている．

共働き時代の到来と性別役割分業　1970年代半ば以降，既婚女性の就業率が高まり，現在では，給与所得者の妻の雇用者数が専業主婦数を上回り共働き世帯が多数となっている．結婚や育児などにより退職した場合，女性の正規労働への復帰は困難な場合が多く，既婚女性の就業形態としては，パートタイム等，非正規雇用が多い．また，自己実現のためというよりは，家計補助的な意味での就労も少なからずあることも否めない．このように就業継続の困難や就業形態の問題など既婚女性の就業をめぐる課題は多いものの，女性の社会進出の進展は，既婚女性が，家庭中心に築いてきた自らのアイデンティティをより一層再考・再編していくことを鼓舞しているともいえるだろう．

　しかし，西村（2009）によれば，現代の日本社会では，多くの女性が，中断―再就職型のライフコースを歩む傾向にあり，有配偶女性の就業率（2005年国勢調査）は，末子年齢とともに上昇し，末子就学時期6歳で半数をこえ，末子15歳では7割以上となることから，「仕事と家族生活の調和」をめぐる問題が顕在化・本格化するのは，子どもがある程度成長し再就職してからの時期であるという．このようなライフコースパターンを歩む女性の場合，「仕事と家族生活の調和」，つまり就労と家庭内の役割の調整が可能となるためには，まず，家族成員間で，性別役割をこえた柔軟な役割意識が共有されていることが前提となる．

　既婚女性の就業率の高まりに呼応する形で，固定的な性別役割分業を支持する意識は確かに弱まってはいるが，実際の家族における分担状況は，依然として家事・育児の中心は女性であり，共働きであってもその傾向が維持されている．家族内における固定的な役割分業を歓迎し続けてきた企業社会や社会福祉・社会保障制度などが，家族内の役割関係の調整や再編を可能とするようまずは変容していく必要があるだろう．

夫婦間におけるコミュニケーションと調整の必要性

　共働きが主流となっている現代社会では，男女双方の「仕事と家族生活の調

和」のためには，夫婦関係において，柔軟な役割意識に基づいたコミュニケーションと調整がますます必要となっているといえるだろう．ここでは，神原が提唱した夫婦間コンフリクトという概念（神原，2010）を手がかりに議論してみよう．

夫婦間コンフリクト　夫婦間コンフリクトとは，夫と妻それぞれの欲求や期待が両立困難となりその対立が顕在化している状況であり，今日の夫婦関係では，程度の差はあれこのような葛藤が生じることは，ある意味「あたりまえ」ともいえる（神原，2010）．

その社会的背景のひとつとして，男女平等の価値観がより一般化していくなかで，夫婦関係においても自由・平等・尊厳などが尊重されるべきとする意識が浸透していることが指摘される．戦前の夫優位の家制度のように常に妻の欲求や期待が抑圧されたり犠牲になったりするのではない．夫だけではなく妻も自身の期待をパートナーに表明し，もしも不満があれば限界まで我慢することなく相手方に伝えていくことができるような夫婦関係が望ましいという意識だともいえる．

しかし，自分自身の欲求充足を基準として生活を組み立てたいとする「自分中心志向性」が顕著な場合，もっぱら自身の欲求や期待を最優先しようとする姿勢に陥りやすく，パートナーに対する不満は容易に生じ蓄積されやすいといえるのである（神原，2010）．

三層構造としての夫婦関係　さて，夫婦関係は「カップル関係としての夫婦関係」「家族成員としての夫婦関係」「生活者としての夫婦関係」の三層構造から成り立っている（神原，2010）（図3-5）．

カップル関係としての夫婦関係とは，夫・妻という地位に基づき社会的に承認され，プライベートな資源・時間・空間を共有・共同し，性的拘束性が期待される関係（＝限定的に性的関係をもつことが許される関係）である．そして，家族を営み維持していくために必要な役割を分担したり協力しあう関係が家族成員としての夫婦関係であり，家族関係だけに限らず，親戚，近隣，友人・知

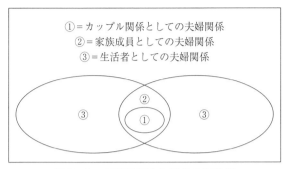

①＝カップル関係としての夫婦関係
②＝家族成員としての夫婦関係
③＝生活者としての夫婦関係

図 3-5　三層構造としての夫婦関係
出所）神原（2010）の図を簡略化・改変し作成

人，地域活動，職場など家族外にも広がる活動領域や役割を含んだ関係が生活者としての夫婦関係である（神原，2010）.

　以上のように，夫婦関係をとらえ直してみると，それぞれの関係性において，また各関係性との関わりにおいて，夫婦間コンフリクトを解消していくためには，夫婦間で自分の期待や不満などを率直に〈言い合える関係〉が必要だということになる．もちろん，〈言い合える関係〉が，即座に，夫婦間コンフリクトを解消困難な状態にしてしまい離婚をもたらしてしまうわけではない．つまり夫婦間の対等なコミュニケーションを通じての日々の調整努力が重要だといえるだろう.

✐　ストレスへの対処─家族内外の資源の動員─

　人びとはストレス状況に対し常に受け身的であり続けるわけではなく，ストレス状況の解消，そのような状況を生じさせているストレッサーのインパクトの軽減，ディストレスの軽減などを目的とした対処（coping）を行う存在でもある．家族に焦点をあてれば，人びとは，家族内外の資源（ストレス状況を改善するために有効な手段）を動員したり，状況に対する意味づけ（とらえ方）などを工夫するのである.

　家族内外の資源の動員　夫婦間や家族内で，相談しあうという情緒的なサポ

ートや実際に手伝うなどといった手段的サポートを採用することも対処のひと
つである．また，妻が育児・家事を一人で果たしきれないならば，夫が手伝う
あるいは役割を交代するなど，固定的な役割観にとらわれない柔軟な役割配分
を行うこともひとつの対処である．これは，すでに述べた夫婦間におけるコミ
ュニケーションを通じた調整にあたる対処といえるだろう．

　また，家族外の資源を動員しストレス状況を改善することも重要な対処であ
る．公的な制度・サービスや民間サービス，別居親族などを対処資源として動
員し，ストレス状況を回避するというのもそのひとつである．育児を例にとれ
ば，仕事や家庭生活との両立のために，祖父母に手伝ってもらったり，託児所
や保育サービス，配食サービスやクリーニングなどを利用することで育児・家
事を合理化・省力化することもあてはまる．

　もちろん，このような対処は，個々のストレス状況の改善に適合した諸資源
が存在し，柔軟に利用できることを前提としている．親族関係による支援の可
能性が希薄化しているともいわれる今日，とりわけ，公的な制度サービスの充
実が求められており，高齢者介護研究においても，その重要性が確認されてき
たところである（藤崎，1998）．

　家族外資源としてのセルフヘルプグループ　家族外資源のひとつとして，同
じ立場にあること（＝同じストレスを抱えていること）を媒介として形成され
るセルフヘルプグループ（self-help group：以下SHGとする）についてふれてお
こう．育児期にある母親や父親たち，介護が必要な高齢者の家族，配偶者と離
死別した人，ステップ・ファミリーのメンバーなど，同じ立場にあることによ
りつながる社会関係である．

　SHGの機能はさまざまである．日常の生活から一時離れ一息つく．自分と同
じ悩みをもつ人が身近にいることを知り孤独から解放される．お互いに悩みを
語ることなどを通じて得られるカタルシスの機能．実際に，情報交換をしたり，
相談や協力しあう相互援助機能などがある．経験や知識などを共有しながら，
自らのこれまでの対処行動をとらえかえすこともできストレス状況を改善する

対処につながることもある（Gartner & Riessman, 1977＝1985）.

　また，グループへの参加と活動を通じて，自らと同じ問題を抱える他者の存在を知り，それまでの態度を変更したり新たな知識や情報を獲得することなどを通じて，心理的防衛を取り除いていくのであり，このプロセスのなかで，「自分だけという感情」（"I" feeling）は「我々感情」（"We" feeling）へと変容していくのである（久保，2004；南山，2013）. とくに，シングルマザーなど，社会の偏見にさらされスティグマが付与されがちな人びと（西村，2009）にとって，SHGは自身を肯定的に受け入れてくれる重要な場となることが考えられる.

　そしてSHGは，「問題」を語ることでエンパワーされ，自己変革が生じ，時には社会に働きかける力を得ることができる場としても考えられる. 子育てをする親たちのSHGが，自身の経験を語り合うなかで，子育て環境の改善の必要性に気づき，国・行政や広く一般社会に対して訴えかけていくような場合があてはまるだろう.

✐　まとめにかえて─自己選択機会の増大と家族のゆくえ─

　近代化に伴い，社会が社会システムのあり方自体を不断に反省し再編していく仕組み，つまり制度的再帰性を有するようになった. 近代後期以降，この特徴は，より広範な領域へと拡大・浸透していくこととなった（Giddens, 1992＝1995）. 家族も例外ではなく，常に新たな知識や価値などを基準に見直しの対象となってきたのである.「男であること」「女であること」「夫であること」「妻であること」「結婚すること」「家族すること」などに関する不断の見直しとアイデンティティのゆらぎは，時には人びとに不安とストレスを与えるものであるといえるだろう. しかし，このことは同時に，従来の家族のあり方の呪縛から個人を解放すること，つまり，個人の自己選択の機会を増大させているともみることができる.

　今日，家族外の活動領域において個人の諸欲求の多くが満たされるようになり，家族は成員の自己実現を支援するようになったという. 家族集団の維持よ

りも個人の自己実現が優先され，家族のあり方を個人が主体的に選択し形成する傾向，すなわち家族の個人化現象がみられる（目黒，1987）ことが，かねがね指摘されてきた．家族の個人化は家族の凝集性の低下などを伴うため批判されがちであるが，家族という集団に抑圧されていた個人—女性や子どもなど—を解放する過程として評価すべきとの見解も多い．もちろん，自らの自己実現のみを志向する行為は，他の家族員の自己実現を抑圧することに繋がる．家族内の役割を柔軟に分担しあうことも含め自己実現を相互に支え合うような関係が重要だともいえよう．またシングル志向や脱結婚などの選択肢も増え，「結婚」「家族」も当たり前ではなくあくまでも個人の生き方の選択肢のひとつとして捉えるべき時がきたといえるのかもしれない．

　最後に今ひとつ述べておこう．戦後日本の社会福祉制度の根底には，家族扶養主義（＝家族が第一義的な扶養責任を負うべきとする立場）があった．こうした考え方を基本とした社会では，家族がいる／いないということが，その人の生・生活・人生のあり様を左右してしまうことになってしまうだろう．家族の多様化や選択可能性を論ずる際，一方で，頼りたくとも家族がいない人（あるいは，いたとしても頼れない人）もいるという現実もふまえておく必要がある．つまり，家族を〈やすらぎの場〉〈大切な絆〉だとしても，そもそも〈家族〉することが，必ずしも当たり前な経験とはいえない現状があるのである．

＊本章は，平成29年度成城大学特別研究助成による研究成果の一部である．

参考文献

藤崎宏子（1998）『高齢者・家族・社会的ネットワーク』培風館

舩橋恵子（1998）「変貌する家族と子育て」『岩波講座現代の教育7　ゆらぐ家族と地域』岩波書店

Gartner, A. & F. Riessman（1977）*Self-Help in the Human services*, Jossey-Bass Publishers.（久保紘章監訳（1985）『セルフ・ヘルプ・グループの理論と実際』川島書店）

Giddens, A.（1992）*The Transformation of Intimacy*, Diane Pub Co.（松尾精文・松

川昭子訳（1995）『親密性の変容』而立書房）

稲葉昭英（2008a）「ストレス研究の諸概念」石原邦雄編著『改訂版　家族のストレスとサポート』放送大学教育振興会，41-61

────（2008b）「結婚とディストレス」石原邦雄編著，同上書，189-205

────（2008c）「仕事と家庭の葛藤と調整」石原邦雄編著，同上書，206-223

石原邦雄編著（2008）『改訂版　家族のストレスとサポート』放送大学教育振興会

神原文子（2010）『子づれシングル─ひとり親家族の自立と社会的支援』明石書店

Katz, A. H. (1993) *Self-Help in America: A Social Movement Perspective*, Twayne Publishers.（久保紘章監訳（1997）『セルフヘルプ・グループ』岩崎学術出版）

久保紘章（2004）『セルフヘルプ・グループ─当事者へのまなざし』相川書房

Lazarus, R. S. & S. Folkman (1984) *Stress, Appraisal, and Coping*, Springer.

目黒依子（1987）『個人化する家族』勁草書房

南山浩二（2006）『精神障害者─家族の相互関係とストレス』ミネルヴァ書房

────（2013）「セルフヘルプグループの役割とは何か？」福祉社会学会編『福祉社会学ハンドブック─現代を読み解く98の論点』中央法規

────（2018）「臨床家族社会学と質的研究法」清水新二編著『改訂版　臨床家族社会学』放送大学教育振興会，48-68

西村純子（2009）『ポスト育児期の女性の働き方─ワーク・ファミリー・バランスとストレス』慶應義塾大学出版会

────（2014）『子育てと仕事の社会学─女性の働きかたは変わったか』弘文堂

落合恵美子（1997）『21世紀家族へ（新版）』有斐閣選書

清水新二編（2000）『家族問題─危機と存続』ミネルヴァ書房

山田昌弘（1994）『近代家族のゆくえ』新曜社

────（1996）『結婚の社会学─未婚化・晩婚化はつづくのか』丸善

────（2000）「『問題家族』の臨床社会学」大村英昭・野口裕二編『臨床社会学のすすめ』有斐閣

山根真理（2000）「育児不安と家族の危機」清水新二編『家族問題─危機と存続』ミネルヴァ書房

第4章　ジェンダーからみた家族

配偶者控除

　配偶者控除とは，配偶者を扶養する納税者に対する税制上の優遇措置であり，多くの場合，妻を扶養する夫への税控除である．夫が妻子を扶養する家族を，税制面において保護する目的で1961年に制度化された．しかし，被扶養者の年収に上限を設定していたことから，働く主婦が自身の年収を調整することに繋がり，この制度が，妻の「働き止め」を促している（103万円の壁）として批判が寄せられてきていた．そこで，夫婦の多様な働き方を認める中立的な制度を作り，女性の労働力をより活用しようという意図から，2017年に制度改正が行われた．2018年以降は，満額38万円の控除を受けられる配偶者の年収上限は150万円に引き上げられ，配偶者の年収上限が141万円から201万円までの場合に，段階的な控除が適用されることになった．また納税者の年収によっても控除額は段階的に変化し，年収1,220万円を超えると控除が適用されなくなる．このような改正が行われたとはいえ，固定的なジェンダー役割は払拭されないとして，批判も根強い．将来的には，女性だけでなく男性の働き方も多様化するなかで，家族単位の税制そのものが見直されていくことになるだろう．

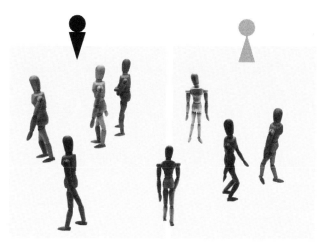

（提供：写真AC）

🔑 キーターム

女性活躍推進法　2015年に「女性の職業生活における活躍の推進に関する法律」が制定された．少子高齢化社会における労働力人口の減少を睨んでのことである．日本で指導的立場に立つ女性割合が上昇しない背景には，両立支援の環境が不十分なことに加え，社会における固定的なジェンダー観も根強いことがあげられる．女性の人材育成や積極的登用を図るために，同法は従業員301名以上の企業に女性活躍のための課題設定を義務付け，300名以下の企業に努力義務を課している．

ジェンダー秩序　「男らしさ」「女らしさ」という意味でのジェンダーと，男女間の権力関係である「性支配」を，同時に産出していく社会的実践のパターンを意味する．法や制度などの社会秩序に，ジェンダーの差異が構造化されているために，日常生活のさまざまな活動を通じて，性による差異と支配が社会的に構築されていくことになる（江原，2001：i）．

第3号被保険者　1985年にすべての国民を年金に加入させるための改革が行われ，勤労する配偶者が加入する年金制度に専業主婦（主夫）を加えることになった．第1号被保険者とは，自営業者，農業従事者，無職の者，第2号被保険者とは，サラリーマンや公務員，第3号被保険者とは，第2号の配偶者もしくは親に扶養される者である．この改革により，被扶養者（主としてサラリーマンの妻）が年金受給権を獲得したが，その際に自身の年収に上限が設定された．年収130万円を超えると配偶者の扶養から外れ（「130万円の壁」），厚生年金や健康保険の保険料を支払う義務が生じる．

急速な高齢化の進展や人口減少を憂える労働市場では，女性の就業を促進する動きが加速している．2015年には女性活躍推進法が制定され，女性が職業生活で十分にその能力を発揮し活躍できる環境の整備が社会的な課題であるとされた．だが働き方改革やワーク・ライフ・バランス施策が推進される一方で，家事やケアなどの無償労働が主に女性に偏っている現状には，現在も大きな変化が見られない．出生率は低い値に留まり，生涯未婚率は男女共に戦後最高の水準に達している．残念ながら，日本は家族形成に至るまでのハードルが高く，ジェンダー役割の壁を乗り越えることが困難な社会だといわねばならない．若者が家族を形成することに魅力を感じられる社会は，どのようにして実現できるのだろうか．

本章では，戦後の日本社会でジェンダー秩序がつくられてきた背景に目を向けながら，家族とジェンダーについて考えてみることにしよう．

戦後の家族とジェンダー役割

法律上の家族の位置づけは，第2次世界大戦後に家父長的な「家」から民主的な家族へと大きく変化した．日本国憲法（1947年施行）は，法の下における男女の平等（第14条）と両性の合意に基づく婚姻および夫婦の同権（第24条）を定めており，それに基づいて新民法（親族編・相続編）は，明治期以降続いた「家」制度を廃止した（1947年改正）．妻の法的無能力や，姦通罪の廃止，夫婦別産制の規定等を通じて，「平等なパートナー関係」という新しい家族理念が示された．しかしこうした改革の一方で，現実の家族は，家名の継承や祭祀，婚姻，家庭内の役割構造など，さまざまな面で旧来の「家」制度的な慣行を色濃く残していた．制度としての家父長権がなくなったとはいえ，戸籍筆頭者を中心に「家」を単位としてとらえる家族観は，今も色濃く残っている．

戦後の家族の変化は日本経済の復興・発展と強く連動してきた．1950年代末以降の高度経済成長期には，主として製造業の発展に伴い，都市部を中心に男性のサラリーマン化が進んだ．夫が稼得し，妻が専業主婦として家庭責任を担

いつつ子どもの教育に専念する近代家族が定着していったのである．1961年の税制改革では，「配偶者控除」が導入され，企業における夫の長時間労働を妻が下支えする仕組みがつくられた（コラム参照）．他方，企業の側でも，独自の福利厚生制度を整備して，労働者と家族の生活を手厚く支える「企業社会」を形成していった．男性が「企業戦士」となる一方で，女性は家事や家族のケア，地域活動に至るまで，あらゆる無償労働を担う分業体制がつくられた．この時期，ヨーロッパのいくつかの先進諸国では，経済発展に伴う労働力不足によって，移民の受け入れや女性の労働力化が進んだのとは対照的に，日本では男性の労働時間がいちじるしく伸長することになった．

　1970年代のオイルショック（1973/79）を機に，右肩上がりの高度経済成長期は終わったが，終身雇用や年功序列型賃金，企業別労働組合を特徴とする「日本型企業社会」は揺るがず，1980年代には，配偶者特別控除の制度化をはじめとする税制・社会保障改革によって，性別役割分業は，より堅固になっていった．政府による「日本型福祉社会」の構想（1978）も，国の社会保障制度を企業の生活保障と，家族による福祉によって補うことを前提としていた（大沢，2013：160）．

　1980年代にサービス産業がいちじるしい発展を遂げると，家庭責任に大きく抵触しない程度のパートタイム就労が主婦の典型的な働き方となった．1960年には約57万人であった女性のパートタイマーは，1980年には約256万人に急増している．“寿退社”や“出産退職”を経て家庭に入った女性は育児に専念し，数年後に非正規雇用として再び労働市場に参入する．こうした既婚女性に特有のライフコースは，「M字型の年齢階級別就労パターン」として定着し（図4-1，内閣府男女共同参画局，2022：126），現代にいたるまで女性の働き方を特徴づけてきた．

母性と近代家族

　戦後の日本が，性別役割分業に基づく経済効率の良い家族をモデルとして経

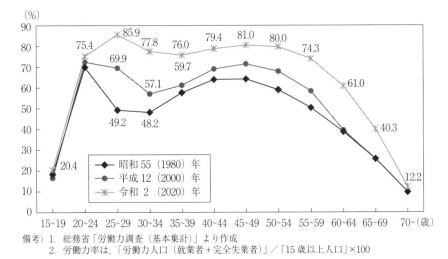

備考）1. 総務省「労働力調査（基本集計）」より作成
　　　2. 労働力率は，「労働力人口（就業者＋完全失業者）」／「15歳以上人口」×100

図4-1　女性の年齢階級別就業率の推移（1980～2020年）

出所）内閣府男女共同参画局（2022）『令和4年版　男女共同参画白書』p.126

済発展を遂げていく過程で，父親には家族を養える経済力が，母親には家事や
ケアと共に「母性」が強く要求された．「母性」には，妊娠や出産，授乳など
の生物学的な意味に加えて，愛情深くわが子を育むという意味がある．今でも，
母親が愛情深く献身的にわが子を育てることは本能であり，自然の理である，
という考えを規範として内面化しながらも，実現できず重荷に感じている母親
が少なくない．「母性」や「母性愛」という観念は，いつ頃どのようにして形
成されたのだろうか．

　『〈子ども〉の誕生—アンシャン・レジーム期の子供と家族生活』（1960＝
1980）を著した歴史家アリエス（Aries, P.）は，子どもという存在に特別の関
心が寄せられて，純真無垢な子どもを育み教育することの重要性が語られたり，
子どもを中心に据えた愛情豊かな家族イメージが形成されるようになったりし
たのは，近代以降であることを示して，家族史研究に大きな影響を与えた．近
代以前の伝統社会では，親族集団や地域社会で，人びとは共に働き暮らしたが，
そこでは，子どもは「小さな大人」として扱われ，大人と共に働いたと記録さ

れている．また，乳幼児死亡率がきわめて高かった前近代には，今では当たり前と考えられているような，わが子への細やかな世話や情愛は，どこにでも見られるものではなかったという．人口増強を意図する近代国家と市民階級のなかで，子どもは，学校に通い，親の愛情や世話を受ける存在として位置づけられていった．こうした「子ども期」の発見は，家族のあり方にも大きな影響を与え，特に母親が家庭で演じる役割が重要なものとされた．母親は，慈愛深く子どもを育てる存在として，新たな役割を担うようになったのである．

　哲学者バダンテール（Badinter, E.）は，「母性愛」という概念も，近代社会が作りだしたイデオロギーであることを明らかにした．『プラス・ラブ』（1980 = 1981：11）の冒頭には，しばしば引用される有名な一節がある．

　　1780年．パリ警察庁長官ルノワールは，残念そうに，次のような事実をみとめている．毎年パリに生まれる2万1千人の子どものうち，母親の手で育てられるものはたかだか千人にすぎない．他の千人は—特権階級であるが—住み込みの乳母に育てられる．その他の子どもはすべて，母親の乳房を離れ，多かれ少なかれ遠くはなれた，雇われ乳母のもとに里子に出されるのである．多くの子は自分の母親のまなざしに一度も浴することなく死ぬことであろう．……

バダンテールは，母親がわが子を自身の手で育てることが，近代以前には当たり前のことではなかったという事実を出発点として，思想家や為政者が「望ましい」母親像を築きあげていった過程を明らかにした．そして，「母性愛」とは，「本能」でも「自然」でもなく，母と子の相互関係のなかで育まれる，おまけの愛情（プラス・ラブ）だと述べたのである．

　日本でも，「母性」という言葉が欧米からの翻訳語として用いられるようになったのは1900年代であり，その後，母親による子育てと母性愛論が広く受け入れられるようになったことを示す研究がある（沢山，2005：264-265）．戦後の高度経済成長期には，経済効率が高い性役割分業体制の家族を創り出すべく，

「母性愛」という言葉が戦略的に強調される場面もあった．さらに心理学研究（ホスピタリズム研究や母子相互作用研究）の成果が，子どもの成長にとって「母性愛」が欠かせないことの論拠として喧伝され，母性神話の強化に繋がった（大日向，2000：94-95）．現在では，母性神話に科学的根拠は認められないとされてはいるが，母親のあるべき理想像は今なお多くの母親にストレスをもたらしている．母性が女性にとって生得的なものであるとの考えは，時に，子どもをもつことができない女性や，子どもを亡くした母親，さまざまな事情で子どもに愛情を注げない母親の存在を否定することにも繋がりかねない，危険な側面を有している．

　それでは，「父性」はどのように位置づけられていたのだろうか．歴史研究によれば，近代以前の日本では，子育ては家長である男性の役割とされており，父親は現在よりも深く育児に関わっていたという．江戸時代には，父親がわが子の面倒を見る姿が至る所で観察されたという記録も残されている（沢山，2007：22）．しかし，戦後の経済効率を重んじる日本社会が，もっぱら「父性」に稼得役割を課したために，多くの父親が現実の子育てからは遠い存在になっていった．「家族を養うに足る収入を得る」という役割を課せられた父親は，長時間労働を一手に引き受けたのである．父親もまた，社会によって「父性愛」を剥奪された存在であるといえるかもしれない．

✎　フェミニズムと家族

　1960年代末から70年代にかけて，欧米ではフェミニズム（女性解放の思想と運動）が伝統的な女性観を揺るがした．その代表的な論客であるシモーヌ・ド・ボーヴォワール（Beauvoir, S.）は，『第二の性』（1953＝1997：11）のなかで「人は女に生まれるのではない，女になるのだ．」と述べて，女性らしさが社会や家庭によって“作られる”ことを鋭く指摘した．当時のフランスでは，女性が“職業婦人”として自立することは想定されておらず，女の子をもつ親は，子どもに幸せな結婚と家庭生活を望んでいた．社会の権力中枢に座るのは

常に男性であり，女性は周縁に存在する．男性ではない存在，第二の性が女性である…というボーヴォワールの思想は，数十カ国で翻訳されて女性たちの共感を呼んだ．こうした思想をもとに立ち上がったフェミニズム（第二波）は，家父長制に異議申し立てをすると同時に，日常のあらゆる場所に見出される女性差別や抑圧，役割構造からの解放を主張した．「個人的なことは政治的」（The Personal is Political.）という言葉は，この運動の性質をあらわしている．それまで，社会へ発信する声をもたなかった女性たちが手を取り合い，ジェンダー役割からの解放やジェンダー平等を訴えたことは，社会における女性の地位だけでなく，家族のあり方にも大きな変化をもたらした．与えられた人生を運命ととらえていた女性の前に，人生を選択する可能性が拓かれたのである．破綻した結婚の解消やDVの告発，望まない出産の回避，高等教育や経済的自立の促進等の運動を通じて，女性たちは規範に縛られた結婚からも自身を解放していった．

　日本でも1970年代にウィメンズ・リブ（Women's Liberation）が声を上げた．リブとは，家父長制の下で女性を縛ってきた，母や妻，嫁といった役割規範の重圧からの解放を求める運動・思想であり，社会のジェンダー秩序を崩そうとする動きへと発展した．多様な主張のなかでも，特に性と生殖に関わる自己決定権の要求や家庭内ジェンダー役割の批判等を通じて連帯を広げた．しかし，日本の1970年代は，日本型企業社会と共にジェンダー秩序がより強く固められていった時代に相当する．欧米のフェミニズムが達成したような社会変革よりも，むしろ女性一人ひとりの意識変革と生き方の変化こそが重要であったとの指摘もある（田中，2005）．ウィメンズ・リブは，多様な女性の連帯を起点として，一人ひとりの女性の変化が，社会に着実に波及していった運動と見ることもできるだろう．

　他方，少し遅れて立ち上がった「メンズ・リブ（Men's Liberation）」（マン・リブ）は，男性のなかにも，男らしさの規範と抑圧が存在することや，反対に抑圧する者としての男性の側面も明らかにした．1990年代は男性問題が表出し

64

た時代であり，男性もまた男らしさの鎧から脱出する方法を探っていた（伊藤，1996）．日本では，この時期に，世界でも特異なほど長時間労働が常態化し，それ以降，過労死や自殺などの社会問題を抱えている．また安定した雇用が失われつつある現在，「大黒柱としての夫」という規範を抱く男性のなかには，その役割遂行ができずに自信喪失する人も少なくないであろう．旧態依然のジェンダー役割期待に，男性もまた強いストレスを感じているが，新しい父親像・男性像は形成される途上にある．

家族の時間とジェンダー役割

「職場で仕事．帰宅したらまた仕事．翌朝職場にもどればまた仕事」．社会学者ホックシールド（Hochschild, A.）は，『セカンド・シフト』（1989＝1990，11）において，アメリカの働く女性たちが，家庭での「第二の勤務」に疲労困憊している様子を描きだしている．30年以上も前のアメリカの家庭の描写であるとは思えないほど，現代日本の母親の事情と重なる場面が多い．日本では，1985年に男女雇用機会均等法が成立し（1997，2006，2017改正），1991年の育児休業法（1995育児・介護休業法）を皮切りに，子育てと仕事の両立に向けた施策が推進されている．男女共同参画社会基本法（1999），女性活躍促進法（2015）も後押しして，家庭外における女性の活躍を奨励・促進する社会的な雰囲気づくりはなされてきてはいる．しかし，社会と家庭のジェンダー構造には，依然として大きな変化は生じていない．

　家庭における男性の家事・育児への従事についてみると，未就学児をもつ夫が，週60時間以上働いている割合は30〜40代において高く，子どもをもたない男性よりも労働時間が長い傾向にある．また図4-2「6歳未満の子どもをもつ夫婦の家事・育児関連時間（週全体平均）」（内閣府男女共同参画局，2018：119）をみると，夫が1週間のうちで家事に使う時間は，もっとも多いスウェーデンで3時間21分（家事に占める育児の時間は67分），ノルウェーでは3時間12分（育児の時間は73分），フランスで2時間30分（育児の時間は40分）で

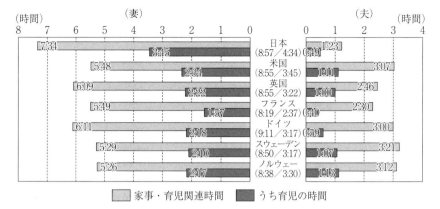

図4-2　6歳未満の子どもをもつ夫婦の家事・育児関連時間（週全体平均）

出所）内閣府男女共同参画局（2018）『平成30年版　男女共同参画白書』p.119

ある．これに対し，日本は1時間23分（うち育児が49分）と，特異なほど短く，妻が担う時間が突出して長いことがわかる．

　日本において，共働き家庭でも男性の家事時間と育児時間が短い背景として，長時間労働があげられるが，それに加えて，ジェンダー役割意識が，男女で大きく異なることがあるだろう．母親は，家事育児を自身の仕事として認識しているのに対し，父親は，家庭では「協力者」として存在してきた．2022年の改正育児・介護休業法の施行により，産後パパ育休や育児休業の分割取得を通じて，男性の産休・育休取得が強く推奨されている．とはいえ，男性の育児休暇取得率は，13.97％（2021）と，政府目標の30％にはまだ遠い．ホックシールドが述べたように，仕事と子育ての両立を図るには，企業における働き方を根本的に変える必要がある．そして家庭内における役割分担も，「これは誰の仕

事なのか」と問うことから始め，可能な限り，偏らず担い合う必要があるだろう．どのようなライフコースを選択するのか，いかに働くのか，それを自由に決定できる環境がなければ，女性のライフコースは，狭い選択肢のなかで相変わらず“あれか，これか”を迫られることになる．

　近年，「ワンオペ育児」（藤田，2017）や「ダブルケア」（相馬・山下，2017）などの言葉と共に，ケア役割を担う人の物理的，精神的，経済的負担の大きいことが広く論じられている．有職であるにせよ，ないにせよ，朝から夜中まで子育てに孤軍奮闘する母親の姿や，子育てと親世代の介護を同時に担い疲労困憊する姿．その根底には，家庭内の問題は家族が解決しなくてはならない，との社会通念による抑圧があるのではないだろうか．本章で取り上げた幾つかの研究は，子育てを地域や親族が担っていた時代があり，愛と美徳の名のもとに「ワンオペ」が規範化されたのは歴史的にみても比較的新しいということを示している．戦後の高度経済成長期が，日本の家族とジェンダーにとってきわめて特異な時代であり，当時の日本経済が，家族に対して効率的な性役割分業を要求したということであるならば，低経済成長と人口減少期の現代には，新しい役割分業体制によって社会の変化に立ち向かわねばならないであろう．

📖 引用・参考文献

天野正子他編（2009）『新編日本のフェミニズム12男性学』岩波書店

Aries, P.（1960）*L' Entfant Et La Vie Familiale Sous L'Ancien Regime.* Plon.（杉山光信・杉山恵美子訳（1980）『〈子供〉の誕生—アンシャン・レジーム期の子供と家族生活』みすず書房）

Badinter, E.（1980）*L'Amour en plus : Histoire de l'amour maternel,* Librairie Ernest Flammarion.（鈴木晶訳（1981）『プラス・ラブ』サンリオ出版）

Beauvoir, S.（1953）*Le Deuxieme Sexe,* Les Editions Galllimand, Paris.（中嶋公子・加藤康子監訳（1997）『決定版　第二の性Ⅱ体験』新潮社）

Connell, R. W.（1987）*Gender and Power : Society, the Person and Sexual Politics,* Basil Blackwell Ltd.（森重雄・菊地栄治・加藤隆雄・越智康詞訳（1993）『ジェンダーと権力—セクシュアリティの社会学』三交社）

江原由美子（2001）『ジェンダー秩序』勁草書房

藤田結子（2017）『ワンオペ育児』毎日新聞出版

Hochschild, A.（1989）*The Second Shift : Working Parents and the Revolution at Home*,Viking Penguin, a division of Penguin Books.（田中和子訳（1990）『セカンド・シフト―アメリカ　共働き革命のいま』朝日新聞社）

伊藤公雄（1996）『男性学入門』作品社

鹿野政直（2004）『現代日本女性史―フェミニズムを軸として』有斐閣

木本喜美子（1995）『家族・ジェンダー・企業社会』ミネルヴァ書房

内閣府男女共同参画局（2017）『平成28年版　男女共同参画白書』

―――――（2018）『平成30年版　男女共同参画白書』

―――――（2022）『令和4年版　男女共同参画白書』

大日向雅美（2000）『母性愛神話の罠』日本評論社

大沢真理（2007）『現代日本の生活保障システム―座標とゆくえ』岩波書店

沢山美果子（2005）『性と生殖の近世』勁草書房

―――――（2013）『近代家族と子育て』吉川弘文館

―――――・岩上真珠・立山徳子・赤川学・岩本通弥（2007）『「家族」はどこへいく』青弓社

相馬直子・山下順子（2017）「ダブルケア（ケアの複合化）」医療科学研究所編『医療と社会』27巻1号，63-75

武石恵美子編著（2009）『女性の働きかた』ミネルヴァ書房

田中美津（2005）『かけがえのない，大したことのない私』インパクト出版会

辻村みよ子（2016）『概説ジェンダーと法（第2版）』信山社

第5章　家族と生殖をめぐる技術

さまざまな生殖のかたち

　子どもが欲しくてもできない夫婦が，不妊治療により子どもを得ることが技術的には可能となりつつある．しかしそれは，子どもをもつことは誰のためなのかを，根本的に考えさせる問題を提起している．男性側に何らかの不妊原因がある場合，ドナーに精子を提供してもらい，子どもを授かる（という）ことが長い間秘密裏に行われてきた．しかし，子どもは，その事実を知らされないために，家族への不信感を募らせ，精神的に不安定になる者もある．

　日本において，長年，不妊治療を受けても子どもができない女性議員が49歳のとき，アメリカで卵子を購入して不妊治療を受け妊娠し，50歳で一児を授かった．しかし，その子どもには重い障害があり，大きな手術を何度も受けなければならない．

　また，子宮頸がんで子宮摘出手術を受けた女性タレントが，アメリカで女性と代理母契約を結び，双子を引き渡してもらった．代理母の女性は，3回の代理出産ののち子宮摘出の手術を受けている．子どもをもつことは，親の大きな願いであるが，子どもの人生は親のものではない．われわれは，どのように生殖の問題を考え，その技術とどのように折り合いをつけるべきなのか．

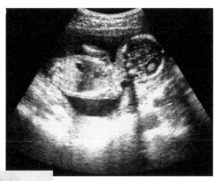

（写真提供：石川綾香）

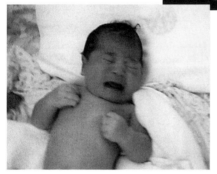

（写真提供：伊佐智子）

🗝 **キーターム**

リプロダクティブ・ヘルス／ライツ　　生殖（子どもを生むかどうか）に関わる健康が保たれ，
自分の性のあり方について自分で決定ができること．
　人工妊娠中絶　　妊娠後，生まない選択をして，服薬や手術などにより，妊娠を終わらせること．
　人工生殖技術　　子どもを得るための技術であり，通常の医療とは異質なものである．
　子どもの出自を知る権利　　ドナーの精子や卵子を用いて生まれた子が，遺伝的親の情報を
得ることができる権利．
　新型出生前診断　　母体から採血し，胎児に染色体異常があるかどうかを診断する方法．確定
診断は羊水検査が必要である．

　生殖とは，子孫を設けること，そして命をつないでいくことである．人類だけでなく，あらゆる生物にとって，生殖は種の保存の根幹である．しかしながら，われわれの社会を一瞥すれば，人間にとって，生殖のもつ意味は，単なる種の保存にとどまらず，さまざまな意味や価値が付与されているように思われる．

　従来は，「家の継承」のための生殖であったが，現代では，「子育て」「養育」「教育」，育てる側と育てられる側のクオリティ・オブ・ライフと共に生殖の問題が考えられるようになっている．そこで，以下では，男女の生殖の問題を，リプロダクティブ・ヘルス／ライツという視点から考え，次に，生殖への大きな介入である，人工妊娠中絶と人工生殖技術の状況を考えていきたいと思う．

✐　生殖と家族 ―自らの不思議な体験を通して―

　生命という視点からすれば，人間は自然の一部である．この事実は，疑いようもない．さまざまな科学技術の発達により，この自然のプロセスへの人為的操作がなされるようになっているが，生殖そのものは，相変わらず自然の現象である．そのため，生殖を考えるには，このような人間の自然のあり方を前提として，それにある程度従っていくこと，これがまず基本なのではないだろうか．そして，やむを得ない場合に限って，この自然のあり方に一定程度の人の手を加える可能性や必然性が認められるように思う．

　ここで，筆者の妊娠・出産を通した体験をご紹介したい．初めて妊娠・出産を経験したとき，筆者は，これまで感じたこともない，大いなる自然の力を痛感した．妊娠により，ある日，突然，つわりが起こった．日常利用していた電車に乗ると気分が悪くなった．また，元来，無類のコーヒー好きだったが，想像するだけで気分が悪くなった．以前はあまり食べなかったが，酸味のあるレモンを食べてこの上ない爽快感を感じた．今思えば，これらは，体内で成長する胎児を守るための現象だったのではないかという気がしている．多少なりと

も医学を学び，妊娠・出産を理論的には理解していたつもりだった．実際は，自己の身体変化は，まったく未知のものであり，出産へ向けて体がひとりでに変化していった印象である．臨月になると，陣痛が自然に起こり，分娩時には，自分の意思とは無関係に，自分の身体と胎児の体の相互作用で赤ちゃんがこの世界に出てきたような感じであった．この奇妙な，妊娠そして生命誕生の経験から，筆者は，命というものの不思議さ，奥深さをあらためて考えさせられた．

　生殖については，さまざまな論点があり得るが，ここでは，生殖をめぐる問題について多くの人びとに認識してもらいたい，リプロダクティブ・ヘルス／ライツから説明を始めることとしよう．

リプロダクティブ・ヘルス／ライツ

　人間は雄と雌とに分かれ，有性生殖を営む．第二次性徴期は，生物としての生殖能力を高める時期である．わが国では，法律上，婚姻可能な年齢は，男性が18歳，女性が16歳とされている（民法第731条；ただし，法改正により2022年4月1日より男女とも18歳とされた）．婚姻とは，社会的にも子どもをもうけることができる状態と一般に考えられるので，この年代には，生殖機能は十分に成熟していると見なされている．しかしながら，現在，平均寿命が80歳を超えており，2016年のわが国の平均初婚年齢は，夫が31.1歳，妻が29.4歳である．図5-1のように，2016年の第1子出生児の母の平均年齢は，30.7歳であり，1980年と比較しても婚姻と生殖の年齢が後退している．

　リプロダクティブ・ヘルス／ライツは，国際連合を中心とした国際社会レベルで提唱された「人権」である．歴史的には，1948年の世界人権宣言に基づき，男女が共に，自分の性の健康のため，性交渉，生殖，妊娠，出産などの家族計画に主体的になることが望ましいと考えられた．しかし，1994年のカイロ国連世界人口開発会議においては，特に女性は生殖に関わる問題では影響を受けることが多く，女性の「生殖に関わる健康と権利」を守るべきだという意味合いが強く打ち出されている．女性への暴力，強姦などの性犯罪，児童虐待などの

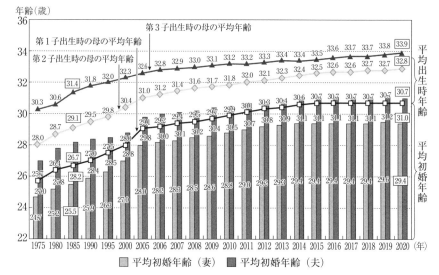

資料）厚生労働省「人口動態統計」

図 5-1　平均初婚年齢と母親の平均出生時年齢の年次推移

出所）厚生労働省（2022）『令和 4 年版　少子化社会対策白書』p.13

問題とも複雑に絡み合い，女性が，子どもと同じく，暴力の前においては，か弱い存在であることを考慮した上での「女性の権利」なのである．

✎ リプロダクティブ・ヘルス／ライツと人口問題

妊娠・出産の問題が政治的な「人口問題」と密接に絡んでいることにも細心の注意を払うべきである．第 2 次世界大戦前，日本では，富国強兵策のため「産めよ，殖やせ」と多産が奨励され，国民優生法（1940年制定）によって，障害をもつ子どもを生む可能性がある場合には，優生手術（断種手術）を施してよいことが規定されていた．戦後には，駐留軍兵士により，または朝鮮や中国における強姦で妊娠した女性，駐留軍を中心とした赤線，青線における売春婦たちの中絶が後を絶たず，また，住宅難・食糧難のなかで，人工妊娠中絶を合法化するために優生保護法（1948年制定）が制定された．旧優生保護法では，

遺伝病や精神病をもつ者のほか，ハンセン病患者の断種手術や人工妊娠中絶も合法化され，強制的な断種や人工妊娠中絶も行われていた．優生学的視点から，国家にとって劣っているとみなされた命を生まれさせないという人権侵害がなされた結果である．

　国際社会においても，貧困問題を抱えた途上国に対し，国際貢献という名の下に，不妊手術や避妊薬の投与が行われた．「途上国の経済発展を阻んでいる」と目された「人口増加」を抑制する意図もあった．しかしながら，現実には，人口増加と貧困とは直接的には関係がないことが明らかにされた．厳しい規制により先進国で使用不可能になった多国籍企業の避妊薬や避妊器具が，「開発援助」という形で途上国の女性に使用された結果，途上国の女性の身体や健康が侵害されるという事実があった．

　これらは，国家レベルでの人口政策という形でなされた女性たちのリプロダクティブ・ヘルス／ライツに対する重大な侵害の事例である．その反省に基づいて，政府や多国籍企業が女性の身体や生殖に介入することが国際的に非難され，1992年，世界保健機関（WHO）で，リプロダクティブ・ライツの根幹となる考え方が具体化された．1995年，北京国連世界女性会議では，リプロダクティブ・ライツが改めて「女性の基本的人権」であることが確認された．そこで重要とされたのは，以下のポイントである．

　1．子どもをもつことが可能であることと同時に，自分たちの生殖能力を調節して希望する数の子どもを希望するときにもつことができること．

　2．安全な妊娠出産の経験，母児の生命健康にとって安全な妊娠出産を可能にするためのケアやサービスを受けられること．

　3．望まない妊娠や病気に感染するおそれなしに性的関係をもつこと．

　このリプロダクティブ・ヘルス／ライツの考え方に基づいて，女性が「妊娠と出産の間隔を自分で決定し，周りを取り巻く人間の意思に屈することなく，生むか否かを決める」ために，「女性の自己決定」が尊重されるべきである．

　家族という視点においては，子どもを得ようとする親双方の合意によって生

むかどうかを決定することが理想だろう．しかしながら，家族関係において，女性が暴力や意思に反して強制される危険性があるため，女性のリプロダクティブ・ヘルス／ライツが尊重される形での合意形成をすることが望ましい．

✎ 生まないという選択 ―避妊と人工妊娠中絶―

そこでまず，生まないという選択に関わる事柄を考えてみよう．一般に，修学時期を終えると，若者は，いったん社会に出て労働に従事する．ワーク・ライフ・バランスが保たれ，仕事と家族生活を両立することが理想だが，現実には両立は非常にむずかしい．そのため，男性も女性も，一定期間長く仕事をした後に，余裕ができてから子どもの養育期間をとるのが一般的となっている．場合によっては，結婚しないまま一生を過ごす者もいる．

避妊　婚姻状態に限らず，子育てに適した時期や環境にないと判断する場合，子どもができないようにする避妊が選択される場合がある．

避妊方法としては，男性主導で使用するコンドーム，男性の協力が得られない場合の女性側の避妊具ペッサリーなどの使用のほか，女性のピル服用などの方法がある．ピルについては，微量で顕著な影響を及ぼすホルモン製剤の身体への悪影響も懸念され，西洋医学が支配的な社会では普及しているものの，東洋医学が主流であったアジア諸国ではあまり一般的ではない．ピルについては，発がん性のリスクなど，女性の身体への副作用が一部で懸念されていることも，日本でピル服用が普及していない理由である．

避妊は，20世紀初頭から普及しはじめた技術であり，それ以前は，人工妊娠中絶が一般的であった．

人工妊娠中絶　人工妊娠中絶の問題は，歴史が古く，古代から存在している．わが国では中絶問題を深刻に議論することが少ないが，特にキリスト教が支配的な国では，中絶問題は，女性と胎児のいずれを優先するかという大きな倫理的課題であり，中絶の是非をめぐる議論は解決がむずかしい．ただし，そこでは生命尊重をいいながらも，障害が予想される場合は，ほぼ中絶を合法的にで

きるなど，ナチス・ドイツの歴史的な問題などから生命を厳格に守るドイツで
あっても建前論が強い感じをうける．

　国際的にみると，胎児の生命保護を主張し，厳格な条件（医学的理由，倫理
的理由など，以下を参照）のもとでしか中絶を認めないとする立場と，女性の
自己決定権を尊重し，厳格な理由にかかわらず中絶を認める立場との間にいく
つかの段階がある．本来，子どもをもつかどうかは，男女の双方が共に考え，
準備することだが，もし，男女間に合意が成立しない場合，女性の生まない権
利と，胎児の命のいずれを優先するかをめぐる意見対立が起こる．その場合，
どちらに重きをおくべきなのだろうか．

　人工妊娠中絶を認める理由としては，① 医学的理由または身体的理由，
② 倫理的理由（強姦などの犯罪の結果，妊娠した場合），③ 胎児が障害をもつ
可能性がある場合，④ 経済的理由などがある．ドイツ，フランスなどでは，
妊娠12週くらいまで，中絶を認める条件を規定せず，女性の判断を尊重する制
度がある．

　日本では，現在，母体保護法（優生保護法が1996年に改正・改称された）第14
条に中絶を認める要件（妊娠満22週未満までの期間のみ適用）が次のように規定
されている．

　一　妊娠の継続又は分娩が身体的又は経済的理由により母体の健康を著しく
害するおそれのあるもの

　二　暴行若しくは脅迫によって又は抵抗若しくは拒絶することができない間
に姦淫されて妊娠したもの

　合法的手続きには，原則として配偶者の同意を必要とし，それが不可能な場
合は，本人の意思だけで足りるとされている．

　女性の意思を尊重するとしても，妊娠中絶を濫用すべきでない理由もある．
不用意な不特定多数の相手との性交渉では，性感染症の蔓延，不要な妊娠中絶
の劣悪な処置による不妊症のリスク等もある．動物の命さえ尊重される現代で
は，この世に芽生える命は生きる力と意思をもっており，その命を簡単に奪う

ことは認められないように思われる．生まれる子の養育責任が負えるかどうか
を熟考した上で，妊娠の継続をするかどうかを決定することが理に適っている
のではないか．

✎　人工生殖技術

　男性も女性も，年齢が進むにつれ生殖能力が衰えるが，とりわけ女性の方が，
不妊化は早い．一般には，女性は35歳以降，妊娠しにくくなる．晩婚化がすす
むにつれ，現実に子どもが欲しいときに不妊となる女性が増えているといわれ
る．そこで自由診療で不妊治療が進められてきたが，2022年4月より一部保険
適用となった．

　しかし，他方で，妊娠しにくい体質（習慣性流産）の存在があるともいわれ
ている．習慣性流産の原因はよく解明されていないものの，染色体転座（原因
は不明だが，一種の染色体異常）があるとされている．体外受精などの不妊治
療を受けたり，場合によっては，若い女性から卵子提供を受け，夫の精子と受
精させて妻の子宮に移植する方法を取ることも，理論上は可能であるし，また，
外国ではそれを公に認めて実践している国もある．しかしながら，この技術が，
それほど素晴らしいものなのかどうか，冷静に観察し判断しなければならない．

　以下では，子どもを希望しつつも，できない人びとの不妊治療としての生殖
技術の問題を考えていく．現在実施されている人工生殖技術にはさまざまなも
のがあるが，まず，その種類について述べていこう．

　排卵誘発剤　女性は，平均月に1個の成熟した卵子を排出するが，染色体や
ホルモンの異常などで，排卵がないかあるいは排卵しにくい女性がいる．その
女性に，排卵を誘発する薬剤（ホルモン剤）を投与すると，一度に数個から10
個以上の卵子を排卵させることができる．排卵誘発剤による不妊治療の問題は，
過排卵による多胎妊娠（双子，三つ子，四つ子，五つ子などの妊娠），および，
薬剤による副作用である卵巣過剰刺激症候群（OHSS）という重篤な状態である．
この副作用では，死亡例もある．また，母体内の胎児が三つ子，四つ子など多

すぎる場合には，多胎減数手術（子宮内の胎児に直接，針で心臓を止める塩化カリウムという薬剤を注入）がとられる場合もある．

　人工授精（配偶者間と非配偶者間）　人工授精とは，男性側に不妊の原因がある場合の方法で，夫の精子を妻の子宮内に注入する配偶者間人工授精（AIH：Artificial Insemination with Husband's semen）と，夫でなく，提供者（以下，ドナーとする）の精子を注入する非配偶者間人工授精（AID：Artificial Insemination with Donor's semen）がある．この方法は，かなり古くから実施されており，わが国でも1949年にはすでにAIDによる第1号の子どもが慶應義塾大学病院で出生している．

　体外受精（配偶者間と非配偶者間）　体外受精は，卵子と精子とを母体外で受精させ，子宮に戻す方法である．本来，卵管通過障害，排卵障害など，女性の不妊の場合に用いられた．1978年に，世界初の体外受精児がイギリスで誕生し，わが国では1983年に体外受精児第1号の子どもが誕生した（しかし，重度の障害のため間もなく亡くなっている）．2020年に，日本では，全出生数が約85万人，うち体外受精児（新鮮胚（卵），凍結胚（卵），顕微授精などを含めた総数）は約6万4百人（2020年までの累積で約77万人）と，体外受精技術関連で出生する子どもの数は年々増加の一途をたどっている．

　体外受精に関しては，日本産科婦人科学会がガイドラインを作成し，一定のルールで実施してきた．元来，婚姻している夫婦本人の精子と卵子だけを使用していたが，近年では，日本産科婦人科学会が公には認めていないにもかかわらず，ドナーの卵子や精子を使用するケースもある．なかでも，夫が不妊の場合に，「夫の実父」の精子を，妻（つまり実父には息子の嫁に当たる女性）の卵子と体外受精をする方法をとっているとの報告が施術医師（諏訪マタニティクリニック，根津八紘氏）からなされている．その場合，生まれた子どもは，戸籍上は夫の子でも，血縁上は夫の異母きょうだいになり，家族関係が複雑になる．

　日本産科婦人科学会の「2020年分体外受精・胚移植等の臨床実施成績報告」

（2022年9月発表，以下，2020年分臨床報告と略記）によると，同年の体外受精技術等による出生児数は60,381人であり，「移植当たりの生産率」は，新鮮胚（卵）で14.7％程度，凍結融解胚で25.5％程度とそれほど高くない．他方で，ホルモン剤の多用による，女性身体への負担，そして，胎児の身体や健康への影響も懸念されている．体外受精児における先天異常（染色体異常，心臓奇形ほか，重篤な障害を含む）の出生率も自然妊娠の場合より高いとする論文もある．

顕微授精（ICSI） 顕微授精（細胞質内精子注入法）とは，男性の重症乏精子症，精子無力症など，通常の体外受精でも受精できない場合に，顕微鏡下で卵子に直接，針で精子を刺入する方法である．この技術では，2020年分の調査結果によれば，出生児数 2,040人である．顕微授精によれば，男性不妊の場合でも，他人の精子を提供してもらわなくとも治療が可能であり，子どもを欲するカップルの遺伝的特質を受け継いだ子どもが得られるとされている．

ただし，本来は何億個と排出される精子の中から自然の選択がなされた結果，競争で選ばれた精子が卵子と受精するが，他方，顕微授精では，施術者が精子を選択する．そのため，精子そのものに機能低下があったり，何らかの遺伝的リスクをもった精子が選ばれる可能性もある．重症の乏精子症などの場合には，男性の染色体に異常のある場合が少なくない．そのため，この方法では，胎児に障害がある場合も多く，流産する可能性も高いといわれている．移植1回当たりの生産率は体外受精より若干落ちる．

代理出産 代理出産とは，妊娠，出産というプロセスを妻以外の女性である代理母に依頼し，子どもが生まれた後に，代理母から子どもを引き渡してもらう方法である．妻の卵子が採取可能ならそれを使用し，できなければ，夫の精子を代理母に注入して人工授精を施す．妊娠して出産した後，代理母は依頼夫婦に子を引渡す．人工授精型の場合，代理母が子どもの引き渡しを拒否するというケースもあり，現在は，体外受精型が多いといわれている．国際的には，特に男性の同性カップルが代理出産を依頼するケースがあるようだ．

代理出産は，代理母の身体的リスクが高く，金銭による子どもの売買とも見

える側面があり，日本を含め，多くの国で禁止されている．

　卵子提供　自分の卵子では妊娠できない女性が，ドナーから卵子提供を受けて不妊治療をしたいとの訴えがある．提供卵子を夫の精子で体外受精させ，妻の子宮へ移植するためである．しかしながら，精子提供とは異なり，卵子提供そのものが排卵誘発剤の使用，採卵手術などで女性にとっては大きな負担であり，身体的リスクを伴うことには注意が必要である．ここでも，遺伝的親と養育する親とが異なることから，家族関係が複雑化することが懸念される．さらに，他人の卵子の子宮への移植が，妊娠・出産する母の身体に悪影響があるという可能性も一部で聞かれている．たとえば，代理母の場合と状況は類似するが，他者の卵子で妊娠，出産した女性が，産後，子宮を摘出する事態が起こっているそうだ．現に，先述の女性国会議員は，アメリカで卵子提供を受けたあと50歳で出産したが，子宮からの出血が止まらず，子宮全摘出手術を受けている．

　人工生殖技術により生じている問題の概観

　人工生殖は，不妊の夫婦に福音をもたらすように見える一方で，さまざまな問題を引き起こす側面もある．

　体外受精での移植当たりの生産率も2割前後と低く，排卵や着床を促進するため，微量で大きな身体的変化を起こすホルモン剤を使うことで，女性身体への副作用もある．その他，前述のような卵巣過剰刺激症候群（OHSS）という重篤な状態になったり，治療を受けた女性が死亡した例もある．

　次に，人工生殖技術一般は，子どもにとって自然にないさまざまな人工的プロセスを経る．特に，顕微授精の場合には，細胞膜切開，刺入など，自然の妊娠では生じ得ない介入だ．これが，胎児の生命や健康にいかなる影響をもたらすかについての研究は不十分である．2019年11月に公表された「2017年分臨床報告」では，人工生殖技術を通じて発生した子どものうち，1,331例（体外受精等による出生児数の2.35％．ただし中絶児も含まれている）に身体奇形，心

疾患，染色体異常など，多様な先天異常がみられた．このうち特に融解胚にお
ける発生率が高い．このほか，妊娠後，経過不明，転帰不明（明記）になってい
るものが少なくない．つまり，妊娠はしたが，中絶をしたのか，子どもが生
まれたのか，その場合の子どもの先天奇形の有無はどうだったかもわからない
ケースが多いことは，科学的データとしての信憑性問題が懸念される．

第三者が関わる生殖技術と家族関係の複雑化

　世界初の体外受精に成功し，人工生殖技術を早くから取り入れたイギリスで
は，「ヒトの受精と胚研究に関する法律」（1990年）が制定され，精子，卵子，
胚提供の場合の親子関係を規定している．日本産科婦人科学会は，1983年，そ
の会告（「体外受精・胚移植」に関する見解）で，体外受精を法律上の夫婦間
に限定して認め，精子提供を受けるAIDは例外であった．AIDで生まれた子ど
もは，戸籍上夫婦の子として届けられた．しかし，不妊問題が深刻化すると，
一部で「卵子や胚の提供も認めて欲しい」との声もでてきている．そのため，
2003年，卵子，胚の提供も認めた上で法整備を求める報告書が厚生労働省の委
員会で提出されているものの，課題も多く学会が認めるには至っていない．
（生殖補助医療に関する専門委員会「精子・卵子・胚の提供による生殖補助医
療のあり方についての報告書」）．

　配偶子提供によるAIDや体外受精などでは，子どもを育てる片方の親が生ま
れてくる子どもの遺伝的親ではないため，子どもの法律上の親はだれかという
問題が生じ，家族関係が複雑になってしまう．また，第三者であるドナーが関
わる生殖では，本来は血縁関係にある子ども同士が知らない間に婚姻関係を結
ぶ可能性もあり，その結果，近親者の婚姻を禁じた法律に反する状況が起こる
危険性がある．一般に，近親婚は戸籍上の記載から判断されるが，AID児の場
合，ドナーとの血縁関係が戸籍によっては特定不可能であるからだ．そのほか，
他人の精子や卵子を提供してもらう場合，優れた資質を持つ命を殖やす優生思
想が入り込む危険性がある．肌，髪，瞳の色などを選択できること，知能指数

の高いドナーの精子が選べることを宣伝するものがあるからだ.

　逆に, 生まれる子どもが障害児の可能性が高い場合, 選択的中絶が行われたり, 代理出産の場合, 親が引き取りを拒否したりすることも現実に起こっている.

子どもの出自を知る権利

　提供精子や提供卵子で生まれた子どもたちは, 提供の事実も, 遺伝的親が誰かも知らない人がほとんどである. わが国では, 男性不妊が原因であるAIDは長らくプライバシーの問題もあり, 公にされず, 一部の病院で秘密裏に行われてきた. 生まれた子ども自身にも, AIDの事実は伏せられ, 遺伝的父の存在は明かされないままにされた. しかしながら, 次第に, 共に生活する父が実父でないかもしれないと疑念をもったり, 父親や自分自身の遺伝病が発覚して, 実父と血縁関係がないことを知らされた人もいる. ドナーである遺伝的親の情報を得るという「子どもの出自を知る権利」は, 一部, 外国で法律的に整備されているが, 日本ではまったく未整備である.

　「児童の権利に関する条約」(1989年採択, 94年批准. 以下, 「子どもの権利条約」と略す) には, 子ども自身が「できる限り, その父母について知る権利がある」(第7条1項) と明記されており, 親の意思や都合によって子どもに出生の事実を伝えないことは正当化されえない. 提供配偶子によって生まれた人びとにとって, ドナーとの遺伝的・身体的つながりは, 一生続くことに変わりがないからだ. 提供された精子で生まれた事実を知った人も, ドナーが誰かわからないため, そして, 自己の遺伝的特質を知らないために, 医療機関を受診するさいに, 家族的体質など, 健康上の説明ができないことに不安を感じる人もいる. さまざまな病気の可能性に備えるため, また, 安定した状態でアイデンティティを形成するためにも, ドナーの関与で生まれた子どもに対し, その事実を伝え, その出自を知る権利を保障する必要があろう. それが子どもに対する, 親としての, そして社会としての倫理的責任なのではなかろうか. スウェ

ーデンや，オーストラリアなど，一部の外国では，卵子・精子・胚の提供を受けて生まれた場合に，子どもの出自を知る権利が法律上も保障されている．

✐ 同性カップル，非婚女性の不妊治療

精子，卵子，胚の提供が可能になると，同性カップルおよび非婚女性の不妊治療も理論上は可能である．ただ，日本では，このような人たちへの治療は原則として認められていない．ただし，次のようなケースが裁判となった．ある女性は性同一性障害で男性へと性別変更をして女性と婚姻し，二人は合法的な婚姻関係にあった．異性カップルが「婚姻」条件を満たして不妊治療を受けられるなら，性転換をして合法的に婚姻した同性カップルも，治療が受けられるはずであると，AIDにより子どもをもうけた．出生した子を嫡出子として届けたが，認められなかった．そのため不服申立てをして最高裁判所により最終的に出生届が認められた（平成25年12月10日最高裁判所決定）．人工生殖技術で子どもを得たいという希望は，いかなる形であれ，婚姻した夫婦には共通の願いであろう．

一部の外国では，子どもをもつ権利の平等に基づいて，同性カップルや未婚女性にも人工生殖技術を利用する権利が認められており，同性カップルの場合生まれた子どもの出生証明書には，その2人の氏名を記載することが認められているところもある．ただし，特に男性同士の同性愛カップルでは，代理出産で子どもをもうけ，その子どもを児童ポルノに供するなど，親としての資質の問題性も指摘されている．もちろんこの問題は同性愛の親に限ったことではない．

✐ 死後生殖という問題

精子の半永久的な凍結保存が可能になると，事故や病気で死亡した夫の精子を使って子どもが欲しいという要望も出ている．いわゆる「死後生殖」の問題だ．日本でも，2001年，がんで亡くなった夫の精子を用いた体外受精で男児が

生まれている．その場合，子どもの出生届の「父」の欄に死亡した父親の名前を記載できるかどうかが裁判で問題となったが，2006年，最高裁判所はこれを認めなかった（平成18年9月4日最高裁判所決定）．

　これに対して，イギリスでは，死者の生殖年齢の期間，つまり（生存を仮定して）満55歳の誕生日までは，本人の書面の同意によって精子や卵子が凍結保存できることになっている．

✐　命を選別する技術 ―着床前診断，出生前診断―

　人工生殖技術と関連して，子宮に移植する前に，受精卵（胚）の染色体診断を行う技術があり，これは着床前診断といわれる．また，妊娠中に，子どもが障害をもって生まれてくる可能性を知る出生前診断という技術があり，これは，超音波エコー検査（胎児の形態上の異常を知る方法），羊水検査（染色体異常を知る方法）などが主要なものである．近年登場した新型出生前診断は，母親の血液検査で胎児の染色体異常の可能性が高い確率でわかるというものである．診断される病気は，21トリソミー（ダウン症など）など，染色体異常である．

　生まれてくる命の選別は認められるのだろうか．これは障害者の生まれる権利を侵害するものだという反対意見もある．ダウン症で生まれても，一定程度の自立的生活を送れる人もいる．決して重度といえない障害を理由に，命を殺してしまっていいのか，非常に解決困難な問題に突き当たる．

✐　おわりに ―あらためて生殖とは何か―

　家族をつくるかどうか，生む選択，生まない選択，いずれも，その人の人生に大きな影響をもつ事柄であるため，できるなら，男女がお互いに相手を尊重しながら，よく考えた上で判断をする必要がある．また，生殖の意味もよく理解していない若者たちに「子どもができずに困っている人を助ける」という「人助け」，あるいは，少しばかり小遣いが欲しいというような軽い気持ちで，精子や卵子を提供するよう促すことにも問題はないのか．配偶子の提供は，献

血や臓器提供とは根本的に異なる．なぜなら，提供によって，一人の独立した人格をもつ人間の命がつくり出され，自己の遺伝子を引き継いだ子が生まれる可能性があるからである．提供者にとっても，同じくこれは生殖の問題であるのだ．したがって，提供を受けるカップルは，自分たちの都合により，遺伝的親との関係を断絶されてしまう子どもの状況をよく認識するべきだろう．生まれてくる子の，ドナーとの遺伝的つながりは決して否定しえない．

マスメディアやネット社会では生殖技術で子どもをもつという良い側面ばかりを強調する傾向にあるが，生殖技術の暗部，つまり，低い成功率と，高いリスク，高い費用の実状を伝えていくこと，そしてこの技術がリスクをかけるに値するかを伝えていくことも重要である．

提供配偶子による生殖技術というリスクを取ることのほかにも，たとえば，すでに生まれているが，親の養育が与えられなかった子どもたちの養子縁組という方法も残されている．今は，育てられない状況で子どもを生んでも，すぐに養子縁組に出す制度（特別養子縁組）もある．また，子どもをもたないで人生を送るという選択肢も可能である．家のための生殖という考え方が支配的な日本では，特にこのことがよく考えられなければならない．

✍ 高齢社会を迎えて ─子どもをもつとはどういう意味か─

高齢社会を迎えた日本で，家族にとって，あるいは親にとって子どもとは何か，を考えさせられる場面が多くなった．人が高齢となり，自分で動くことができなくなると，誰かの世話にならなくてはならない．これは人間の運命である．生まれたとき，自分ひとりで生きていくことができなかったように，死にゆくときも自分ひとりの力ではできないのだ．身体が元気であるときには想像もできないことである．そういう時に，だれが，自分や自分の財産を見守ってくれるのか，自分の死後，葬儀をあげ，遺品を片付けてくれるのか，それは，対価を払ったサービスでなしうることなのか．人間の生，始まりは，人間の人生，そして終わりと無関係ではないように思われる．家族と生殖は若いときだ

けでなく，老後も考慮した上で，考えなければならないのかもしれない．

📖 **参考文献**

長沖暁子（2014）『AIDで生まれるということ　精子提供で生まれた子どもたちの声』萬書房

荻野美穂（2008）『「家族計画」への道―近代日本の生殖をめぐる政治』岩波書店

大野和基（2009）『代理出産　生殖ビジネスと命の尊厳』集英社

リプロダクティブ法と政策センター編（2001）『リプロダクティブ・ライツ　世界の法と政策』明石書店

齋藤有紀子編（2002）『母体保護法とわたしたち』明石書店

田間泰子（2006）『「近代家族」とボディ・ポリティクス』世界思想社

柘植あづみ（1999）『文化としての生殖技術―不妊治療にたずさわる医師の語り』松籟社

上野千鶴子・綿貫礼子（1998）『リプロダクティブ・ヘルスと環境―共に生きる世界へ』工作舎

第6章　家族とウエルネス・ライフ

グローバル社会における感染症のリスク

　現代社会は，国境を越える人口移動や気候変動等の要因により，新興・再興感染症が広がるリスクと常に隣り合わせである．例えば，2014年には西アフリカでエボラ出血熱が広がり，1万人を超える感染者の死亡が報じられた．治療に携わった欧米の医師らが帰国後に発症したことで，イギリスやフランスでは厳重な警戒態勢がとられた．翌年（2015）には，韓国でMERS（中東呼吸器症候群）が猛威を振るった．ひとりの韓国人が，中東でラクダの保有するコロナウイルスに感染して帰国後に発症，その直後にソウル市を中心に176名が発症して36名が亡くなる惨事となったのである．急遽日本でも，外務省が韓国への渡航自粛を呼び掛けるなどの水際対策を行った．さらに2016年には，オリンピック開催を控えたリオデジャネイロで，ジカ熱が流行した．ジカ熱のウイルスは主に蚊が媒介する．妊婦が感染すれば，胎児に深刻な影響が及ぶ可能性があるとして，約17,000km離れた日本でも公園や水路等で蚊の駆除対策に追われることとなった．

　起こり得る感染爆発の脅威については，これまで繰り返し報じられてきたが，国内で大事に至ることはなかった．ところが2019年暮れに中国武漢市で生じた新型コロナウイルス（COVID-19）は，瞬く間に世界的パンデミックを引き起こして不安を現実のものとした．日本政府は2020年4月7日から5月25日の期間に緊急事態宣言を発令し，国際移動はもとより，国内移動も大幅に制限されたことが記憶に新しい．それから時を経て，私たちは再び移動の自由を取り戻しつつある．深刻な犠牲を経て辿り着いたポストコロナ社会が，新たな感染リスクに対し一層堅固になっていくことを期待したい．

（撮影：ぱくたそ）

☞ キーターム

健康・予防元年　高齢化が急速に進む社会では，医療費の増大は不可避である．日本の国民医療費の総額は，2004年には32兆1,111億円であったが，2019年には44兆3,895億円へと12兆円以上増加して過去最高を記録した（厚生労働省，2019）．増加を最小限に抑えるひとつの手立てとして，政府は2014年を「健康・予防元年」と定めて，健康増進と疾病予防の啓発活動に重点を置いている．

健康寿命　健康寿命とは，WHO（世界保健機関）が2000年に提唱した概念であり，「健康上の問題で日常生活が制限されることなく自立して生活できる期間」を指している．「世界保健統計2022年版」（WHO）によれば，日本は健康寿命が74.1歳（男女の平均，2019年）で世界1位である．だが，健康を損なってから寿命を終えるまでの期間は，男性が平均8.73年，女性が平均12.06年（厚生労働省，2019年）と長期間にわたる．健康寿命を最大限に伸ばすことができれば，生活の質や幸福度が高まり，社会保障費の支出抑制も期待できる．

社会関係資本（social capital）　社会学者パットナム（Patnam, D. R.）は，社会関係資本を「調整された諸活動を活発にすることによって社会の効率性を改善できる，信頼，規範，ネットワークといった社会組織の特徴」（1993：206）と述べている．ある社会において，地域や組織の結束が強く，人びとのネットワークを通じて生み出される資源が豊かであれば，住民は大きな恩恵を受けられる．社会疫学研究は，社会関係資本の豊かさが，人びとの生活を活性化させ，健康にもプラスの影響を及ぼすことを明らかにしてきた．これは，個々人がもつ人間関係のネットワークにも当てはまる．

　私たちの周りには，健康に関する情報と共に商品情報もあふれている．健康補助食品のTVコマーシャルは，「健康増進のため今すぐお電話を！」と，絶え間なく訴えかけてくる．またドラッグ・ストアの店頭にも，次々に開発される多種多様なサプリメントが並べられている．健康食品の通販実施企業上位79社を対象に行われた調査によれば，国内総売上高が，2016年に過去最高の5,457億900万円に達したといわれている（『日本流通産業新聞』2017年3月30日付）．今や商業主義が健康イメージを作り出して消費者を動かしている，と述べても過言ではないだろう．

　人口の高齢化と共に健康意識が高まり，家族の健康を気に掛けるのは勿論のこと，企業は社員の，自治体は住民の健康に強い関心を払う．現代はかつてないほど「健康」を意識する時代になったといえるだろう．

　本章のテーマは，「家族とウエルネス・ライフ」である．「ウエルネス（wellness）」という概念は，1961年にアメリカの公衆衛生医であったハルバート・ダン（Dunn H. L.）が提唱し，その後，健康意識や生活を豊かにするため

写真6-1 多種多様なサプリメントが並ぶ店頭

出所）ニューヨーク，ドラッグ・ストアの店頭（筆者撮影）

の，さまざまな取り組みの場で用いられるようになった．日本でも，食生活や運動等の生活習慣はもとより，生きがいなども踏まえた幅広い視点から"健康"を志向する概念として定着している．WHO（世界保健機関）によれば，「健康とは，病気でないとか，弱っていないということではなく，肉体的にも，精神的にも，そして社会的にも，すべてが満たされた状態にあること（Health is a state of complete physical, mental and social well-being and not merely the absence of disease or infirmity.）」（日本WHO協会訳）と定義されている．このように，「健康」とは実に包括的な概念であり，心身の機能だけに留まらない．それと同様に，「ウエルネス」もまた，個々人が日常生活のさまざまな場面で社会と関わり，生きがいを感じながら，積極的に健康維持に取り組むライフスタイルを志向しているといえる．

　病に罹ることなく健康に年を重ねることは，実に多くの人の願いであろう．しかし，ストレスフルな現代社会では，健康を阻害する要因は至る所に存在し，健康維持は容易ではない．本章では，家族のあり方やライフスタイルが多様化するなかでの，個人とウエルネスの関係や，家族とコミュニティが果たす役割について考えてみよう．

　健康寿命の伸長

　「2025年問題」という言葉がある．2025年とは，第2次世界大戦後に生まれたベビーブーマー，いわゆる「団塊の世代」全員が75歳を超える年である．75歳以上の人口が2,200万人に達し，日本の全人口に占めるその割合が2割を突破する．まさに，世界初の「超高齢社会」の到来である．若年人口が減少してゆくなかで，戦後の経済発展を牽引してきた団塊の世代全員が年金を受給し，医療・介護等のサービスを受ける側に移行するため，国家の財政負担が大きくなるのは必至である．厚生労働省は，国民医療費から自己負担額を引いた医療給付費が，2012年から2025年の間に35.1兆円から54.0兆円へ，介護費用から自己負担額を引いた介護給付費は，8兆円から19.8兆円に至ると試算している

（厚生労働省，2017）．このように，医療・介護関係支出の増大は避けられない趨勢であるとしても，増加分は最大限に抑制する必要がある．そのためには，国民（高齢者）が医療や介護を必要としない健康な状態で暮らすこと，すなわち「健康寿命」の伸長を図ることが重要である．とはいえ，現在の平均寿命と平均健康寿命の間には，大きな開きがある．その差は，女性が12.07年（平均寿命87.45歳－健康寿命75.38歳），男性が8.73年（平均寿命81.41歳－健康寿命72.68歳）である（厚生労働省「健康日本21（第二次）推進専門委員会」，2021）．この数字が大きいほど，人生の終盤で要看護や要介護状態が長く続くことを意味し，それは当事者や家族の苦痛であるだけでなく，財政上も大きな負担となる．そう考えると，国民一人ひとりが自身の健康を意識し，健康の回復・維持・増進に取り組むことは，健康政策の上でも重要な課題だといえる．

✎ セルフケア意識の向上と地域の取り組み

　日本政府は2014年を「健康・予防元年」と定め，以降，健康政策（疾病予防政策）に力を注いできた．各地方自治体でも，医療費支出の減額を目標に掲げた独自の取り組みを行っている．表6－1は，厚生労働省が2017年に公表した「都道府県別平均寿命」（2015）からの抜粋である．上位にある長野県は，2010年に平均寿命が男女共に全国1位となって以来，長寿ランキングの上位県であり，2016年にも男性2位，女性1位を記録している．同県は，1960～70年代に脳卒中や心臓病の罹患率が高いことに悩んでいたが，今ではそれを克服し，長寿県として名高い．その背景には，1981年に始められた「県民減塩運動」のような，地方自治体と医療組織の緊密な連携を通じた県民の意識変革があるようだ．長野県健康増進課は，同県が長寿県となった要因を4点あげている（長野県ホームページ）．① 高齢者の就業率が高く生き甲斐があること，② 野菜摂取量が多いこと，③ 健康ボランティアによる自主的健康づくりの取り組みが活発なこと，④ 医療専門職が地域で地道な保健医療活動を継続していること，等である．

表6-1　全国長寿ランキング2015年上位10府県

順位	男性	平均寿命	女性	平均寿命
－	全国平均	80.77	全国平均	87.01
1位	滋賀	81.78	長野	87.67
2位	長野	81.75	岡山	87.67
3位	京都	81.40	島根	87.64
4位	奈良	81.36	滋賀	87.57
5位	神奈川	81.32	福井	87.54
6位	福井	81.27	熊本	87.49
7位	熊本	81.22	沖縄	87.44
8位	愛知	81.10	富山	87.42
9位	広島	81.08	京都	87.35
10位	大分	81.08	広島	87.33

出所）厚生労働省「都道府県別生命表」2017年公表

　特に注目されるのは，4番目にあげられた，医師，保健師，栄養士，食生活改善推進員，保健補導員が担う「継続的な予防活動」の取り組みである．たとえば，県東に位置する佐久市は，総合病院をはじめとする地域の医療機関が，長年にわたってプライマリケア（かかりつけ医制度）や疾病予防に取り組んだ蓄積があり，県内の「地域医療先進エリア」に位置づけられている．医療機関の指導を受けた食生活改善推進員（市民ボランティア）が，料理教室や講演会，訪問指導等を実施し，市が主催する健康イベントの"ついでに"住民に健康診断受診を働きかける取り組みを行ってきた．行政，医療組織，地域住民の連携による地道な啓発活動の継続は，地元の飲食店などをも巻き込んで，人びとの「セルフケア意識」（健康は自らつくる）を高めることに成功している．そして，このような地域ぐるみの活動においては，家庭の主婦が医師や栄養士の指導を受けて家族の健康管理を行い，問題点を発見して改善に取り組む役割を果たしてきた．こうした健康増進への家族の貢献は，行政からも高く評価されてきた

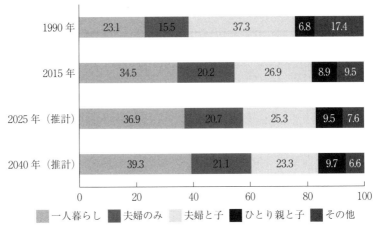

資料）2015年国勢調査

図6-1　家族類型の割合の変化

出所）国立社会保障・人口問題研究所（2018）「日本の世帯数の将来推計」

が，家族の多様化が進み，独居世帯が増加するなかでは，今後も引き続き，その活躍に多くを期待することはできなくなっている（図6-1）．地域の予防医療政策を担う人材不足が叫ばれるなかで，支援を必要とする人が自ら情報にアクセスし，ケアやサービスを要請することには限界があるし，さらに経済的な事情があれば，摂食や受診にも支障が生じることであろう．セルフケアの実現には，生活世界，特に家族や地域の人的環境やサポート体制が整っていることが鍵となる．そこで次に，地域の人的ネットワークという視点から，個人とウエルネスの関係について考えてみることにしよう．

格差社会とウエルネス

近代ヨーロッパでは，産業化の過程で都市に人口が集中し，人びとの生活環境が大きく変化した．これを契機として，環境や生活習慣と，疾病の因果関係を追究する疫学（epidemiology）が成立した．そして都市と農村における寿命の差をはじめとするさまざまな比較研究が行われてきた．現代では，遺伝や生

活習慣の他に，社会的諸要因が健康に影響を与えるメカニズムの解明を行う社会疫学（social epidemiology）に注目が集まっている（川上，2006：18）．「健康や寿命に地域差や階層差がある」ということは，科学的に解明されつつある．欧米先進諸国では，第2次世界大戦以降に，経済格差や食生活・喫煙などの生活習慣，人種や文化的背景などが，人びとの健康に及ぼす影響を評価するための幅広い調査データを集積し，それをもとにして健康・医療政策が立案されている．

　日本でも，所謂バブル経済の崩壊後に経済格差問題が深刻化し始め，それと共に「健康格差」も拡大したことに，人びとの関心が集まっている（近藤，2005；川上他，2006）．所得をはじめとするさまざまな社会的差異が人びとの健康にどのような影響を及ぼすのか，という問いに科学的な根拠を与えるべく，膨大な統計データの分析が進められている．川上（2006：11-15）は，社会疫学の主な研究領域として，"社会階層"，"経済的水準および経済格差"，"小児期の経験"，"社会的サポートおよび社会関係資本"，"職業"，"差別"，"文化"をあげている．本章のテーマ「家族とウエルネス」について考えるために，"社会的サポートおよび社会関係資本"に注目してみよう．

　社会関係資本（social capital）とは，さまざまな社会的ネットワークを通じて生み出され，人が利用できる資源のことである．人を助ける社会の絆や結束，と理解することもできるだろう．近年の社会疫学研究は，社会関係資本の多寡が，生活の豊かさや健康にも影響を及ぼすことを明らかにしてきた．たとえば，暮らし向きや家族関係が良好に保たれていることが，その人の健康と密接に関係することは，よく知られているが，独居者であっても，親族や近隣の人びと，友人らと日常的な繋がりをもち，豊かな人的環境に囲まれていれば，孤立しがちな人に比べて心身共により健康である．現代社会における格差拡大が，古くから地域に根差してきた連帯や結束力を崩壊させ，その綻びが社会関係資本の減退に繋がることは，容易に想像できる．個人を取り巻く集団や，個人がもつ人間関係の質的・量的な弱体化は，健康格差を拡大させる要因となっている

（パットナム，2000＝2006：403）．

　そうした観点からみると，現代社会における家族形態の多様化や世帯規模の縮小は，家族の結束力の弱体化に他ならず，個人の健康保持にとっての危機である．それゆえに家族ではない身近な人びとと心地良い交流を保つことは，ウエルネスにとって重要な「資源」となりうる．近隣との何気ない情報交換や助け合い，町内会の集い，個人が所属する活動グループは，暮らしのなかで自然と閉じたり開いたりする関係性であり，それは同時に重要な社会関係資本でもある．家族が傍らにいなくても日常的に言葉を交わし，心に掛けてくれる人がいる安心感は，得難いものである．そう考えると，高齢化・独居化が進展する社会では，家族のオルタナティブ（第12章参照）といえるコミュニティの再構築が，健康の保持・増進を考える上での鍵となるであろう．

✐　家族支援とは

　疾病予防や健康意識の向上が話題となるときに，しばしば「家族で学ぶ」「家族で考えよう」というフレーズを耳にすることがある．家族は，これまで個人を優しく包みこんで支え，保護や癒しを与える存在と見なされてきた．今後も，家族への期待はより一層高まると考えられるが，他方で，家族が直面しながらも自己解決できない問題が山積し，深刻化するばかりである．介護や子育て等の問題にとどまらず，安定した収入の確保や穏やかな家族関係の保持，仕事上のストレスなど，実に多様である．逆に，疾病が家族関係によって生じる場合もあるし，「家族が家族であるための努力」をすることで疲弊し尽くしてしまう場合もあるだろう．社会や地域がそうした家族をいかに支援していくのか，という課題は，今後さらに大きくなると考えられる．

　「家族支援」という言葉から想像されるのは，日本では，行政や自助組織による子育て・介護支援である場合が多いが，実際にはきわめて幅広い領域を含んでいる．たとえば，医療現場での家族支援，DVや虐待がある家族への支援，精神疾患や障がいがある人の家族に対する支援，教育現場の家族支援，貧困や

就職支援，家族関係カウンセリング等々，広範囲にわたる．しかもひとつの家族が，複数の問題を抱えて身動きならない状態となる場合もあるだろう．それゆえ包括的な家族支援が不可欠である．その可能性を探るべく，海外に目を向けてみよう．

　ヨーロッパでは，キリスト教会による慈善活動が，困窮する人びとを支援してきた伝統がある．世俗化が進み，人びとの信仰心が薄れたといわれる現代でも，教会活動を基盤に組織化された，多種多様な支援のネットワークが地域に張り巡らされている．スイスのある家族支援団体の活動を取り上げてみよう．

　1912年に設立された非営利家族支援団体「Pro Juventute」は，地方自治体や民間の支援組織，専門家組織，教育機関等と密接に連携しながら，子どもや青少年と家族への広範な支援活動を行っている．広く知られる活動に，緊急相談ホットラインがある．児童や青少年が抱える小さな悩みから，性や家族関係，恋愛，暴力などの幅広い問題に専門スタッフが3カ国語で対応して自殺抑止にも成果をあげる．ひとり親家族を対象とした親子の活動プログラム，保育支援，日曜学校の場所の提供等の他に，親業カウンセリングや若者の自立を助ける就業支援が行われている．財政面では，政府，地方自治体の他に，企業や個人からの寄付が重要な役割を果たしている．組織運営に携わる常勤スタッフ以外に，数多くの組織外専門家やボランティア・スタッフが控えており，幅広く手厚い支援の用意がある．相談者にとって頼りになる専門スタッフの存在が"気軽なアクセス"を可能にしているといえる．この組織は，特定の都市を拠点とせず，複数の支援団体との密な連携のなかで，地域を超えた活動を可能にしていることも特徴である．アクセス頻度の高さは，組織の存在意義を周知し，資金集めや支援の輪を広げることにも繋がっている．大勢の手が関われば，地域の支援活動はより活性化し，家族の生活環境も豊かになるであろう．伝統と継続する安定した支援，そして多様な専門領域の人びとの参画が，利用者の安心を保障している．

✎ 家族とウエルネス・ライフ

「家族による自助」がより困難になっていくなかでは，家族機能の縮小を前提とする包括的な支援体制の構築が急がれる．それは，たとえば日常生活の中の人間関係を目的別に構成しつつ，人と人を漏れなく繋ぐネットワークを形成することであるだろう．国立社会保障・人口問題研究所は，2040年に全世帯に占める単独世帯が39.8％になるとの予測を示している（2017年12月「日本の世帯数の将来推計」）．地域社会における人的支援の活性化や，個人の生き甲斐にも繋がる地域活動，市民ボランティアの効果的な再編成等を進めることが，将来に向けた処方箋といえよう．

今世紀に入って，超高齢社会における「アクティブ シニア」の活躍を期待する声が高まってきた．それは，定年退職後も積極的に学び，社会活動や趣味の領域で活躍する，さらにはボランティアの主軸ともなりうる，元気な高齢者像である．若年人口が減少するなかで，地域社会を支える人的資産として，シニアの活動には強い期待が寄せられている．すでにさまざまな自治体で，生涯を通じて生き甲斐を感じられる生活環境の形成と，人的ネットワーク化を推進するためのモデルが作られている．そこでは，住民相互の助け合いやボランティア，見守り，配達などのシステム作りによる地域包括ケアによって，「孤独にならない生活」を可能にすることが目標とされている．

たとえばWHOが推奨する"Age-Friendly Cities"の取り組みでは，健やかな人生を送ることができる都市の施策を評価している．各地域，都市によって取り組みの重点は異なるが，高齢者が公共の移動や交通手段に容易にアクセスできることなども，都市の取り組むべき基本的な施策である．また，日本でも地方自治体の首長らによって，"Smart Wellness City"構想が提示されている（Smart Wellness City首長研究会）．長寿社会に向けた健康政策だけに留まらず，市民の視点に立ち，生き甲斐を感じつつ暮らせる安心安全なまちづくりを目標として掲げる．そうした新しいモデルの構築にむけて，公共交通インフラ整備，健康医療への評価，住民の行動変容促進，ソーシャル・キャピタルの醸成を促

す取り組みも進められている.

　とはいえ，全ての人がアクティブに活動し，地域に役立つことだけに価値が置かれるのではない．ケアを受ける側や，サービスを必要とする人の誰もが，気後れしたり罪悪感を抱いたりせず，「自信と誇りを感じながら，ケアやサポートを堂々と受けられる」（香山，2013：104）環境を保障するという視点を看過してはならない．信じ，信じられる関係性のなかで，助け，助けられる喜びを感じられることが，ウエルネス社会の理想である.

📖 引用・参考文献

Daniels, N., Kennedy, B. & Ichiro Kawachi (2000) *Is Inequality Bad For Our Health?*, Joshua Cohen and Joel Rogers.（児玉聡訳（2008）『健康格差と正義─公衆衛生に挑むロールズ哲学』勁草書房）

Dunn, Halbert. L. (1961) *High-Level Wellness: A collection of twenty-nine short talks on different aspects of the theme "high-level wellness for man and society"*, Beauty Press.

イチロー・カワチ他編，藤沢由和ほか監訳（2008）『ソーシャル・キャピタルと健康』日本評論社

川上憲人・小林廉毅・橋本英樹（2006）『社会格差と健康─社会疫学からのアプローチ』東京大学出版会

香山リカ（2013）「アクティブにしない自由」北九州市立男女共同参画センター・ムーブ編『ジェンダー白書9　アクティブシニアが日本を変える』明石書店，104-105

近藤克則（2005）『健康格差社会─何が心と健康を蝕むのか』医学書院

近藤克則編（2016）『ケアと健康─社会・地域・病』ミネルヴァ書房

厚生労働省（2012）健康日本21（第二次），www.mhlw.go.jp（2018年3月11日検索）

────（2016）『平成28年版　厚生労働白書─人口高齢化を乗り越える社会モデルを考える』

────（2017）「平成27年度　国民医療費の概況」

長野県ホームページ（「長野県の健康長寿について」www.pref.nagano.lg.jp　2016年11月3日検索）

『日本流通経済新聞』2017年3月30日付

日本WHO協会，Japan-who.ro.jp/commodity/kenko.html（2017年12月11日検索）

Patnam, D. Robert (1993) *Making Democracy work: Civic Traditions in Modern Italy*, Princeton University Press.（河田潤一訳（2001）『哲学する民主主義』NTT

出版）

————（2000）*Bowling Alone: The Collapse and Revival of American Community*, The Sagalyn Literary Agency.（柴内康文訳（2006）『孤独なボウリング—米国コミュニティの崩壊と再生』柏書房）

Smart Wellness City 首長研究会「健康長寿社会を創造するスマートウエルネスシティ総合特区」http://www.swc.jp（2018年 1 月17日検索）

Stiftung Pro Juventute（Hg.）（2017）*Jahresbericht 2016.*

東京大学医学部健康総合科学科編（2016）『社会を変える健康のサイエンス—健康総合科学への21の扉』東京大学出版会

Wilkinson, R. G.（2005）*The Impact of Inequality How to Make Sick Societies Healthier*, New York Press.（池本幸生他訳（2009）『格差社会の衝撃』書籍工房早山）

第 7 章　家族の変容と社会保障

本当に「配偶者を優遇」か？

　2018年 1 月18日付『朝日新聞』の第 1 面に，故人の配偶者が「自宅に住み続けられる権利を新設した」新たな民法改正要綱案が掲載されていた．下図をみる限り，この程度で「優遇」といえるのかとの疑問がわくとともに，夫婦お互いが「遺言」を書くに如くはないと改めて考えさせられてしまう内容だ．

■相続制度見直し案の主なポイント

配偶者
- 所有権を取得しなくても自宅に住み続けられる「配偶者居住権」を新設
- 生前贈与の自宅は遺産分割の対象外に

相続権のない親族
- 6 親等以内の親族（いとこの孫らまで）が介護などに尽力した場合，相続人に金銭請求可能に

故人の預貯金活用
- 遺産分割前に生活費などの引き出し可能に

遺言書作成の柔軟化
- 財産目録はパソコンの印字でも可能に

（『朝日新聞』2018年 1 月18日付朝刊第 1 面）

(撮影：ぱくたそ)

🔑 キーターム

社会保障　社会保障の範囲は，国によって違いがみられる．日本では，本文中に示したように社会保険，国家扶助（公的扶助），公衆衛生（医療を含む）および社会福祉の4部門を包括した概念である．

社会保険　被保険者が事前に保険料を拠出し生活困難の原因となる特定の事態が起こった時に，給付が行われる制度である．公的扶助や手当との違いは，保険料の拠出の有無である．

日本型福祉社会　日本では，経済の安定した成長と国民生活の向上とのバランスを目指す政策がとられている．とくに「新経済社会7カ年計画」（1979年）では，上記を目的とした新しい日本型福祉社会の創造を目指した．しかし，このことは，西洋型福祉国家建設の放棄をも意味した．

🖋 高齢化のインパクト

　日本は，サイエンス・フィクションの世界にいるのかと勘違いしそうなくらい人口構成の偏った社会になっている．全人口に占める65歳以上人口の割合を高齢化率（あるいは老年人口比率）という．2018年，日本の高齢化率はちょうど28％前後である．この数字は，世界最高率であり，2024年には30％を超え，2050年頃には40％にせまると以前から予測されていた．これに，高齢化のスピードと国民の平均年齢を合わせると日本の世界最高齢国の地位はゆるがない．世界中が日本の高齢者福祉政策を中心とした高齢化対策に注目するゆえんである．

　高齢者の経済的自立は，年金制度と強く関係する．また，日常生活の自立は，老化にもかかわらず，いかに健康にADL（日常生活行動）を維持するかにかかってくる．これらを束ねる用語として，すでに，人口に膾炙したクオリティ・オブ・ライフ（Quality of Life，以下QOL）という用語がある．QOLとは，世界保健機構（WHO）の定義によれば，「一個人が生活する文化の中で目的や期待，基準，関心に関連した自分自身の人生の状況に対する認識」のことをいう．QOL概念は，日本には1970年代に紹介され，はじめは社会学や経済学が用い，福祉や医療の現場で次第に一般化した用語である．

　家族によらず良好な人間関係維持のためには，コミュニケーションが重要であるとされる．QOLは，また関係性の質に関することでもあり，「生活環境」や「家族心理」と密接にかかわる．人びとは，家族関係において，自ら主体的に他の家族員のために欲求を抑えることがありうる．しかし，共生という文脈で考えた場合，誰かが無理に欲求を低い水準に抑え，QOLを抑えるような家族生活であってはならないとの意見もある（三重野，2000：55）．

　他方，65歳以上の者のいる世帯の構成割合をみると，1980年は，ひとり暮らしが10.7％，夫婦のみが16.2％，親と未婚の子のみが10.5％，三世代世帯が50.1％だったのに対し，2000年には，ひとり暮らしが19.7％，夫婦のみが27.1％，親と未婚の子のみが14.5％，三世代世帯が26.5％だった．それが，2019年には，

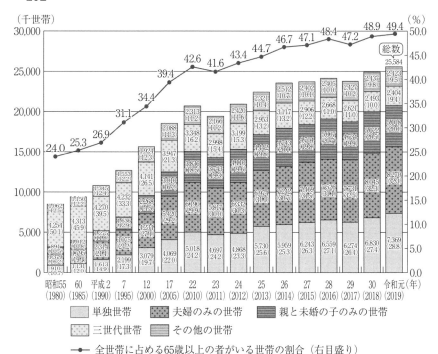

資料）昭和60年以前の数値は厚生省「厚生行政基礎調査」，昭和61年以降の数値は厚生労働省「国民生活基礎調査」による

注）1. 平成7年の数値は兵庫県を除いたもの，平成23年の数値は岩手県，宮城県及び福島県を除いたもの，平成24年の数値は福島県を除いたものである．

2.（　）内の数字は，65歳以上の者のいる世帯総数に占める割合（％）

3. 四捨五入のため合計は必ずしも一致しない．

図7−1　高齢者の世帯構造別世帯の割合

出所）https://www8.cao.go.jp/kourei/whitepaper/w-2021/html/zenbun/s1_1_3.html（2022年10月8日検索）

　ひとり暮らしが28.8％，夫婦のみが32.3％，親と未婚の子のみが20.0％，三世代世帯が9.4％だった．三世代世帯の比率が，1980年の5分の1以下になったのに対し，単身と夫婦のみの世帯だけで，61.1％と倍増している．高齢者だけでの暮らしが一般的になりつつある．

🖉　家族と社会保障の論点

　1950年の社会保障制度審議会勧告によると，社会保障制度は社会保険，国家扶助（公的扶助），公衆衛生（医療を含む）および社会福祉の4部門を包括した上位概念である．

　本章で述べたいことは，これらの社会保障制度が，人びとの家族生活の実態をとらえそこねているということである．すなわち，生活保護，年金，介護保険などを例として，それぞれが確立された時期の家族の実態といかに乖離しているかを論じていく．乖離が大きくなっていく背景には，ひとつには，それぞれの諸制度がつくられたさい，それらの定立に従事した人たちに，家族生活に対するイメージがまったく欠如していたか，あるいは人びとの思念がいかに「近代家族」像（第1章参照）に囚われていたかのどちらかだったことが考えられる．そして，戦後一貫して家族規模が縮小してきたこと，および家族類型別の世帯構成が大きく変化してきたことに対する政策の不適応があげられる．すなわち，まず，家族自体が大きく変化しているのである．

　ここに，平成8（1996）年版の『厚生白書』（当時）がある．そのテーマこそまさに，「家族と社会保障〜家族の社会的支援のために〜」であった．そこでは，「『人口大転換期時代』によって我が国の家族形態の変容が引き起こされ，多世代同居世帯が減少した反面，核家族世帯や単身世帯が増加し，家族の小規模化・家族形態の多様化が進むとともに，共稼ぎ世帯や単身赴任の増加，離婚・再婚の増加等家族の姿も多様化してきていること」を指摘している．「特に，女性の社会進出は，家族の姿のみならず，男女の役割分担意識も変化させつつあり，男女がどのような形で社会にかかわっていくかは，大きな課題である」（厚生省，1996：6）とされていた．

　すなわち，政府認識によれば，当時の社会保障制度においては社会全体で家族を支える仕組みの確立が急務となっており，ひとつは，高齢者介護制度の創設および少子化に対応した育児支援のあり方という2つの課題が浮かび上がり，背後には，家族の小規模化，多様化があるとしていた．そのうえで，以下の説

明がある.

　① 家族の変容は，家族に対する社会的な支援の必要性を高める

　② 社会保障制度は，家族の機能を補完する役割を果たしている

　①と②にさらに説明を加える．①の家族の変容は，ひとつは，家族規模の縮小であり，縮小は保育と介護の担い手をなくす．しかも，20世紀半ば以降の保育や介護と現在の保育や介護は質量とも大きく異なる．もうひとつは，家族形態の多様化であるが，政府見解では多様化といっても当時の趨勢を核家族化とみている．確かに1996年の類型別世帯の割合は，核家族世帯が全世帯の59％であり，核家族世帯のうちの58.6％が「夫婦と未婚の子からなる世帯」であった．そして，「夫婦のみ」は，核家族世帯の32.0％，「ひとり親と未婚の子のみの世帯」は，9.4％だった．②では，①の家族の変容を家族機能の低下を伴うとみて，それを社会保障制度が補完するというという議論を始めていた．家族介護に関していえば，そもそも少なくとも高齢社会以前の家族が，介護機能をもっていたとしている．この点については後述する．

　平成11（1999）年版『厚生白書』は，テーマを「社会保障と国民生活」としながら，「21世紀前半には，3世帯に1世帯がひとり暮らしであり，『夫婦に子ども』世帯というのは，必ずしも標準的な世帯とはいえなくなってくる．これまで，社会保障制度のなかには，『夫婦に子ども』世帯を標準に，制度の仕組みや給付内容等が作られているものがあるが，今後は単独世帯（ひとり暮らし世帯）も同じように念頭において制度の仕組み等を考えていく必要がある．また，社会保障制度の存在が家族の結びつきを損なったり，逆に形式的な結びつきを強制したりするものであってはならないが，家族規模が縮小するなかで，社会保障の機能のひとつである家庭機能支援という点に対して，一層配慮していくことが重要となろう」（厚生省，1999：181）としている．

　1999年時点において，すでにこのような認識であったにもかかわらず，この単身化への対応を怠ったのもまた政府だったのではなかったか？　ちなみに1999年の世帯構造別世帯数の割合は，単独世帯が23.6％，核家族世帯が60.0％，

三世代世帯が10.6％だった．核家族世帯を100％としてその構成比をみると，「夫婦と未婚の子のみの世帯」が57.3％，「夫婦のみの世帯」が34.0％，「ひとり親と未婚の子のみの世帯」が8.6％であった．「核家族化」とされていることの内実は「夫婦のみ」家族と「ひとり親」家族という二者関係（ダイアド）の増加なのである．

生活保護と家族

　まず，生活保護について述べたい．第2次世界大戦終了時，日本の国富の4分の1が失われて，農業生産は，戦争前の半分程度となり，工業生産に至っては，2～3割に減っていたという．また1946年の物価は，前年比500倍であり，実質賃金は戦前の3割にまで下落した（加茂，2010：133）．日本の社会保障は，極端にいえば，残された国民の生命維持が主だった．

　戦後，日本は1952年4月まで，連合国軍最高司令部（以下GHQ）の統治下におかれ，GHQによる福祉改革の洗礼を受けた．GHQは，1946年の「社会救済に関する覚書」（SCAPIN775）において，社会保障における「無差別平等」「国家責任」「公私分離」「必要充足」などの原則を指示した．これに基づき，1946年，生活保護法が成立した．この法律は，文言上は，「無差別平等の普遍主義的福祉」を謳い，最低生活を保障するものであった．しかし，欠格条項や，保護請求権および不服申し立て権の不備など改善すべき点が残されていたこともあり，1950年の新生活保護法に結び付く．同法では，「保護請求権」を明記し，自助原理に基づく保護の補足性を規定し，扶助の種目に教育と住宅の扶助を加えて，生活保護による生活を特殊化しない方向をとっていた．

　生活保護は，戦後の混乱期に人びとが最低限の生活水準を維持するのに寄与したとされる．ここで注目したいのは，1947年の「被保護者全国一斉調査」である．その調査では，いまだその分類は基底的ではないとしながらも，「寡婦が子供（1～16歳）または老人（60歳以上）を拘えて居ってその他の者のいない世帯」「稼働能力のある男子（17歳～59歳）が一人以上居る世帯」「稼働能力

のある男子はいないが女子（子供1〜16歳）または，老人（60歳以上）を拘えていない者で，17歳〜59歳が1人以上いる世帯」「その他の世帯」という分類法が用いられた．戦死・戦病死者のいる世帯は，「生計中心者の死亡または不在」として，従軍中に傷を負った者は，「生計中心者の身体障害」として分類された（小山，2015：259）．老人が60歳以上，稼働者を17歳以上としているなど年齢区分もさることながら，すでに被保護者について男性を中心とした世帯単位の把握が始まっていた．

　また，制度利用にあたっての「要件」も明示されている．病気等で失職の場合は，失業保険を利用し，預貯金があった場合は，しばらくはそれを切り崩して生活しなければならない．加えて，親子間などの援助が，生活保護利用に「優先」するとされている．ここでは，破綻した親子関係まで問われることはなかったが，厳密には，扶養できる親族がいるからといって，受給できないわけではないことも付言したい．

　2008年のリーマンショックの影響の大きさまでは特定できないが，2013年からは，保護費が最大10％カットされた．政策都合の発想によるものである．憲法第25条による「最低限度の生活」は，現行の生活保護法では，「（最低生活）第3条　この法律により保障される最低限度の生活は，健康で文化的な生活水準を維持することができるものでなければならない」とされている．生活保護にまつわる行政へのさまざまな批判は置くとして，家族がいる場合とひとり暮らしの場合との暮らしの内実を精査しているとはいいがたい．

年金と家族

　公的年金の嚆矢は，第2次世界大戦最中1939年の船員保険法である．1941年3月の労働者年金保険法，その適応範囲を拡大した44年2月の厚生年金保険法によって一般化した．対象は常時雇用5人以上規模事業所の被用者に限定されていた．敗戦後の混乱によって一次停止したものの1954年新厚生年金保険法が成立し，さらに，1959年4月，前年の社会保障制度審議会の答申にもとづき，

国民年金法が公布され，1961年4月から実施された．

　ついに，国民皆年金が実現したのだった．国民年金は，当初，被用者年金制度の被保険者の配偶者や学生が任意加入であったため，多くの未加入者の存在が問題であった．さらに，被用者年金保険と国民年金保険の初めからの二重構造は，世界に類をみない特異なものでもあった．この時点で，被用者の年金は，廃止されるべきであったとの意見も根強い．さらに国民年金は，「農林水産業や自営業者は，ある程度の年齢に達するまで働き続けること」を前提に，少額に抑えられた．

　1973年の改革によって，厚生年金の給付水準を男性の標準報酬月額の60%をめどとすることとされ，過去の標準報酬を現在の価値に評価しなおして計算する標準月額報酬の再評価制度が導入された．

　さらに，年金は，前述のような制度間格差や重複などから，さまざまな矛盾が生じかねない，あるいは生じている事態から，1985年大幅な改革が行われた．

　主な変更点を抜き出すと，① 基礎年金の導入，② 女性の年金権の確立，③ 障害基礎年金の導入，④ 遺族基礎年金への再統廃合などである．1985年からの新制度では，給与所得者の妻は，配偶者の加入している年金制度を通して，国民年金の第3号被保険者として加入することとなった．すなわち，基礎年金の受給権ができたということである．そして，年金制度における妻の配偶者依存もまた明らかになった．

　また，この改革においては，夫婦の離婚率ということが考慮に入れられず，夫婦そろっての年金受給を前提としていた．そして，夫婦の年齢差から，女性人口の4人に3人には，夫と死別後10年のひとり暮らし期間が存在するなどということはおよそ考慮に入れられなかった．

　1995年社会保障制度審議会勧告「社会保障体制の再構築（勧告）～安心して暮らせる21世紀の社会を目指して」の文言が，いま述べたことを象徴的に示しているので再現しておく．

「…社会保険は，国民の連帯に基づき給付の確実性や実質価値の維持を公的制

度として保障し，また，所得再分配による国民生活の安定化に寄与している．したがって社会保険料は，単なる貯蓄や事故に対し私的に備える掛金ではなく，社会連帯の責任に基づく国民として義務的な負担と考えるべきである.」(第1章第2節の1)，「…増大する負担については，自立と連帯の精神にのっとり，国民のだれもが応分の負担をしていくこと必要である…」(第1章第2節の2)としている．

　すなわち，インフォーマルな福祉が機能しないのであれば，お金でという解決法を示したのである．そして，北欧の「高負担・高福祉」に対して，このころ盛んにいわれた「中負担・中福祉」の政策にしろ，財源は国民に求めることになる．

　たとえば，夫婦は，現行制度では夫婦で厚生年金をもらえることになるが，どちらか一方が先立った場合，妻や夫が遺族厚生年金を受け取れない場合がある．この年金は，残された配偶者の厚生年金が，死亡した夫や妻の厚生年金の4分の3に満たない場合に発生する．したがって，夫が先立った場合，妻には加算がある場合が多いが，妻に先立たれた夫は自分だけの年金になってしまう場合が大半である．いわゆる老後も夫婦で暮らすことが前提であり，死別後は手薄になってしまうのだ．

　これも受給年齢に達した夫婦の場合であって，長年払いつづけて65歳前で亡くなった場合，当然のことながら個人でもカップルでも払い損である．厳密には，死亡一時金が支払われるが，長年の貢献には見合わない程度のものにしかすぎない．これは，もともと厚生年金の制度が，「夫が働いて専業主婦の妻を養う」といった「男性稼得型」の家族を基礎に組み立てられてきたからで，現在に至ってもその前提はそのままである．日本では，完全個人化というより平等性を軸に夫婦双方に行き届いた年金制度にすることが必要である．この点で，家族構成と支給との整合性が問われる．

🖋 日本型福祉社会の破綻

　生活保護や年金の問題と関連するのが,「日本型福祉社会論」である.

　「日本型福祉社会」というのは, 日本の家族は, 家族愛に基づいて子どもや高齢者のケアがしっかりしているので, 国は北欧の福祉先進国のようには社会保障にお金を使わなくて済むというものである.

　1978年の厚生白書には,「家族はわが国の福祉における含み資産である」という一文が登場して物議を醸した. 同じころ, 家族による介護を当然の前提とする「日本型福祉社会」という言葉が, 自民党の政策文書に登場し, 高齢者施策の基本とされた. 福祉予算を抑えるために, いわゆる家族介護や家族の経済力に依存する考えが強調された.

　日本型福祉社会論によると, 北欧の高負担高福祉の福祉国家に対して, 日本は,「含み資産」としての家族と親族, 近隣と地域社会, 企業の相互扶助を中心とした「国家に代わる社会による福祉」を生みだしていくことを目指した. だから,「福祉国家」ではなく「福祉社会」なのである. しかし, 日本型福祉社会論は, 経済成長の過程で, 日本の家族が徐々に小規模化し, 地域社会が崩壊の危機にあることをとらえ損なった結果の議論であった. 担い手のない「社会による福祉」は, 絵に描いた餅であると同時に, 社会保障における公的責任の放棄とも受け取られかねないものであった.

　当時, 確かに核家族世帯が多数を占め, 核家族世帯のなかでも7割以上が未婚の子のある世帯であった. 日本型福祉社会論のよって立つ基盤は国家ではなく, 家族が, とりわけ女性が福祉の担い手であるということだ. 核家族の妻が専業主婦で家事や育児を行うライフスタイルが「標準」とされた. 他方, この「男性稼得型」を強化するため, 妻がパートで就労し, 家計を補助しつつ, 家事, 育児, 老親の介護等を行う場合にのみ税や年金制度上の特別扱いを受けたのである. つまり, 税制における配偶者控除・特別控除であり, 国民年金の3号被保険者制度や遺族厚生年金等が証拠である.

✎ 「家族の失敗」論

　富永（2001）によると，戦後の日本の国づくりの失敗は，家族の失敗に起因するという．しかし，この論は，富永の意に反して国の社会政策における家族への無配慮を擁護するものとなった．

　この点について少し詳しく論じたい．富永は，近代社会の構造要素の第一は家族であるとする．家族は最小の社会で，「日本人の生活の本拠」をなしていることを特徴とする．その家族は，前産業社会においては大部分が農業の経営体であり，「農家」としての生産活動の担い手だったのに対し，産業社会においては，家族は生産活動から切り離され，消費生活だけの担い手になるという大きな変動を経験した．前産業社会の家族は，家父長制家族であり，産業社会における家族は，核家族であった．しかし，21世紀に入ると，核家族は減少して，もはや家族の主流ではなくなった．

　そして，家族は「高齢になった親の介護を家族内部で処理できなくなり，…公的サービスに依存せざるを得なくなり，また，その費用を公的保険に依存せざるを得なくなったのである」とし，これを「家族の失敗」であるとする．

　渡辺（2007：88）は，富永の議論を以下の3点に整理している．① 福祉の原点は家族にある（家族主義）．② 市場は原理的に福祉の担い手たり得ない（反市場主義）．③ 国家が外部化された機能を引き受けるべきである（国家主義）．

　ここでは，②③について論じる紙幅はないが，③の国家主義については，限定付きで同意する．限定というのは，家族ができないから国家が登場するのではなく，「福祉国家」はもともと個人を基礎とするものだと考えるからである．

✎ 家族主義

　問題なのは，「家族主義」であろう．富永の「家族主義」には特徴がある．富永は，まず，老親の福祉については「世話」という言葉を用いている．その世話には2つの意味があり，扶養と介護である．かつては，できていたであろう親の世話を家族ができなくなった要因を家父長制の解体によると述べている

（富永，2001：39）．そして，単身世帯は，夫婦のみ世帯の死別によって生まれるとする．「単身世帯の一定比率は，高齢者であり，そして彼らは同一世帯内に誰も世話してくれる人をもたない，ということが重要である」（富永，2001：59）という認識は共有しうる．理解不能に陥るのは，以下の記述による．

　　家族・組織・市場・地域社会（その最大のものが国民社会）・国民国家という近代産業社会の五つの機能的要素は，どれもそれぞれに人間の福祉の実現という機能を担っているが，そのうち最も基本的な福祉の担い手は，家族であり，つぎに重要な福祉の担い手は，国家であり，地域社会は両者をつなぐ役目を果たしている，ということができる．ところが現代の家族は，この福祉を担う機能を決定的に喪失しつつあり，この欠如を埋める役割を引き受けるために，国家が呼び出されて家族のなかに入ってきた（富永，2001：49）．

　上記の記述の不自然さを指摘した渡辺は，問題の核心を「核家族の崩壊」と断じて，さらなる分析を進めている．パーソンズは，核家族の成立とともに「機能喪失論」を展開するが，パーソンズが見落としていたのは，「核家族における介護機能の専業主婦への押し付けである」（渡辺，2007：90）としている．
　核家族に話を戻す．

　　…そもそも核家族という家族一般の特殊歴史的なあり方は，一方で一人の男性を一家の稼ぎ手（大黒柱）に想定し，他方で一人の女性に高齢者介護や育児といった福祉機能を押し付け（専業主婦），そうした一組の男女が両親として揃った標準家族を典型家族と考えるような，戦後のある時期に一般化された家族モデルであった（渡辺，2007：90）．

　筆者らは，このような家族モデルを「近代家族」と呼びならわしている．ここでいう核家族は形態であり，特定の機能と結び付けて論じられるものではな

い.

　介護に特定していえば，20世紀の後半になって生まれてきた新たな機能概念である（増子，2006）.

　そうであるのに，富永と渡辺がかつて家族が福祉の機能を有したとするのは，「世話」という次元のごく一般的なものだったにすぎない．三世代直系家族においては，担い手は嫁＝女の仕事であった．どのような形にしろ，その役割分担を残したまま家族は小規模化した．世話の担い手である女性が単に存在しなくなっただけである．そして，このことを機能縮小とはいわない．

　誤解を恐れずにいえば，医療の発達によって人びとの寿命が延び，かつては亡くなっていたであろう状態の人たちが，多数，「要介護あるいは要看護状態」で生かされているのだ．そのような老親を，家族だけで介護するのは不可能である．一例をあげると，北欧では胃瘻は設けないという．日本では，胃瘻を設けてしまうと，家族から医療機関へと管理責任が移る．胃瘻に関しても，論ずべきことはたくさんあるが，本旨からそれる．こうして，人びとの健康寿命の延びと同時に，健康を失ってから死までの時間も長くなっている.

　かつての家族が担えたという福祉は，現代の「介護」というレベルでは存在しないものだった．したがって，この文脈で問題にすべきは，機能の喪失ではなく「重度要介護高齢者の誕生と家族による介護の不能性」なのだ.

　繰り返すが，社会福祉という言葉さえなかったかあるいは曖昧だった時代において，家族が，担えていたとされる「かつての介護」は，質的にも量的にもまったく別ものだったのだ．はじめからなかったものを失ったとはいえない．介護の家族主義による解決は，もともと不能命題だったのである.

✐　介護保険と家族

　そして，20世紀から21世紀にかけての最大のトピックは，一連の「社会福祉基礎構造改革」である．これは，端的にいえば，社会福祉の戦後体制を21世紀に向けた新体制にしようとするものである．戦後体制とは，行政主導の「措

置」制度のことをいい，その改革のために「社会福祉法」（2000年，社会福祉の
増進のための社会福祉事業法等の改正）が成立したのだった．

　それは，① 利用者と提供者が対等な関係を結ぶ契約制，② 自己決定の困難
な人のための日常生活自立支援事業，③ 苦情解決のための運営適正化委員会
の設置，④ 選択の自由を保障するための多様な事業主体参入促進などを規定
していた．

　それに先立った1997年，介護保険法が成立した．前述のような世界に類をみ
ない高齢化をした日本の介護不安や制度問題を解消し，介護費用の捻出を計る
という背景があった．

　介護保険制度の目的は，要介護者などが能力に応じて自立した日常生活を営
む上で，必要なサービスにかかる給付を行うため，国民の共同連帯の理念に基
づき制度を設け，国民の保健医療の向上と，福祉の増進を図ることにある（介
護保険法第 1 条）．そして，① 医療と介護の連携強化，② 介護人材の確保とサ
ービスの質の強化，③ 高齢者の住まい整備，④ 認知症対策の推進，⑤ 保険者
による主体的な取り組みの推進，⑥ 介護保険料の軽減等に努めることとされた．
介護保険にあっても，その主旨は，まずは高齢者の世話には家族があたり，そ
こでできない部分を保険がカバーするというものであった．

　2013年度の「国民生活基礎調査」によれば，主な介護者の内訳をみると，要
介護者等と「同居」が61.6％で最も多く，次いで「事業者」が14.8％となって
いる．「同居」の主な介護者との続柄をみると，「配偶者」が26.2％で最も多く，
次いで「子」が21.8％，「子の配偶者」が11.2％となっている．ここでも「国が
家族の補助にまわる」というボタンの掛け違いが起こっている．「不可能」な
ことへの依存があるからだ．

✐　21世紀の社会保障

　さらに，平成24（2012）年版，厚生労働白書のテーマは，まさに「社会保障
を考える」であった．そのなかで，第 7 章では，「…社会保障を考えるに当た

っての視点」が示され，「社会保障を考えるためには，まず，人々が幸せに暮らすためにはどのような社会が望ましいかを考え，そして家族や地域社会のあり方や機能について考え，その上で，どの部分をどのようなやり方で社会保障が代替・補完といった支援を行う必要があるのかを考えるのが，本来のあり方である」（2012：218）としている．

さらに，第2節の2項では，「社会保障制度ができる前は，家庭内で，現役世代が両親や祖父母への仕送りや扶養を行ってきて」おり，「（このような）私的扶養の負担を社会全体で受け止め，経済成長とともに起こってきた都市化・核家族化などに対応できるよう『社会化』したもの」であると述べている．まさに，「家族の失敗論」から導き出される主張と同等の議論を繰り返すのみで，国が先にギブアップしたという意味で国民を失望の淵に沈ませる．私たちは，日本の社会保障制度が整備されてきた背景，歴史，そしてその間に起きた家族変動をよくよく注視することが必要である．「現役世代が両親や祖父母を私的扶養してきた」が，家族にそのような能力がなくなったため，公的扶養が必要になったということも，極論である．そうなるにいたった社会経済的背景を軽視している．

かつての家族が介護力をもち，近隣の相互扶助があったという幻想は，日本政府，そして政権政党のプロパガンダの常套手段と化している．「ふたり家族」の現実は，夫婦であれば，どちらかが倒れればどちらかが介護せざるを得ない状況を作り出すにもかかわらず，制度は，それらの家族をサポートしきれず，老老介護や認認介護を放置するのだ．

以上から，日本政府は，さまざまな局面・分野で家族を取り違えているといわざるを得ない．すなわち，制度・政策が想定する家族は，近代家族であり「夫と妻の役割分業」に基づくものであった．すでにこの時点で，専業主婦を優遇し，共働き夫婦を排除するような制度・政策から脱却するのを困難にする制度の壁が存在するといわなければならない．

🖋 家族の変化と社会保障

　改めて，この間の家族の変化を，追ってみたい．平均世帯人員は，1995年の2.91から，2020年には，2.49まで減少すると予測されていた．また，「夫婦と子供の世帯」は，1995年には1,440万世帯と全世帯の35％を占めていたのだが，2020年には1,300万世帯，27％に減少する．「単身世帯」は，921万世帯で23％から1,450万世帯，30％へと増加する．

　ここで改めて高齢者世帯の状況をみると，「家族には介護機能がある」という幻想は崩れ去る．少なくとも，政府がいうような三世代直系家族や，複合家族では行われていたという家族介護の存在は，岡本（1996）が津軽の郷土史家から聞いたという以下の言によって覆されている．

　　少なくとも昭和20年代まで「寝たきり」という言葉は，聞いたことがない．「床ズレ」という言葉はあった．肺炎などで亡くなる前，短期間寝込む状態を「ネプした」（寝伏した）とはいっていた（岡本，1996：37-38）

　この引用から「寝たきり」の増加は，戦後の保健・医療の劇的な進歩によってもたらされたものだということがわかる．

　　…常時布団の上で生活しているが，何とか身を起こすぐらいはできる，そういう状態になると，朝一家総出で田んぼへ行く前に，枕元におにぎりと水を置いておく．昼間は『なげておく』（放置しておく）のがふつうでした（岡本，1996：38）．

　そして，まったく起きられなくなったら，「終わり」というのが皆の了解で，食べ物も水も取らず，苦しまずに死期を早めたため，何年も床につくなどということもなかったという．すなわち，当時の介護は「最期を看取る介護」であり，重い障害のある高齢者を何年も介護するようなものではなかった（岡本，

1996：38）のだ.

✐ 社会保障制度史からみえてくること

　政府の個人番号制度推進にみるように，社会保障費給付やサービス提供の単位を個人とする動きがようやく始まったかにみえる.

　しかし，人びとの家族を基盤とした暮らし方は変化していくものである．前著『21世紀の家族さがし』でも記したように，移ろう家族のトータルな暮らしぶりに視点を置くことが大切だ．そうすると，以下のことがみえてくる．単身世帯者は地方の親を，定位家族を思い，結婚していわゆる生殖家族を形成してからも地方の親は，頻繁に子ども夫婦の家を訪れ，精神的な支援ばかりではなく，経済的支援をする.

　また，地方に住む親が倒れれば，都市に住む子どもらは，結婚していようと独身であろうと一心に介護しようとする．これは，親子の情（愛情）というものである．そして，場合によっては介護退職も辞さない覚悟だ．介護に対する思いは薄れてはいない（図表省略）.

　ならば，それを実現させないのは何か？

　ひとつは，政府が，旗を振り，国民が追随した経済偏向社会ではないのか？経済偏向社会が家族を破壊するのである．経済第一主義，社益優先が，経済格差を生み出し，そのことが生活保護受給の増加を生み，介護保険さえ利用できない人びとを多く生みだした．つまり，専門家でなくては不可能な介護を家族に押し付けてきた．その結果が，介護にまつわる虐待等さまざまな事件の増加をもたらしたことは言を俟たない．もうひとつは，介護の医療化，複雑化，専門化があげられよう．「介護する意思」はあっても，素人である家族員には手に余る．たびたび指摘してきたように，20世紀から現在に至るまで「在宅介護」における在宅の意味するところの日本的特殊性もある．北欧とくにデンマークでは，高齢者への福祉サービスは，ひとり暮らしの高齢者への住宅の提供から始まる．そして，在宅ケアは，そこにすべての公的サービスが入ることを

いうが, 日本では家族がなしえない部分に最低限の国のサービスが入ることを意味する.「なしえない」ということを誤解してはならない. 政府が主導した日本型福祉社会は, 重度化, 複合化, 長期化する高齢者へ介護や弱者の保護をかつてはなしえていたという理由で家族に求めた. 福祉における「家族主義」である. しかし, いまや人びとの介護観も変化し, その介護が少人数になった家族を分断した.

「家族主義」が成立するのは, あくまで夫婦と親子からなる「核家族」が成立している場合のことであり,「介護独身」という言葉が象徴するように, いまや存在するのは, 親子ダイアド (dyad), 夫婦ダイアドでしかない. 親子ダイアド, 夫婦ダイアドが意味するのは, 制度を度外視した二者の関係性のみである. いやしくも福祉国家を目指すのであれば, 家族が「個人化」したかどうかは別として, 国民一人ひとりのQOL (クオリティ・オブ・ライフ) を大切にした, 誰もこぼれ落ちることのないセーフティネットを求めたい.

📖 参考文献

圷洋一 (2014)「第 6 章　少子高齢化時代の福祉政策」古川隆順編『新・社会福祉士養成講座　現代社会と福祉』中央法規

加茂直樹 (2010)『現代日本の家族と社会保障』世界思想社

厚生省 (1996)『平成 8 年版　厚生白書—家族と社会保障〜家族の社会的支援のために〜』

─────(1999)『平成11年版　厚生白書—社会保障と国民生活』

厚生労働省 (2012)『平成24年版　厚生労働白書—社会保障を考える』

小山裕 (2015)「戦争未亡人たちの戦後」橋本健二編『戦後日本社会の誕生』弘文堂

増子勝義編著 (2010)『21世紀の家族さがし』学文社

三重野卓 (2000)「『生活の質』と共生の論理」青井和夫他編『福祉社会の家族と共同意識—21世紀の市民社会と共同性：実践への指針』梓出版社

内閣府編 (2013)『平成25年版　高齢社会白書』

中田雅美 (2013)「『住まう』ことにこだわるデンマーク」野口典子編著『デンマークの選択・日本への視座』中央法規

岡本祐三 (1996)『高齢者医療と福祉』岩波新書

118

富永健一（2001）『社会変動の中の福祉国家―家族の失敗と国家の新しい機能』中公新書

渡辺雅男（2007）『市民社会と福祉国家』昭和堂

ガベージニュース，http://www.garbagenews.net/archives/1953859.html（2018年2月6日検索）

Part II

家族の危機と再生

第8章　未婚化・少子化と子ども

コスパで考えると結婚は遠のく

　「……「人生すごろく」が生きていた「昭和」の時代に比べ，現代社会におい
て家族は本質的にコスト・パフォーマンスが悪いものです．ものづくりで経済が
回っていた当時は，男性労働者を中心にした年功序列や終身雇用が生活を支えて
いました．子どもの養育や教育を担う家族は社会の維持に直結していて，個人的
負担はもちろん社会全体で考えても家族は「コスパが良い」状況だったといえま
す．
　しかし産業構造の変化に伴い，家族の形成や維持には個人の努力による要素が
より大きくなってきています．「昭和」の時代とは社会状況が異なるという事実を，
個人の生活と言う視点から語る上での一つの表現が「コスト・パフォーマンス」
なのかとも思います．
　経済的合理性が計算できて利益が見込めるような案件であれば，どんなにプラ
イベートなことでも市場化されます．利益が見込めなくても経済的合理性が計算
できてサービスとして成立可能であれば，合意が取れる範囲で行政が行います．
どこにも行き場がないが絶対やらないとならない，食事をしたり休んだりといった
ことに関する業務が集約されているのが今日の家族という場所です．一人で暮ら
している限り，そのコストは極めて低く抑えることができます．
　時間に余裕がある専業主婦と収入に余裕があるサラリーマンによる性別役割分
業は，第三次産業への移行が生じたポスト工業社会よりも前の日本ではコスパの
良い優れたシステムだったといえます．ただしそれは完全な分業体制，つまり「男
性はしっかり働いて家事には文句を言わず」「女性は積極的に家事に取り組んだ
上で経済については文句を言わない」という前提があってのものだねです．今日の
日本ではむしろ，合理的な判断のみで結婚する理由がみつけにくくなっています．」
（永田夏来（2017）『生涯未婚時代』イースト新書：70-71）

　著者によれば，「結婚はコスパが悪い」論には2つの力点があり，ひとつは「結
婚はこれまでと違う責任や面倒ごとに巻き込まれる危険が高い」というコスパの
悪さであり，もうひとつは「趣味や仕事などを捨ててまでわざわざ結婚する必要が
ない」というコスパの悪さである．前者は結婚によって新しい家族を持つこと，
後者は恋愛や結婚に至る過程に力点がおかれている．

(撮影：神山孝史)

🔑 キーターム

皆婚社会　「結婚とはいつかは皆するものである」という思いを大多数の人々が抱いており，成婚率も高い社会.

生涯未婚率　50歳時の未婚者の割合を指す．厳密にいえば，46〜54歳の未婚率の平均値であるが，国立社会保障・人口問題研究所によれば，2035年には生涯未婚率は男性30％，女性20％と推計される.

✐ 「いつの間に……」

　今をさかのぼること四半世紀前の1990年代初めのころ，筆者は大学に在籍していたのだが，家族社会学の授業で担当の先生がこう言っていたことを記憶している．すなわち，「日本人は結婚好きな民族であるので，晩婚化は進行しているがみんないつかは結婚する（＝皆婚）社会である」と．たしかに，生涯未婚率（50歳時の未婚割合）をみると当時の数値は男女ともに５％前後であり，その発言を裏付けるものであった．

　筆者の学生時代は，女性の結婚年齢が「クリスマスケーキ」になぞらえて伝わっていた．つまり，「24」がちょうどよい売り時であり，「25」ではギリギリになる．「26」ともなれば売れ残りである，と．本書の読者層の大多数は，高校卒業後に大学に入学した学生であると思われるので，その方たちにとっては1990年代というのは自分が生まれる前の遠い昔のことのように聞こえるかもしれない．だが，いまの現役世代である40代・50代の人々にとって，20年ちょっと前というのは現在の自分と地続きであり，「つい最近」のことなのである．

　そして，1990年以降の日本における未婚化の進行を感覚的に表現すれば，「いつの間に……」という言葉がふさわしい．同じような感想を抱く現象には「高齢化」がある．筆者が大学で高齢社会論を教えていた2000年代の初め，総人口に占める65歳以上人口の割合，つまり高齢化率は17％であった．これがいまや29.1％（2021（令和３）年）である．予想されているよりも急速に日本は高齢化しているが，未婚化についても同様のことが言える．そして，高齢化と未婚化は，少子化ということでひとつながりである．なぜならば，少子化しているから総人口や若年人口が増えず，高齢者ばかりが割合として大きくなってゆくからである．

　さて本章において，与えられたテーマはこの「未婚化」および「少子化」である．まずは統計によって現在の未婚化・少子化の実態をしっかりと把握しよう．そしてその背景についてふれてゆきたい．結婚，そして妊娠・出産といったライフイベントは，人々の人生において重要なイベントであり，それだけ関

心も高い．また，小説やドラマ，映画や漫画など，あらゆる「物語」の中で頻繁に登場するテーマでもある．だが，日本においては今やだれもが結婚できた時代が過去のものになりつつあるということと，子どもを持つこともそれほど当たり前ではなくなってきているということは知っておくべきであろう．また，少子化する社会はそこで育つ子どもにどのような影響を与えるのか，ということも併せて考えておきたい．

🖎　未婚化

　1990年代初めの生涯未婚率が5％前後である，と紹介したが各年代でどの程度未婚化は進んでいるのだろうか．※図8-1に示す年齢別未婚率は，読んで字のごとく年齢ごとの未婚者の割合を示したものであるが，男性と女性とで未婚者割合が違ってきていることがおわかりになるだろうか．

　男性は，1980年の時点では20代後半での未婚率が55.2％であった．これに対し，女性は24.0％である．つまり，男性では20代で未婚である者が全体の半数を越えていたが，女性では4人に1人しか未婚者がいなかった，ということである．そして，1980年の時点では男性でも30代前半では未婚者が21.5％と激減する．30代後半に至っては，未婚の者が8.5％である．かつて，「身を固める」という慣用句が普及しており，これは男性が結婚することによって一人前とみなされることを意味していた．1990年代のはじめ，筆者の知り合いの女性が学生の身分のまま結婚した．それは，交際相手である大学院生のボーイフレンドが都内の有名女子大学に教員として採用されることとなったからであり，その条件として「既婚者」になることを求められていたから，であった．言い換えれば，女子大の教員に未婚男性はふさわしくない，ということであろう．そうした慣行が一部の組織で存在した[1]．また，女性も1980年代においては大多数が結婚していた．1980年における30代女性の未婚率は，30代前半が9.1％，30代後半は5.5％である．30代後半の女性の未婚者は20人に1人であったことを押さえておこう．

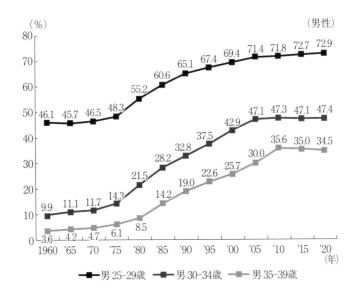

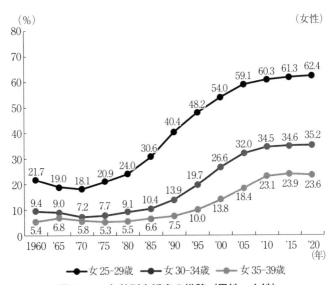

図8-1　年齢別未婚率の推移（男性・女性）

資料）総務省「国勢調査」（2010年）
注）1960〜1970年は沖縄県を含まない.

　1990年代より，未婚者の割合は性別を問わず，各年代で上昇してゆく．そして，2020年の段階では，20代後半では男性72.9％，女性62.4％が未婚である．30代前半であっても，男性47.4％，女性35.2％，30代後半では男性34.5％，女性23.6％となる．今や，男性では30代前半の2人に1人，30代後半でも3人に1人，女性は30代前半で3人に1人，30代後半であっても4人に1人が未婚者である．かつて，未婚の女性を否定的に言う差別用語として「オールドミス」という言葉があった．Old（古い）なMiss（未婚女性）という造語であるが，さすがにある時期から聞かれなくなった．これは，ポリティカル・コレクトネスの文脈から無くなったともいえるが，そもそも結婚していない女性そのものが珍しくなくなったためでもあろう．

　次に，冒頭でも言及した生涯未婚率を確認しておくと，1980年では男性2.6％，女性4.5％であり，冒頭に触れた日本が「皆婚社会」という説を裏付けるもの

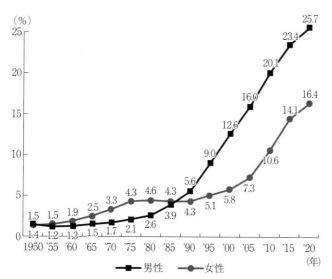

資料）国立社会保障・人口問題研究所「人口統計資料集2014」
　注）生涯未婚率は，45〜49歳と50〜54歳未婚率の平均値であり，
　　　50歳時の未婚率．

図8-2　生涯未婚率の推移

であった．だが，1990年代を越えるあたりから急激にカーブが上昇してゆき，2020年では男性25.7％，女性は16.4％の高い割合で推移している．男性では4人に1人，女性でも6人に1人が一生を通じて未婚であることが予測される（図8-2）．かつては結婚して家庭を持つことを指す「身を固める」という慣用句が存在したが，この言葉はめったに聞かれなくなった．

　このように，日本社会の中では1990年代より30年あまりで急速に未婚化が進展していった．以下の節では，未婚化と少子化の理由として考えられてきたことを家族社会学の知見より確認していく．

　このような日本の未婚化の現況に対し，内田樹は『困難な結婚』の中で繰り返し，「結婚とはリスクヘッジである」と訴える．

　結婚という制度は「幸福になるため」の仕掛けではなくて，「リスクヘッジ」なんです．せっかく結婚を前にして，幸福な未来を思い描いている人に対して気の毒とは思うんですけど，にべもない言い方をすれば，「一人で暮らすより，二人で暮らす方が生き延びられる確率が高い」から人は結婚するんです．発生的には「幸福になるための制度」ではなく，「生存確率を高めるための制度」なんです（内田，2016：77）．

　だが現代においては，家族は「リスク」（介護，ひきこもり，虐待等々）を生み出すこともあるし，また「ストレス生成装置」となりうることも広く知られている．そうした「リスク」を引き受けてそれを試練とし，そこから成長することこそ結婚の醍醐味であると内田は言うかもしれないが，低成長期で自分一人が生き延びていくことに必死であるような現代の若者に，彼の物言いは届きにくい．

✎　少子化

　日本において，未婚化・晩婚化は必然的に少子化を伴う．その理由は，第一

に未婚者から子どもが生まれる可能性が日本では著しく低いからである．2000年代に入った頃より，「妊娠先行型結婚」，いわゆる「出来ちゃった婚」「授かり婚」の割合が増えているが，これは未婚のままで出産することが社会的，または制度的に著しく困難を伴う日本社会における子育て事情に由来する．結婚（婚姻届けを提出した婚姻）という事実が出産に先行する社会であるゆえに，少子化対策は必然的に未婚者の成婚対策に繋がっている[2]．第二に，晩婚である社会では女性の第一子出生年齢も当然ながら高くなる．そうすると，女性は出産可能な年齢が限られているため，生涯のあいだに出産する子どもの数も自然と減少してゆく．

　少子化が語られるとき，必ず戦後における少子化の流れが語られるが，本節でもこの点についてふれておく．読者の皆さんは，高校の授業でも「出生数及び合計特殊出生率の年次推移」のグラフを見たことがあるだろう（※1章9ページ参照のこと）．家族社会学者の落合恵美子は，「戦後に限ってみても，（出生率の）低下ははっきりと2回あった」（落合，1997）と指摘する．まず，戦争中に抑制された出生率が，兵士となって戦地にいた男性が戦後国内に帰還することによって増加し，これが第一次ベビーブームとなる．だが，その直後から「出生率はまるでジェットコースターに乗ったように低下し，わずか8年ほどで底につ」く．これを落合は第一の低下とする．この頃，夫婦間に「子どもは2人」という規範が生まれ，少なく生んだ子どもを大切に育てるように「子どもの価値」が変わったと考えられる．

　続いて，戦後すぐの第一次ベビーブーム時に生まれたのは「団塊の世代」と呼ばれる1947（昭和22）年から1949（昭和24）年生まれの層であるが，その人びとが成人し結婚年齢を迎える1970年代には第二次ベビーブームが到来する．その後，出生率はゆるやかに減少していくが，これが戦後の出生率の第二の低下である．そして1989（平成元）年には，それ以前の最低の出生率であった「ひのえうま（丙午）」の1966（昭和41）年の1.58を下回る「1.57」という出生率を記録する．これは「1.57ショック」と呼ばれ，それ以降，少子化問題が克服すべき

課題として語られるようになる．さらに，2005（平成17）年には出生率は過去最低である1.26まで落ち込んだ．参考までに，「ひのえうま」とは60年に一度まわってくる年であるが，この年には火災が多く，またこの年に生まれた女性は夫になる男性を不幸にするというような迷信があった．1966年当時は妊娠が控えられたり，または妊娠しても人工妊娠中絶によって出産に至らなかったりした．次の丙午は2026年であり，本書の刊行から3年先である．この年の出産の傾向が1966年と同じようであるか，変わってくるのか．果たしてどうであろうか．読者の皆さんはぜひ，注目していてほしい．

　「合計特殊出生率」は，その年次の15歳から49歳までの女性の年齢別出生率を合計したものであり，未婚者の割合が高くなれば当然出生率も下がってくる．では，結婚しているカップルにおける子どもの数はどう推移しているのだろうか．これを測る指標として「完結出生児数」というものがある．これは，「結婚持続期間が15〜19年の夫婦の平均出生子ども数」である．これを見ると，1970年代から2002（平成14）年まで2.2人前後で安定的に推移していたが，2005（平成17）年から減少傾向となり，2021（令和3）年には過去最低である1.90人になった．つまり，結婚しているカップルにおける子ども数も減少傾向にある．

未婚化と少子化をめぐる議論

　少子化の要因と考えられることがらについては，家族社会学者の松田茂樹が『少子化論』（2013）の中でまとめているので，これを援用する．彼は既存の研究をもとに，以下のようにまとめている．

① 女性の社会進出とそれに伴う仕事と子育ての両立の困難

② 結婚市場のミスマッチ（男性の雇用が悪化することで，伝統的な性別役割分業に基づく結婚が望めなくなった）

③ 1990年代以降の若年層における雇用の悪化（②の原因となる）

④ パラサイト・シングル仮説（山田昌弘による．学卒後も親と同居し，基礎的

生活条件を親に依存する未婚者. これが増加していること)

⑤ 若い世代における, 経済的費用と時間・社会的責任が伴う出産・子育ての先送り

⑥ 子育てや教育にかかる費用の重さ

⑦ 子育てにかかる心身の負担の重さ

⑧ 都市に住む人が増えたこと (地方より都市の方が未婚率と初婚年齢が高い)

⑨ 日本における同棲率の少なさ (先進諸国においては若い世代の同棲率が高い方が出生率も高い)

もちろん, これがすべてではないし, この分類を含むさまざまな条件が複合的に重なって現代の未婚化と少子化を進行させている.

児童文学者の本田和子は, また違った視点からこの問題に接近する. 彼女は, 今の少子化の議論が「次世代の労働力の低下」と捉えられている点, そしてその力点が女性たちに「いかにして多く産んで貰うか」ということを要求したり, または「少ない労働力でいかに社会を維持するか」議論することに力点が置かれ, 将来の納税人口の多寡を問題にしている点に警鐘を鳴らしている. 本田によれば, 出生率の低下は成熟社会に伴うひとつの必然である. そして, 20世紀前半の「産児制限」にかかわる女性運動の歴史をひもといた後で以下のように書く.

　　私たちは, いま,「産まない選択」の正当化のために苦闘した女性運動の軌跡を辿り直して, 女性たちが「よく育てる」ために, あるいは「貧しさから自己と暮らしを救い出す」ために,「多く産まないこと」を希求し続けた歴史を, 改めてみつめ直すことが出来た. いま, 出生率の減少は緊急の課題とされていて, 諸種の「多産奨励」を目的とした対策が慌ただしく講じられようとしているが, しかし, 出生率が減少し, 子どもが少なく産まれている現状は, 女性たちが, 長年にわたって求め続けてきた「望ましい状態」と言

えないだろうか．何しろ，女性たちは，自身の肉体と時間の犠牲によって，「多く産み，難渋しつつ多く育てる」ことにまして，賢い選択の上で「少なく産みよく育てる」ことを願ってきたのだから（本田，2009：220-221）．

「少なく産んでよく育てる」理想は，はじめは中産階級のものであったが次第に一般の女性たちにも普及していった．そして，「いま訪れている少子化現象は，女性たちの長年の宿願であった，「少なく産むこと」が成就されかけている姿ではないだろうか」「出生率の低下は成熟社会に伴う一つの必然」（本田，2009：11）と本田は主張する．

　同時に，当事者であるはずなのに発言することが許されない（またはその幼さゆえに発言ができない）子ども本人の意思や希望というものが少子化の議論にはほとんど反映されていないことにも本田は注目する．本章の最後の項では，この「子ども」に着目し，少子社会の中で彼ら・彼女らが育つことを考えてみたい．

✐ 少子社会と子ども

　少子社会では，少なく生まれた子どもたちは大切にされるだろうか．保育士養成校における保育士資格取得のための必修科目「家庭支援論」に対応している土谷みち子・近藤幹生著『家庭支援論』では，人口減少時代のプラス面とマイナス面が以下のようにまとめられている．まず，プラス面では，住宅事情の好転，教育面における受験戦争の緩和，通勤ラッシュの緩和である．住宅事情については，家が広くなることで産んで育てる子どもの数をもっと増やせると考える親がいるかもしれない．教育面については，大学や短期大学の入学希望者が大学の入学定員を下回り，志望者全員がいずれかの大学・短期大学に入学できるように理論上はなっている．だが，実際には，入学希望者を多数集めて倍率が高くなる大学・短期大学と，定員割れをして経営が苦しくなる学校との二極化が進んでいる．通勤ラッシュについては，まだそれほど劇的に改善した

という話を聞かない.

　マイナス面については, 少子化によって現役世代人口 (15歳から64歳) が減少し, 高齢者人口 (65歳以上) の割合が高くなる. このことにより, 介護や年金などの社会保障制度が十分に機能できるかが懸念されている. また, 税金を納める世代の減少により, 各種行政活動が停滞する可能性が指摘される. 教育面でも, 少ない子どもに家族の期待が大きくなり, 「1人の子どもに幼い頃から過剰な期待をする可能性 (過干渉), また家族内の大人による相手ばかりで超過保護になり, 子どもの社会性の成長が乏しくなる危険性についても心配され」る (土谷・近藤, 2016：46).

　『赤ちゃんにきびしい国で、赤ちゃんが増えるはずがない。』という書籍がある. もともとはインターネットの「ハフィントンポスト」で好評を博したブログが元であり, これが書籍化されたものであるが, 日本で赤ちゃんを育てることの「きびしさ」ついて, 著者は「赤ちゃんの泣き声だのレストランだの, 子育てをめぐる激しい議論」を例としてあげている.

　　赤ちゃんを, 飛行機に乗せるのはいかがなものか. 周りに配慮して自分のクルマで移動すべきではないか. ベビーカーで満員電車に乗るべきではない. 通勤時間に移動するときはタクシーに乗るのが正しいのでは.
　　そんなこと言っているから, 子どもが増えないのだ. (中略)
　　核家族が標準になってしまったこの社会では, 社会全体が地縁血縁となって子育てを見守ってあげなければならない. 赤ちゃんがいたら, みんなでこぞって祝福する気持ちでももって, 笑いかけるのだ (境, 2014：13).

　境のいう, 「社会全体が地縁血縁となって子育てを見守」ることが本来であれば望まれることである. だが, 現実はどうであろう. インターネットの普及により, ソーシャルネットワークサービスの網の目が張り巡らされる一方で, 個人情報の保護が叫ばれ, 見ず知らずの他者に関わることが忌避される社会を

我々は生きており，彼の理想とする社会には現実は程遠い．首都圏において，妊婦であることを示すマークをつけていたら，心ない言葉を浴びせられたり，嫌がらせをされるという新聞報道もあった．この国はどんどんと「子どもぎらい」の様相を強くしている．

　それでは，子ども自身の育ちは少子化の中でどう変わっていくのだろうか．再度，本田和子の記述を引いておく．少子社会に生きる子どもたちは同世代の者が少ないがゆえに，その成長にある種の特徴がもたらされる．同年齢の集団の中で揉まれて育つことができず，自分自身の欲求は年長者の知恵と力でほどよく処理される．人生の初期に大人との付き合い方だけを学習して，子どもとの付き合い方を知らないまま，幼稚園や学校など同年齢集団に投げ込まれる時期を迎えたとき，彼らの緊張と疲労はいかばかりであろうか．本田は，最近の子どもたちが友人との付き合いに異常なまでの緊張感を覚え，それが原因となって人間関係を拒んだり，学校そのものを忌避するといった事例をあげる．そして，少子化社会の子どもたちには従来よりも教育上の配慮が必要なのではないか，と訴える（本田，2009：216-218）．

　筆者はここで，1970年代に始まる中国の「一人っ子政策」を思い出した．この政策により膨らんでゆく人口増に歯止めをかけることは可能になったものの，1980年代以降の中国の子どもたちは，過保護に育ったために「小皇帝」と呼ばれるに至った．日本よりも早い時期に「少子化」した中国の経験にわれわれが学ぶところは大きいのかもしれない[3]．

　さて，本章の内容をまとめておこう．1990年代より，日本はかつてない速度で未婚化と少子化が進展している．戦後から高度経済成長期を経て数十年の間に保たれた「皆婚」である社会，「子どもは2人」を平均とする家族のかたちも今や形を変えつつある．その結果，少なく産まれた子どもたちが生きやすい世の中になっているかというと，残念ながら現在の日本社会を見るかぎり，そうとは言えない現実がある．

　だが一方で，「子どもの貧困」が問題視され，全国に多くの「子ども食堂」

が見られ，虐待を受けたり不遇な目に遭っていたりする子どもに対しては同情のまなざしが注がれるのも同じ日本社会においてである．

　キリスト教系の幼稚園において，広く歌い継がれている聖歌に「たまもの」という歌がある．その内容はこうである．私（わたくし）たちの瞳は，美しいものを見るために神様が授けて下さった．これが1番の歌詞であり，以下，きれいな言葉を聞くために耳が授けられた……といった具合に4番まで歌詞が続く．幼児たちがこの歌を歌う時，かれらにとって「たまもの」とは，自分自身の身体のことであって，瞳や両耳や手や口は他ならない神さまから授けられたまさに「たまもの」である，という意味にとらえていることであろう．だが，幼い子どもたちが声を揃えて一生懸命に歌うその姿を見ていると，かれらの存在そのものが大人にとっては「たまもの」なのであり，この社会を構成する成人のひとりとしては，目前の子ども一人ひとりが幸福に育ってゆくことを願わずにはいられない．「少子化対策」としての子育て支援ではなく，「私たちの社会に生まれた子ども」であれば無条件に大切に育み，その成長を見守るような施策を国や自治体には期待したい．

　注
　1）　恐らく，就職の際に相手が既婚か未婚かによって採用や内定を決定することは，当時であっても法律違反であるはずである．よって，この入籍は内定者側の「忖度」によってすすめられた可能性はある．この当時，ある種の職に就く男性や管理職になる男性に対して，同様の「彼が所属するべき家族」像が期待されていた．別の例としては，長崎県内の公立高校では，教員同士のカップルで夫が管理職になった場合，配偶者である妻はその職を辞して夫の仕事をサポートするという不思議な慣行が存在した．
　2）　それ以外の少子化対策ももちろんあるはずである．たとえば，女性が未婚のまま出産しても安心して子育てできるようにするなど．
　3）　もっとも，当の中国は2016年1月に「一人っ子政策」を撤廃し，すべての夫婦に2人目の子どもをもつことを認めるようになった．「少子化の進展に伴う労働力不足，国内の投資・消費の縮小などが問題視されてきたことなどから，1970年代から続いてきた人口抑制策は転機を迎えた．今後は「二人っ子政策」

のもとで，出産を奨励する方向に舵を切る」.
「一人っ子政策」撤廃の影響」独立行政法人労働政策研究・研修機構
http://www.jil.go.jp/foreign/jihou/2016/05/china_01.html（2018年 8 月20日検索）

📖 **参考文献**

本田和子（2009）『それでも子どもは減っていく』筑摩書房
松田茂樹（2013）『少子化論―なぜまだ結婚、出産しやすい国にならないのか』勁
　草書房
永田夏来（2017）『生涯未婚時代』イースト新書
落合恵美子（1997）『21世紀家族へ［新版]』有斐閣選書
境治（2014）『赤ちゃんにきびしい国で、赤ちゃんが増えるはずがない。』三輪舎
土谷みち子（2016）『子どもと社会の未来（あす）を拓く　家庭支援論』青踏社
内田樹（2016）『困難な結婚』アルテスパブリッシング

第9章　ワーク・ライフ・バランスと家族

第18回ESRI経済政策フォーラム
「出生率の回復をめざして―スウェーデン等の事例と日本への含意―」(概要)

経済社会総合研究所　平成16年6月25日

1. 基調講演：家族政策と出生率
   ―スウェーデンの事例と日本への示唆
   （林伴子　内閣府経済社会総合研究所主任研究官）
   - OECD諸国をみると，女性労働力率の高い国の方が出生率の高い傾向が観察される．
   - OECD諸国では，女性の就業と出生率の関係は，80年代前半までは負の相関があったが，現在では正の相関にある．
   - スウェーデンでは高い女性労働力率と出生率が両立している．
   - 日本もスウェーデンも，有配偶女性は「子どもが小さいうちは，妻は育児に専念すべき」との意識を有している．
   - スウェーデンの育児休業制度は充実している．「両親保険」によって休業直前の8割の所得を390労働日保障している．また，2年半以内に次の子を産むと，先の子の出産時の休業前の所得の8割が再び保障される．
   - スウェーデンでは出産した7割以上の女性が1年以上の育児休業を取得している．一方，日本では取得率が64%にとどまり，取得期間も短い．
   - 日本では出産前に就業していた女性の7割弱が仕事を辞めている．日本とスウェーデンの出産期の女性の就業状況を比べると，全体に占める従業者の割合にはあまり差がないが，スウェーデンでは休業者が多い一方，日本は少ない．
   - スウェーデンは保育サービスが充実しているほか，児童手当は所得制限がなく16歳未満の子に支払われる．
   - スウェーデンでは，出産後6割の女性は勤務時間を短縮して職場復帰している．
   - 帰宅時間をみると，スウェーデンでは男性が午後5時頃，女性は3-5時頃が最も多い．一方，日本の男性の帰宅は午後9，10時頃が最も多い．　　　　　　　　　　（以下省略）

（経済社会総合研究所（2004）「第18回ESRI 経済政策フォーラム」
http://www.esri.go.jp/jp/workshop/forum/040625/gaiyo18.html
2018年10月3日検索）

（提供：写真AC）

家族の多様化　家族の定義は困難であり，家族の形態や機能は時代や社会により本来大きく異なるものである．日本社会において，家族が画一化し，安定していた高度経済成長期が終わり，男女の在り方も変化してきた中で，さまざまな家族が存在している．

男女の働き方　女性の生き方が変化した日本にあって，男性の働き方はあまり変化していない．家族のなかでの主たる稼ぎ手は男性であるべき，という考え方も未だ存在している．男性の働き方の変化が必要とされている．

「働き方改革」　2016年に第2次安倍内閣が閣議決定した政策．働き方の抜本的な改革を行い，個人が能力を発揮できる社会，「一億総活躍社会」の実現をめざす，というもの．長時間労働の抑制，副業解禁などがある．

✎　ワーク・ライフ・バランスとは何か

　「働き方改革」「女性が活躍する社会」などと，政府からの発信が続いている．どのように働くか，ということはあくまでも個人や，雇用労働者の場合は雇用側の問題と考えられるが，なぜ今国家の問題として個人の「働き方」がテーマとなっているのであろうか．そこには，日本社会が少子高齢化社会であり，さらには人口減少社会にすでに突入したこととの関係がある．人口減少が社会にもたらすものは何か，これまで人類が経験しなかったことを，日本が先頭となって経験している．また，このことは人口が爆発的に増加している地域が存在する一方で，人口減少は今後世界的な問題ともなっていき，地球規模で考える問題でもある．

　ワーク・ライフ・バランスとは，仕事と生活の調和という意味であるが，この言葉が使われ始めた1990年代から2000年代当初においては，なんとなくわかるが具体的にはどうするのか，いったい主体となるのはだれかなど，あいまいな部分の多いものであった．

　「ワーク・ライフ・バランス」は，2007年に日本の労使間で合意された「ワーク・ライフ・バランス憲章」や，同じく2007年の『男女共同参画白書』など21世紀になり，注目されてきたテーマである．「憲章」では，仕事と生活の調和が実現した社会は，「国民一人ひとりがやりがいや充実感を感じながら働き，仕事上の責任を果たすとともに，家庭や地域生活などにおいても子育て期，中高年期といった人生の各段階に応じて多様な生き方が選択・実現できる社会」であるとしている．『男女共同参画白書』2007年版では，「男女がともに，人生の各段階において，仕事，家庭生活，地域生活，個人啓発など，さまざまな活動について，自らの希望に沿った形で，バランスをとりながら展開できる状態」としている．

　第2次世界大戦の戦後復興から高度経済成長期にわたって，日本社会は経済的な発展をとげ，世界第2位の経済大国として君臨していた．その一方で，いわゆる近代家族が日本に定着したために，仕事と生活については性別役割分業

138

に基づき，担当する性別がはっきりしていた．仕事と生活のバランスは，家族のなかで夫と妻がそれぞれ分担することにより，家族という単位でバランスがとれていたのである．それはまた，仕事か生活かの選択は個人には困難であり，性別によりどちらかを担当することが決められていたことでもある．さらに，仕事と生活のどちらかを優先させれば，どちらかをあきらめることであり，仕事も生活もというのは欲張った考え方である，とされていたのである．

　それが，20世紀も終わりを迎えるころに，仕事と生活はうまくバランスをとって行うべきであるとの考え方が紹介されたのが「ワーク・ライフ・バランス」である．それは，性別役割分業を前提とした家族，男性のみが働き，専業主婦の存在を前提とした家族にも変化が起きてきた時期でもある．

　日本社会は，合計特殊出生率の低下から「1.57ショック」といわれてから30年近くが過ぎようとしているが，さまざまな政策が出されているにもかかわらず，少子化は改善されていない．生涯未婚率も上昇の一途をたどり，男女ともに晩婚化そして非婚化の傾向が止まらない．さらには，結婚したカップルの子どもの数も2人をわって久しい．フランスや北欧の国々が，出生率を伸ばしたのに対し，日本ではなかなか出生率が上がらない．さらには，今後子どもをもつ年齢の人口が減少していくのであるから，生まれる子どもの数は減っていく．

　また，第一次ベビーブームの団塊の世代が75歳前後となり，高齢社会が本格化している．さらには，人口減少も始まり，人口ピラミッドが逆ピラミッドになる日も近いとされている．少子化と高齢化により，日本の人口バランスの変化と人口減少という現実のなかで生産年齢人口をいかに確保していくかは，社会全体の問題である．さらに，日本の労働生産性（就業者1人当たりのGDP）は，国際比較でみるといまだに低い状態が続いている．

　国民全体が働くことを前提にした社会を築くことが，必要とされるようになった．その際に，働く一人ひとりが仕事と生活のバランスをうまくとり，充実した生涯を送ることが解決方法であると考えられている．企業にとっても，女性が仕事に参加することは労働人口の確保とともに，業績を伸ばすことにつな

がるという事実が認識されるようになってきた．ワーク・ライフ・バランスの問題は，女性労働力との関係で取り上げられてきた点も特徴である．企業は，業績の向上につながることには積極的に取り組む．

　労働人口の減少のなか，より優秀な人材の確保は，企業にとって重要なテーマである．「働きやすい職場」であることは，仕事に就く者にとっては企業選びの重要なポイントである．企業が，従業員の生活そして人生を保障できる時代は終わった．自らの生活を守ることができる働き方を，望む人が増えている．長く働き続けられることも，企業選びの際に重要な点である．ワーク・ライフ・バランスのとれる働き方ができることは，企業選択のメリットと考えられている．

　従業員の離職は，企業にとってマイナスである．教育コストをかけた従業員が定着することは企業業績の向上につながる．従業員が出産・育児，介護などで仕事をやめることを減らすことにより，定着率が高まり，企業の生産性向上とともに，働く人たちのモチベーションアップにもつながる．

　長時間会社に滞在していることが，会社の業績向上に必ずつながるという仕事や働き方は減ってきている．仕事以外の生活を大切にするために，労働の効率を上げることは，労働時間の減少にもつながり，組織の柔軟性を高め，それは企業の危機管理能力を高めることにもなる．コストの削減にもつながる．さらに，「ファミリーフレンドリー企業」であることは，企業イメージのアップとともに，優秀な人材の確保が可能となる．

　もちろん，個人にとってワーク・ライフ・バランスのとれた働き方は，魅力的である．人は，生涯にわたってさまざまなライフイベントに出会う．確かに，結婚や出産はプライベートなことである．近代家族は，公的領域と私的領域を区別し，切り離すことを特徴としてきた．私的領域に属することを，性別役割分業により女性が担当してきたのが，これまでの家族であった．

　現在，そしてこれからの日本の家族は男女がともに仕事とかかわっていく．そのなかで，家族や本人のライフイベントや，育児・介護なども男女にかかわ

らず対処していかなければならないものである．個人のライフイベントを，仕事をしながら楽しんでいけることがこれからの生き方ではないだろうか．個人の仕事以外の時間を充実させ，その時間を趣味に使うこともできるし，知識やスキルアップのために使うこともできる．自分のキャリアを自らデザインすることが期待される現代にあって，豊かな人生を企画することが可能となる．社会や会社が個人の人生を保障してくれない時代にあって，ワーク・ライフ・バランスのとれた生き方は，責任ある個人の育成につながる．

　ワーク・ライフ・バランスということは，アメリカ合衆国において1980年代に取り入れられた考え方である．当時のアメリカ合衆国においては，技術革新，産業構造の変化から新たな労働力への期待が高まった．特に優秀な女性への期待が高まっていた．そこで，働く女性のための保育サービスを中心とした取り組みが，各企業において行われた．当初は，「ワークファミリーバランス」「ファミリーフレンドリープログラム」などといわれた．それが，90年代以降従業員全体の私生活に配慮した取り組みが行われ，それがワーク・ライフ・バランスとなっていった．

　イギリスにおいては，1990年代からの景気拡大にともない，2000年には，ブレア政権のもと「ワークライフバランス・キャンペーン」が行われた．「年齢，人種，性別にかかわらず，誰もが仕事とそれ以外の責任・欲求をうまく調和させられるような生活のリズムを見つけられるように働き方を調整すること」（イギリス貿易産業省）という定義のもと，ワーク・ライフ・バランスが推進された．

　北欧では，女性の社会進出のために，政府が数多くの取り組みをしてきた．父親の育児休暇の取得のための政策や，パパ・クオータ制の導入などにより結果としてワーク・ライフ・バランスのとれた働き方が男女ともにできるようになり，労働生産性の向上につながっている．

　日本における経緯

　日本におけるワーク・ライフ・バランスの導入は，政府主導の形で行われて
きた．日本の家族は，高度経済成長期に夫がサラリーマン，妻は専業主婦，子
ども 2 人という核家族の形態をとる近代家族を形成し，標準世帯といわれるほ
ど多くの家族がこの形であった．日本型雇用は，終身雇用，年功序列，企業別
労働組合を特徴とし，経済成長の要因とされてもいた．その背景には，性別役
割分業による男女の異なる生き方の規範が存在していた．日本における性別役
割分業の歴史は，近代社会への移行とともに始まる．欧米諸国に比べて短期間
に近代化をはからなければならなかった日本社会ではあるが，近代家族の形成
には時間を要した．経済を拡大した日本社会は，「男は仕事，女は家庭」とい
う役割分業を選択し，男性は24時間働ける企業戦士となり，女性は結婚ととも
に専業主婦となり，もっぱら家事・育児を担当することになった．

　1980年代に入り，それまで女性労働力とは若年で短期のものとされていたが，
社会の変化のなかで，女性労働力のあり方への変化ものぞまれるようになって
きた．世界的にも，1975年の国際婦人年，1979年国連総会で採択された「女子
差別撤廃条約」など女性をめぐる環境に変化がおきていた．専業主婦となった
日本の女性たちは，子どもの手がはなれて，再び仕事を始める人がでてきた．
しかし，そこではパートタイムという働き方が女性，企業双方から期待され，
当時の女性の働き方となっていった．

　少子高齢化，人口減少社会を迎えること，女性差別撤廃ののちに男女共同参
画という世界的な流れ，さらには長時間労働による精神的に不安定な状態をか
かえる従業員の存在により，日本政府はワーク・ライフ・バランスという考え
方の導入による新たな展開を想定し，政策案を提出するようになった．

　日本では，1972年に「勤労婦人福祉法」が制定，施行された．1985年には，
「女子差別撤廃条約」を承認し，批准した．同じく1985年に「男女雇用機会均
等法」が成立し，翌年に施行された．この法律は，罰則のないものといわれ，
数多くの項目が努力義務とされたが，同一種における教育訓練，福利厚生，定

年・退職および解雇については女性であることを理由とした差別が禁止され，「総合職」という働き方が女性にも可能となるなど，画期的なものであった．この法律制定のための担当女性たちの懸命な活動は，歴史的に重要なことであった．女性の働き方を変えることにより，会社など外で働いているのは男性である，という前提が崩され始めたのである．

　家事・育児責任を担っている女性が，外で仕事をすることによって，誰がいわゆる生活を支えるのかという問題があらわになってきた．それまで家事・育児に支障がないようにと，パートタイム労働を選択してきた女性たちが，フルタイムの男性と同じ労働条件のもとで働くことになった．「男は仕事，女は仕事も家庭も」という新たな性別役割分業の時代である．

　1999年には，「男女共同参画社会基本法」が成立する．「男女雇用機会均等法」も，何度かの改正が行われ，努力義務であった募集・採用，配置・昇進に関する男女差別は原則禁止となった．このように，仕事も生活も担う女性たちの出現により，働き方を変える必要性が生まれ，男性たちの意識の変化も期待されるようになった．女性たちのみが，仕事か結婚かを選択することへの疑義が，女性のみではなく社会的に認められた．そこで仕事と生活のバランスについても注目されるようになったのである．

　1989年に合計特殊出生率が，1966年ひのえうまの年の戦後最低の出生率1.58を下回り，1.57となったことから「1.57ショック」と騒がれた1990年ころから日本の少子化が社会の問題とされるようになった．戦後の1947年から1949年のベビーブーム以降，日本の出生率は低下していたが，結婚したカップルの子どもの数はほぼ2人で安定していた．子どもの数の減少は，結婚しない人が子どもをもたないためであり，そのような女性の数はそれほどは増加しない，という当時の判断が働いていた．しかし，出生率の低下は止まらず，「1.57ショック」という形で少子化が取り上げられるようになった．

　仕事と子育てを両立できる環境をつくることが，少子化の歯止めになると考えた国は，1992年の育児休業法の施行により，休業中の経済的支援の仕組みや，

育児休業利用者の不利益取り扱いの禁止などを規定した．1994年には，「今後の子育て支援のための施策の基本的方向について」（通称エンゼルプラン）がまとめられ，5年後には，「少子化対策推進基本方針」のもと「重点的に推進すべき少子化対策の具体的実施計画について」（新エンゼルプラン）が策定された．この新エンゼルプランにおいて，仕事と子育て両立の負担感や子育ての負担感の緩和・除去のための内容が盛り込まれた．ここに，仕事と子育ての両立というワーク・ライフ・バランスの視点が打ち出されたのである．

　2017年，「働き方改革実行計画」では，日本経済の再生のためには，働く人一人ひとりがより良い将来の展望を持ち得るようにすることが必要であるとし，働く人の視点にたって，労働制度の抜本的改革を行い，働き方改革を実行するという．これまでの日本社会における働き方は，長時間労働をはじめとし，健康な成人男子を働く人と想定していた．今後，生産労働人口の減少に伴い，女性，高齢者あるいは外国人が働くことが必要となる．

　現代社会においては，生き方の多様化が可能であり，ライフスタイルやライフステージの変化に合わせた働き方を選択できることが必要である．しかしそれは「一億総活躍」しないと，社会を維持，発展させていくことがむずかしいことを意味しているのではないか．その際に，個人が自らの仕事と生活のバランスを考え，ライフプランを作っていくことが必要となる．

✐　家族の現在

　第2次世界大戦後，日本の家族は核家族を理念とし，世代を超えて永続することを原理とした「家」制度が廃止された．家族は，夫婦関係を中心的な関係性とし，その夫婦の世代限りで次世代へと継続するものではなくなった．社会の工業化に伴い，土地と家族との結びつきは薄れ，高度経済成長期にはいわゆる近代家族が大多数となった．その核家族は，夫婦と未婚の子どもたちという形態であり，さらには性別役割分業に基づきサラリーマンと専業主婦と子どもという構成であった．

　しかし，1990年代になると，核家族に分類される家族に多様性が見られるようになってきた．1995年からの核家族率は，2010年には単独世帯の増加により59.8％と減少がみられるが，1995年の58.9％から大きな変化はない．しかし，夫婦と未婚の子どもからなる世帯は，1995年には35.3％，2001年には32.6％，2005年には31.1％，そして2010年には30.7％へと減少している．一方で，夫婦のみの世帯は，1995年の18.4％から2010年には22.6％へと増加している．ひとり親と未婚の子どもの世帯は，2010年には6.5％，2016年7.3％である．つまり，現在の日本の家族は核家族が半数以上とはいうものの，夫婦と子ども2人の家族は決して圧倒的多数ではないということである．

　家族を形成する結婚についても，変化が起きている．平均初婚年齢は，男女ともに上昇し，特に1980年からの上昇は著しい．1975年には，男性27.0歳，女性24.7歳だったものが，2015年には男性31.1歳，女性29.4歳となっている．婚姻件数は，1972年に最高の婚姻件数を記録し，その前後5年間は100万組の婚姻が成立していた．2015年には，婚姻件数は635,156組，婚姻率（人口千人当たりの婚姻件数）は戦後最低の5.1となった．

　未婚率も上昇し，2015年には，25歳から29歳の未婚率は，男性72.7％，女性は61.3％，30歳から34歳では男性47.1％，女性34.6％，35歳から39歳でも男性35.0％，女性23.9％と高い数値である．50歳時点での未婚割合も上昇しており，2015年では男性23.4％，女性14.1％となっている．2010年の国勢調査の結果をもとにした推計では，2035年には50歳時の未婚率は，男性29.0％，女性19.2％とされている．

　日本社会における未婚化・非婚化の傾向は，その理由については「結婚しなくてもよい」「必要がない」という自発的な未婚も存在している．性別役割分業社会にあっては，男女ともに結婚することが必要であったが，結婚が選択肢のひとつになったという点も指摘できる．「非自発的未婚」といわれる自分の意思に反して結婚しない，できない場合も考えられる．2008年の世界青年意識調査によると，「結婚した方がよい」と回答した日本の若者は54.4％存在する．

　日本社会の未婚化は，出生率の低下を直接的にまねく．欧米社会とは異なり，婚姻外での出産がきわめて少ない日本では，婚姻内で出産がほとんど行われている．1990年以降，日本社会は少子化に悩んできた．むしろ，少子化が本当に困ったことなのか，あるいは少子化が誰にとって問題なのかについての議論より，人口バランスや労働人口などの点から少子化は問題である，という前提にたっている．確かに，人口が減少していくことはさまざまなインフラや制度の維持を困難にしていく．

　原因，理由はともかく，現在日本では子どもが少なくなっているのは事実である．夫婦の完結出生児数（結婚持続期間が15年から19年の夫婦の平均出生子ども数）は，第2次世界大戦後のベビーブームを経て減少し，1970年代から2002年までは2.2人前後で安定的に推移していたが，2005年から減少傾向となり，2015年には1.94人と過去最低となった．非婚の女性が子どもを産まないだけでなく，結婚しても子どもをもたない夫婦が増加し，あるいは子どもを1人しかもたない夫婦も多い．未婚化・非婚化・晩婚化による出生数の低下，夫婦の出生児数の減少と複数の要因からの少子化が進んでいるのである．

　未婚の理由として，経済的なことが考えられている．非正規雇用者の未婚率が，正社員のそれよりも高いことが指摘される．非正規雇用とは，ほぼ正社員を意味する正規雇用（典型雇用）に対して，その対語として用いられる．総務省の2013年「労働力調査」からみると，正規雇用とされる正規の職員・従業員は役員を除く雇用者の63.4％とされ，残りの36.6％を非正規雇用とみることができる．非正規雇用者が，雇用者の3分の1以上を占めているのが実態である．そして，男性の非正規雇用者の未婚率は，年齢を経ても高い水準にある．

　非正規雇用といっても，パートタイマーやアルバイト，派遣労働者，契約社員などその形態は多岐にわたっており，働き方もさまざまである．現在でも，非正規雇用者の68.0％を女性が占めている．日本の女性の就労形態の特徴とされるM字型就労にみられるように，高度経済成長期には，女性たちは結婚により仕事をやめることが一般的であった．しかし，その後「再就職型」といわれ

る専業主婦になり，子どもの手が離れるようになると再び仕事を始める働き方を女性たちがするようになった．そのときの働き方が，パートタイム労働であった．家事・育児責任をもつ主婦たちが，それらに支障のない範囲で働き，企業側は忙しい時にのみ雇用する調節可能な労働力として，お互いに利害の一致する働き方であった．さらに，主婦である女性たちは，仮にパートを辞めても失業者とは数えられず，日本の失業率を上げることにはならなかった．夫の扶養家族である女性たちは，税制の面でも扶養家族である限り別扱いされ，女性にとってパートタイム労働は主たる働き方となっていき，それは女性と仕事のあり方として理想とされていた．

　非正規雇用の働き方は，元来扶養家族である女性特有のものであった．夫という主たる稼ぎ手がいて，その上での非正規雇用であったから，収入の点でもあくまでも補助的な程度で十分だったのである．しかし，産業構造の変化に伴うサービス産業の増加により，人手の必要な時期とそうでない時期の存在や，熟練の能力がそれほど必要とされない働き方が増えてきた．そして，バブル崩壊後の景気の低迷を迎えた日本社会で，企業側は人件費の抑制のために非正規雇用者を雇うことにより，経営健全化を図ったのである．

　結果，女性のみではなく男性，とくに若年の男性が非正規雇用者となっていったのである．加えて日本のように正規雇用者に対して解雇規制の強い国では，有期雇用の非正規雇用者の割合が高まる傾向にある．非正規雇用の立場では，結婚して子どもをもつという将来像が描きにくいのが日本の現状である．生涯賃金についても，やはり非正規雇用者は低い．

　女性の働き方にも変化が起きている．M字型の谷は浅くなり，女性の理想とする仕事とのかかわり方は「再就職型」から「両立型」へと変化している．女性たちは，仕事を生涯続けることを願っており，可能な限り継続した働き方を望んでいる．しかし，日本における女性労働の実態は，管理職に女性が占める割合，国会議員の数などから算出されるジェンダー・ギャップ指数では，2017年に世界144カ国中114位という状況である．女性たちが望むような働き方は，

まだまだむずかしいのが現状である.

✐　働き方と家族

　少子高齢化，人口減少のなかで女性の労働力を日本社会が必要としている.
労働力不足と同時に国家の収入である税金の問題でも，女性たちが貢献するべ
き時代である.　また，個人のレベルでも男女ともに女性が仕事を続けることは
多数の人から肯定的にとらえられている.　男性の収入が年齢とともに上昇する
ことは考えにくい状況のなか，豊かな暮らしのための女性の収入への期待は大
きい.　女性が働くことは，現在の日本社会においてはあらゆる角度から必要と
され，男性のみが働き，家族には専業主婦がいるという前提は成り立たない.

　産業構造が変化し，ますますサービス業中心の情報社会が進行している.　さ
らには，グローバール化された社会にあって，今後の国民国家のあり方は未だ方
向性が定まっているとはいえないが，少なくとも経済環境においては国内のみ
で完結することなどできない状況である.　性別による職域分離が行われている
ような状況では，優秀な人材の海外への流出も止められないのではないか.

　働く人の性別や年齢が多様化していき高齢者が働くことが積極的に考えられ
るようになっている.　年金受給年齢の上昇など高齢者もさまざまな理由から働
くことを望み，一方では労働力確保の観点から多くの高齢者が働くことを期待
される.　外国人労働者の問題も，受け入れずに生産人口が確保できるか疑問で
あり，2018年には新たな在留資格を設けるなど変化をみせており，現実的には
多くの外国人が日本社会で仕事をしている.　ただし，外国人労働者の受入れの
問題は単純ではない.　労働者の多様化が進むなか，労働者の権利や安全，生活
の確保は，決して単純にはいかない.

　家族も多様化し，何より単独世帯の増加により家族をもたない人が存在する.
これまで家族が担うとされてきた子育て，介護，病気の看護，家事にいたるも
のが外部化されているが，それでも日本社会では，家族の存在を前提とした制
度やルールが多い.　家族をもたない人，あるいは家族はいてもかかわりをもた

ない人が今後さらに増加していくと考えられる．家族が幸せを保障するのかという疑問など，生き方そのものが多様化しているのである．

　しかし，近代家族が終焉を迎え，女性も生涯にわたって仕事とかかわりをもつ時代であることは現実である．今や家族をつくるということは，「共働き」になることである．理由や目的は，それぞれ異なっていても夫婦が共に仕事をもっていることを前提に，働き方を考えていく必要がある．それは，むしろ男性の働き方を変えていく必要性を強く意味している．

　家事・育児は，時間と労力を必要とし，さらにはスキルが必要である．男性も女性もスキルを磨き，ときには外部委託することも必要である．生き方の多様化が進むことは，働き方の多様化も進んでよいはずであり，正規雇用のみがよい生き方につながるとは限らない時代になっている．さらに家族の多様化が進んでいくなか，一人ひとりが生き方を選択し，働き方を選択しなければならない．さらには，社会保障も必要となる．画一化はむずかしく，多様な社会では個人と社会の関係も多様となる．自らの責任で，ワーク・ライフ・バランスをうまくとっていくことである．

📖 参考文献

岩間暁子（2008）『女性の就業と家族のゆくえ―格差社会のなかの変容』東京大学出版会

木本喜美子・深澤和子編（2000）『現代日本の女性労働とジェンダー』ミネルヴァ書房

小室淑恵（2012）『実践　ワークライフバランス』日本能率協会マネジメントセンター

小杉礼子（2010）『若者と初期キャリア―「非典型」からの出発のために』勁草書房

森岡孝二（2013）『過労死は何を告発しているか―現代日本の企業と労働』岩波書店

大沢真知子（2006）『ワークライフバランス社会へ』岩波書店

――――（2008）『ワークライフシナジー』岩波書店

佐藤博樹・武石恵美子（2010）『職場のワーク・ライフ・バランス』日本経済新聞

出版社

佐藤博樹・永井暁子・三輪哲（2010）『結婚の壁―非婚・晩婚の構造』勁草書房

筒井淳也（2008）『親密性の社会学―縮小する家族のゆくえ』世界思想社

――――（2015）『仕事と家族』中公新書

上野千鶴子（2011）『ケアの社会学―当事者主権の福祉社会へ』太田出版

山崎史郎（2017）『人口減少と社会保障』中公新書

第10章　ドメスティック・バイオレンスと家族

配偶者からの暴力の防止及び被害者の保護等に関する法律

前文

　我が国においては，日本国憲法に個人の尊重と法の下の平等がうたわれ，人権の擁護と男女平等の実現に向けた取組が行われている.

　ところが，配偶者からの暴力は，犯罪となる行為をも含む重大な人権侵害であるにもかかわらず，被害者の救済が必ずしも十分に行われてこなかった. また，配偶者からの暴力の被害者は，多くの場合女性であり，経済的自立が困難である女性に対して配偶者が暴力を加えることは，個人の尊厳を害し，男女平等の実現の妨げとなっている.

　このような状況を改善し，人権の擁護と男女平等の実現を図るためには，配偶者からの暴力を防止し，被害者を保護するための施策を講ずることが必要である. このことは，女性に対する暴力を根絶しようと努めている国際社会における取組にも沿うものである.

　ここに，配偶者からの暴力に係る通報，相談，保護，自立支援等の体制を整備することにより，配偶者からの暴力の防止及び被害者の保護を図るため，この法律を制定する.

　このように同法の前文では，暴力の被害者は多くの場合女性であり，配偶者からの暴力が，犯罪となる行為をも含む重大な人権侵害であるとともに，個人の尊厳を害し，男女平等の実現の妨げになることを明記している.

(撮影：加藤朋江)

🗝 キーターム

ジェンダー（gender）　一般的に，文化的・社会的に作られた性別（たとえば，女らしさ・男らしさなど）を意味する．セックスが男女の生物学的・解剖学的性を示すのに対し，ジェンダーは既存の文化や社会において身体的に男性か女性に一致させようとする感情的，心理的属性を示す（タトル，1998：140）．

女性に対する暴力（violence against women）　1993年「女性に対する暴力の撤廃に関する宣言」（国連第48回総会）では，女性に対する暴力とは「肉体的，精神的，性的又は心理的損害又は苦痛が結果的に生じるかもしくは生じるであろう<u>ジェンダーに基づくあらゆる暴力行為</u>（gender based violence）であり」，「公的生活，私的生活のいずれで起こるものであっても，かかる行為を行うという脅迫，強制又は自由の恣意的な剥奪を含むもの」と定義された．

配偶者からの暴力の防止及び被害者の保護等に関する法律　2001年成立．もともとは，国際的な課題である「女性に対する暴力 violence against women」撤廃を目指した法案であるが，成立の過程で暴力の対象はジェンダー中立的な「配偶者間暴力」となった．しかし，同法においては「女性に対する暴力」は軽視されるべきものではなく「犯罪となる行為をも含む重大な人権侵害」であることが明示され，国や地方自治体にドメスティック・バイオレンス防止及び被害者の安全確保責任を課したこと，加害者に対する罰則付きの保護命令制度が盛り込まれたことなど，大きな意義をもっている．

✒ ドメスティック・バイオレンスからみえる家族

　結婚してそんなにたってないと思うんですけど，げんこつでぶたれたりとか，蹴られたりとか，あと髪の毛をがーっとつかんでという感じとか……が多かったかな．突き飛ばされるとか．

　夫から激しい暴力を振るわれた経験をもつ，ある女性の語りである．この女性のように，多数の女性が夫や恋人など「親密な関係にある（あった）男性」によって，生命を脅かされ，身心を傷つけられている．2001年に「配偶者からの暴力の防止及び被害者の保護等に関する法律」（以下，DV法と略）が制定されたが，暴力被害は依然として存在している．たとえば内閣府の調査では，調査に回答した女性のうち，過去１年間に受けた暴力被害経験（身体的暴行，心理的攻撃，経済的圧迫，性的強要含む）は37％にも上っている（内閣府，2015）．また2016年度に，全国の「配偶者暴力相談支援センター」（総計272カ所）には，104,716件もの女性からの暴力に関する相談が寄せられている（内閣府，2017）．こうした親密な関係にある（あった）男性から女性に対する暴力（ドメスティック・バイオレンス：Domestic Violence，以下DV）は，女性の生命や生活を危機に陥れる．

　一体，DVとはどのような状況であり，どのような問題なのだろうか．本章では，DVとそこからみえる家族について理解を深めていくこととしよう．

　本章で紹介している被害者の言葉や状況は，『千葉県委託調査　女性への暴力実態調査（面接調査編）』（高井・堀，2004）及び『緊急保護室10年の検証—かながわ女性センターの試み』（神奈川県立かながわ女性センター，1993）による．なお，使用にあたっては，読みやすさなどを勘案し，若干の修正を加えている．

「ドメスティック・バイオレンス」の社会問題化とその意味　はじめに，「ドメスティック・バイオレンス」という用語が使用されるようになった経緯とその意味を確認しておこう．

　DVは，長らく「見えない問題」とされていた．しかし，いつの時代にも，世界の各地で「親密な関係にある（あった）男性から女性に対する暴力」は生じていた．たとえば，イギリスではコモン・ローにおいて，夫は「自分の親指より太くないムチだったら妻を叩いてもよい」とする「親指の原則」が承認されていた（戒能，2002：26）．また，日本においても，明治生まれの政治家，故市川房枝は，その自伝のなかで「女に生まれたのが因果だから」と父から「げんこつで，いや，ときには薪ざっぽでなぐられながら，じっと我慢していた母」の姿を述懐している（市川，1974：2）．後述するが，このように夫や恋人など親密な関係にある（あった）男性からの暴力は，「女性であるが故に」我慢すべき事柄とされたり，「女性に非がある」とされたりしてきた．あるいは，「よくある」夫婦げんかとみなされ，「たいした事柄ではない」と軽視されてきた．その背景には，男性と女性で異なる，社会におけるダブルスタンダード（二重基準）なジェンダー規範の存在がある．そこでは，男性の暴力は「男らしさ」の表れと容認される一方で，女性は従順であることが求められているため，「暴力を振るわれるようなことをしたため制裁されても仕方がない」と非難される．こうしたジェンダー規範が貫徹した社会においては，女性に対する暴力は個人的な問題であり，社会的な対応が必要な問題として捉えられてこなかったのである．

　この問題を発見し，社会問題として顕在化させたのは，第二波フェミニズム思想の影響を受けた女性運動である．具体的には，1970年代にアメリカに登場したバタード・ウイメンズ・ムーブメント（Battered Women's Movement：BW運動「暴力をふるわれた女性たちの運動」）が，DVを構造的な社会問題として捉えなおした．この運動にかかわった女性たち（夫や恋人から暴力を受けた女性，および支持者）は，社会における男女の不平等な力関係が私的領域での暴力を容認していることを明らかにした．そして，「自らの経験と問題意識を反映することばとして『ドメスティック・バイオレンス』という語を選」び，使用した（吉浜，1995：55）．つまり，従来，個人的な問題と考えられてきたDVを，

男性優位社会における支配／被支配といった力関係に基づく構造的な問題であると定義し直したのである.

　こうしたフェミニスト・当事者たちによる運動や, 国連による「女性に対する暴力撤廃」への取り組みの影響などを受け, 日本においても1990年代以降,「DV」という用語が広まるようになった. その端緒となったのが, 1992年に「夫（恋人）からの暴力調査研究会」が実施した, 日本で最初のDVに関するアンケート調査である. 同調査は,「夫」や「恋人」が深刻な身体的暴力の加害者であることを明らかにした. さらに, 加害男性は「教育レベルや収入の高低, 職業の有無や種類にかかわらず多様」であり,「教育レベル, 収入の高低, 職業の有無や種類」にかかわらず, あらゆる年齢の女性が被害にあっていることを報告した（「夫（恋人）からの暴力」調査研究会, 1998：10）. これ以後, さまざまな実態調査が蓄積され, 被害当事者からの声, 被害者支援組織による運動の展開やメディアの報道などによって, DVは社会的な対応が必要な問題として認識されていった.

　ドメスティック・バイオレンスの意味　上述したように, DVは,「女性に対する暴力」の撤廃を求める運動のなかで, 使用された言葉であり, そもそものDVの意味とは, ジェンダー不平等な社会構造を背景に,（元）夫,（元）恋人など私的領域において, 親密な関係にある（あった）男性から女性に対して行使される暴力を指している. 端的に言うと「DV」は, 私的領域における男性から女性に対する暴力という, 暴力の方向性を重視している.「女性に対する暴力の撤廃に関する宣言」においても, 女性に対する暴力は, 個人的な問題ではなく「男女間の歴史的に不平等な力関係」を基盤にした「社会構造」に基づく問題であると明記している. そしてこうした暴力は,「女性を男性に比べ従属的な地位に強いる重要な社会機構の一つ」であるとして, 女性を支配・統制する手段であることを明確にしている.

　他方で, 社会学者であるストロース（Straus）やゲルス（Gelles）らはアメリカで実施した調査から,「妻による暴力」や「児童虐待」など, 家族内には

「夫による暴力」以外にも，多様な形態の暴力が存在することを報告した（ストロース，ゲルス，スタインメッツ，1981）．これらの調査結果は，暴力のジェンダー中立性を強調することとなり，こうした立場からは「ファミリー・バイオレンス（Family Violence：FV）」といった用語が使用される．そこでは，暴力の方向性は双方向であり―妻から夫，夫から妻，子どもから親，親から子どもなど―，家族内のすべてのメンバーが暴力に関係していることが強調される．さらに，アメリカでの公式報告書・文書などでは，「インティメート・パートナー・バイオレンス（Intimate Partner Violence：IPV）」といった用語が使用されているが，この語は「親密な間柄にある者同士の暴力」という意味であり，被害者・加害者の性別を限定しない，ジェンダー中立的な用語である（熊谷，2005：4）．

　しかし，諸調査の結果をみると，暴力の方向性は圧倒的に「男性から女性」である（Sorenson, 1996：26；ジェイコブソン，ゴットマン，1999；内閣府，2017）．また，男性虐待と女性虐待では，頻度や種類が同等であっても，女性の被害はより深刻であるという（ジェイコブソン，ゴットマン，1999；ゲルス，1981）．ゲルスらの調査は，「女性による暴力」の存在を明らかにしているが，「男性も女性と同じくらい虐待されているという主張は妥当なものではな」く，女性は自己防衛として「防護的反発暴力」―暴力その他の屈辱的な攻撃から防護するために夫を攻撃する―を行使しているとする（ゲルス，1981：115, 117）．さらに，女性が夫や男性パートナーを殺害するのは，たいてい，長年にわたる男性からの暴力に対する結果であるという（ヘイグ，マロス，2009）．つまり，「女性による暴力」が意味するものは，DVといった概念がもつ「ジェンダー不平等な力関係のなかで，相手を支配・統制する手段であり，権力的地位を優位に位置づけるためのメカニズム」としての暴力と，多くの場合異なるものである．

✐　ドメスティック・バイオレンスの類型と内容

　成立当初のDV法における保護命令の対象となる暴力とは，「身体に対する不

表10-1　DVの区分と内容

暴力内容の区分	内　　　　　容
身体的暴力	身体に危害を加える行為で，「殴る」「蹴る」などのほか，物を使っての暴力を含む．また「包丁をつきつける」など，身体に危害を加えると脅かす行為も含む．
精神的暴力	「暴言」「無視」「嫌がることをする」などによる，威嚇，強制によってその人の自尊心を傷つける行為をいう．
性的暴力	性的関係を強要するなど，性的に相手を侵害し，その人の身体の安全を脅かす行為をいう．
経済的暴力	収入をわざと入れないなど，金銭の管理によって相手を経済的に支配する行為をいう．
対物暴力	相手の身体に直接の被害は及ぼさないが，周囲の物を破壊することによって打撃を与える行為をいう．

出所）東京都生活文化局女性青少年部女性計画課編集・発行（1998）『「女性に対する暴力」調査報告書』p.75

法な攻撃であって生命又は身体に危害を及ぼすもの」であり，刑法上，暴行罪や傷害罪にあたるような身体的暴力のみを指していた（ただし，刑法上の傷害罪に含まれるような「心的外傷後ストレス障害（PTSD）」を受けた場合には，配偶者からの暴力にあたるとされた）．その後の改正において，身体的暴力に準ずる「心身に有害な影響を及ぼす言動」が加えられ，精神的暴力，性的暴力を含むものに拡大された．しかし，DVの概念には，身体的暴力，精神的暴力，性的暴力以外にも多様な暴力が含まれる．たとえば，東京都が実施した「女性に対する暴力調査」では，暴力の内容について以下のように区分している．

　女性の身体に直接危害を及ぼさなくとも，暴言や無視，威嚇等による「精神的暴力」，物を破壊する等の「対物暴力」，性関係を強要，あるいは避妊に協力しないなど，女性の性的自己決定の侵害である「性的暴力」は，女性の人権を侵害する行為である．さらに，男性が「主たる稼ぎ手」，女性が「主婦」として家事・育児等の「ケアワーク」を担当する性別役割分業に則った家族の下では，女性は経済力を夫に依存せざるを得ない．そのため，「収入をわざと入れ

図10-1　パワーとコントロールの車輪

出所）「夫（恋人）からの暴力」調査研究会（1998）『ドメスティック・
　　バイオレンス　夫・恋人からの暴力をなくすために』有斐閣，p.15

ない」といった経済封鎖は，「貯金を勝手に使う，外で働くことを妨害する」
などとともに経済的側面からの女性支配である．「身体的暴力」は，見えやす
い暴力である．しかし，生活のさまざまな側面において女性を貶め，抑圧し，
自尊心を侵害するなど，支配・統制しようとするすべてが「女性に対する人権
侵害」であり，暴力である．

　こうしたDVの本質を示しているのが，「パワーとコントロール」の図である
（図10-1）．この図は，車輪の内側にある「心理的暴力」や「経済的暴力」「性
的暴力」「子どもを利用した暴力」「強要，脅迫，威嚇」「男性の特権をふりか
ざす」「過小評価，否認，責任転嫁」「社会的隔離」が，外輪部分＝「身体的暴
力」を支え，中央の車軸＝「パワーとコントロール」（＝男性権力）を回転さ
せる動力となっていることをあらわしている．身体的暴力とそれ以外の暴力は，
互いに関連し，男性のパワーを強化する（「夫（恋人）からの暴力」調査研究会，
1998：14-18）．この図は，多様な暴力によって，男性のパワー（力＝権力，経
済力等）が強化され，女性のコントロール（支配）が強化されていることを表

現している．つまりDVは，私的領域において女性を支配・統制する手段であり，男性の権力的地位を優位に位置づけるためのメカニズムであることを示している．

ドメスティック・バイオレンスからみえる家族

女性に「我慢」を強いるもの—「ケア役割」の内面化　ある女性は，たびたび暴力を振るわれ，身体的，精神的に傷つけられていたにもかかわらず，

> 「男の人はそういうものなのかな．しょうがないのかなと思っていた」
> 「ちゃんと向き合って話をすれば，いつかはわかってくれるんじゃないかと思っていたので，自分が我慢すればいいんだ」

と考えていたという．

　このように，暴力を「我慢すべきもの」とみる見方は，女性自身に内面化され，また社会的にも根強いものとなっている．内閣府の調査でも（内閣府，2015），暴力被害について誰にも相談しなかった理由には，「相談するほどのことではないと思った」（47%），「自分にも悪いところがあると思った」（32.2%），「自分さえ何とかがまんすれば，このままやっていけると思ったから」（21.5%）などがある．「自分が悪いから，自分が我慢すれば」と，女性たちに「我慢」を強いるものとは何か，DV被害女性たちの経験から考えてみることにしたい．その前に，まず女性たちが近代家族の下で内面化している「ケア役割」について理解しておこう．

　近代家族の特徴として，落合は「家族員の強い情緒的絆」や「男性は公的領域，女性は私的領域を担うという性別役割分業」等をあげている（落合，1998：18）．「公的領域」を担うということは主たる「稼ぎ手」であること，「私的領域」を担うということは，家庭で主婦として，「ケア役割」を果たすことである．キテイ（Kittay）が，「女は家庭内でケア役割を引き受けるという期待のも

とに人格を形成」し，「家庭外での女性の経済的現実と，家庭内での役割の大部分をかたちづくる」（キテイ，2010：78）と指摘しているように，女性は子どもの頃から，将来「ケア役割」を果たす存在となることを学んでいく．

　内藤は，ケア役割を具体的に以下のように説明している．「ケア役割」とは，女性に期待されてきた「女性役割」であり，「家庭内のケアワークを中心とする社会の私的領域を担うことと，それに見合う資質」である（内藤，1994：79）．そして，「ケア役割」の特質として，① 女性だけに役割が賦され，② 担い手（女性）の主体性を放棄させ，③「愛情」という名の下に役割が課されることを指摘している（内藤，1994：80-86）．

　① の女性だけにケア役割が賦されるということを言い換えれば，「ケア役割」とは，「女性が担うものである」というジェンダー規範として強制，固定化されているものといえる．その結果，そこからはずれた女性には，「女らしくない」「母親失格」など，ジェンダー規範から逸脱した女性としてのスティグマがラベリングされることになる．

　② 担い手の主体性の放棄とは，女性が「ケア役割」を内面化することで，自分自身の欲求，意志，感情より，ケアを受ける他者（夫など，家族メンバー）の欲求を優先させることから生じる．ケア役割にふさわしい行動様式，態度をとっていくことで，自らの主体性が奪われていくことを指している．いわゆる「自分がなくなってしまう」などと表現されることもある．「愛情」はその動機づけとなり，他人の欲求と自分自身の欲求の不一致という矛盾を正当化する．

　そして，③ 愛情という名の下に役割が課されているとは，「ケア役割」が親密さの表現手段になっていることを意味する．言い換えると，女性（妻）が男性（夫）の世話をすることは，愛情の証とされるのである．簡単にいうと，相手へのケアが，愛情を測る物差しとなってしまう．このように，「ケア役割」を果たす女性には，愛情をもって，自発的に，家族の世話をし，家族内のトラブルを調整することが期待されている．そして，「近代家族」では，女性役割として「ケア役割」が強制されているのである．

　上述した女性の語りを思い出してみよう．彼女は，「暴力」を振るわれることに対して，「男の人はそういうもの」だから，「しょうがない」ととらえていた．そこには，男性というのは暴力的であるという，ジェンダー観がうかがえ，そして，自分が「我慢」することにより，ケアの受け手である夫の欲求を優先する，すなわちケア役割を果たすことで家庭内のトラブルである「暴力」を解決しようとしていた．

　また，別の女性たちからは，病気や障害を抱えた夫に対して，

「彼をなんとかしてあげないと」
「相手はつらい思いをしているから，受け止めてあげられるのは，私しかいないんだから」

との思いで，暴力に耐えていたという声がきかれた．彼女たちの語りからは，男性に献身することや，受け止めることによって暴力を解決しようとする努力が見られる．女性たちは，暴力を夫のつらい感情の発露ととらえ，自分の感情を抑え，夫の心情を受け止めようとしていた．つまり，自分自身の欲求，意思，感情より，「ケア役割」の内面化によってケアを受ける夫の欲求を優先させている．

　夫から「髪の毛をつかまれて，階段を引きずられる」など，激しい暴力を振るわれていたある女性は，その当時の思いを，次のように語っていた．

「2回目の結婚だから，どうにかして幸せな家庭を築きたいというのが．もう親の手前もあるし，子どもにやっと父親ができたっていうのがあったんで（略）子どもにだけは手を上げない人だったんで，私がなんとかこの人を変えてあげようと思って」

　彼女は，「幸せな家庭を築きたい」，子どものために両親揃った家族にしたい

という思いから，激しい暴力を我慢していた．そこからは，両親揃った家族を理想とする家族観が垣間見られる．

　これらの語りから，女性たちは，暴力に耐え，自分が努力することで，夫を変えようとし，家族を守ろうとしていたことが読み取れる．そこからは，女性たちが結婚や家族に対する責任を強く感じている様子を読みとることができる．つまり，「ケア役割」を内面化し，家族のトラブルである暴力問題を何とか解決しようと，必死に努力する女性たちの姿がうかびあがる．そして，その背景には，両親揃った家族をモデルとする家族観を見ることができる．

　周囲による「ケア役割」の強制　暴力被害を経験した多くの女性たちは，女性側および男性側の家族・親族などから暴力を我慢し，容認するよう求められていた．

「もうちょっとわがままを聞いてやればいいのに」
「あなたはちょっとかわいくないのよね．そういうことがあるから，うちの子がそういうように言うのも当たり前よ」
「どこの家だってあることだから，我慢しなさい．そんなことで，別れるだなんて考えていたら，身がもたないわよ」
「奥さんに暴力を振るうぐらい，別にどうってことないだろう」

　これらから見えるのは，妻に問題があるから夫が暴力を振るうという，妻に責任を押しつける見方である．こうした見方は，妻は夫のわがままを受け入れ，従うべきである，という「ケア役割」を強制し，家庭内の力関係の不平等を支持するものである．さらに，女性が暴力を振るわれるのは「わがままを聞いてやらない」「かわいくない」からであるとして非難され，一方で，男性の暴力は「どうってことない」として許容している．その背景には，暴力に対するダブルスタンダードなジェンダー規範がうかがえる．

　男性の状況から見える性別役割分業観　女性が暴力を振るわれたきっかけは

多様であるが，そうした状況の一端から，男性が内面化している性別役割分業観が浮き彫りになる．ある女性は，結婚した当初から，暴力を振るわれていたが，夫の暴力の激化を，次のように語っていた．

「病気をしたんですね，相手が．で，仕事を休職になって（略）．病院には，とてもいい患者さんを演じていたのだけれど，私のほうにみんな当たってきちゃって．今までの会話と同じようにしていても，働いていなくて収入がないから，何となく引け目というのか，私の方は感じていないんですけど，ちょっとした言葉で（私が）思い通りにならないとか，馬鹿にされていると思い込んじゃって，だんだん暴力がエスカレートしてきたんですね」

稼ぎ手として男性役割を果たせない劣等感，そのストレスのはけ口を女性に向ける夫の姿がうかがえる．

また，家事等のケア役割が，夫の希望に添っていなかったことから暴力を振るわれた経験を語った女性もいる．

「結婚してすぐの時に，ご飯の炊き方が．柔らかいのが好きとか硬いのが好きとかあるじゃないですか．こんな柔らかいご飯を食べられない，といってお釜をこう取って，投げつけられた」
「仕事が，7，8時と遅くなることで，夫に『家庭の事をあまりかまわない』ととがめられ，口論が絶えなくなり，殴る蹴るの暴力を振るわれるようになった」

これらの夫は，自分の望む通りのケアワークを行う「理想の妻」であることを，暴力によって女性に強制しようとしている．

もちろん，男性が暴力を振るう原因やきっかけは多様であるが，紹介したようないくつかの例からは，男性が自らに内面化している性別役割分業を果たせ

ないとき―たとえば，「稼ぎ手」になれないとき―，あるいは女性がそれを果たせない・果たさないとき―たとえば，理想とする「ケアワーク」を担わないとき―，その葛藤は「暴力」に形を変え，女性に向けられていることがうかがえる．つまり，夫に内在する性別役割分業観が，男性による「女性の支配」を助長し，暴力を振るうきっかけのひとつとなっていると見ることができる．

✐ 家族における愛情と暴力

　もし，女性が家の外で見知らぬ男性から暴力を振るわれたら，「許されないこと」「犯罪である」との認識に異論を唱える人はいないだろう．一方で，近代家族は情緒的絆―愛情によって結ばれ，メンバーの行為は愛情によって自発的に動機づけられると考えられてきたにもかかわらず，そもそも，私的領域における暴力は，なぜ容認されてきたのだろうか．その一因は，まさにこうした「家族は愛情で結ばれるべきである」という価値観にあるといえよう．愛情で結ばれた家族内で「存在しないはずの暴力」を隠すために，「たいしたことない」「どこにでもあるもの」「我慢」すべきものとされる．さらに，暴力が容認される理由のひとつは，親密な関係にある男性は，女性を支配・統制してもよい（するべきである）という社会を貫徹しているダブルスタンダードなジェンダー規範の存在にある．

　オーキン（Okin）は，現在の結婚と家族は，「正義に適った制度ではない」ことを主張している．なぜなら，結婚と家族は社会におけるジェンダーシステムの中軸にあり，女性を依存と搾取と虐待に晒し，その立場を脆弱にしているためである（オーキン，2013：223）．そして，家族を正義に適ったものにするためには，家族内の性別分業の不均衡な権力に基づく，社会的に作られた女性の脆弱性の問題に取り組まなければならないと述べる（オーキン，2013：274）．DV法の成立によって，被害者支援や自立支援は整備されつつある．しかし，DVを防止していくためには，女性が自立して生活しにくい社会のあり方や，性別役割分業（観）を変革していくための取り組みを進めること，すなわち，

不平等なジェンダー構造やダブルスタンダードな規範に基づかない家族，社会のあり方が求められるのではないだろうか．

📖 引用・参考文献

ゲルス，J. リチャード（森俊一郎訳）(1981)「夫虐待」『現代のエスプリ　家庭と暴力』No.166，至文堂，113-119

ヘイグ，ジル・マロス，エレン（堤かなめ監訳）(2009)『ドメスティック・バイオレンス―イギリスの反DV運動と社会政策』明石書店

市川房枝 (1974)『市川房枝自伝　戦前編』新宿書房

ジェイコブソン，ニール・ゴットマン，ジョン（戸田律子訳）(1999)『夫が妻に暴力をふるうとき―ドメスティック・バイオレンスの真実』講談社

戒能民江 (2002)『ドメスティック・バイオレンス』不磨書房

―――― (2003)「ドメスティック・バイオレンス」『ジュリスト　特集ジェンダーと法』No.1237，有斐閣

神奈川県立かながわ女性センター (1993)『緊急保護室10年の検証―かながわ女性センターの試み』

キテイ，F. エヴァ（岡野八代・牟田和恵監訳）(2010)『愛の労働あるいは依存とケアの正義論』白澤社

厚生労働省子ども家庭局 (2017)「全国ひとり親世帯等調査結果報告」

熊谷文枝 (2005)『アメリカの家庭内暴力と虐待―社会学的視点でひもとく人間関係』ミネルヴァ書房

内閣府男女共同参画局 (2015)「男女間における暴力に関する調査」

―――― (2017)「配偶者暴力相談支援センターにおける配偶者からの暴力が関係する相談件数等の結果について（平成28年度分）」

内藤和美 (1994)『女性学を学ぶ』三一書房

「夫（恋人）からの暴力」調査研究会 (1998)『ドメスティック・バイオレンス　夫・恋人からの暴力をなくすために』有斐閣

落合恵美子 (1998)『近代家族とフェミニズム』勁草書房

オーキン，M. スーザン（山根純佳・内藤準・久保田裕之訳）(2013)『正義・ジェンダー・家族』岩波書店

Sorenson, S. B. (1996) "Nature and Scope of Violence against Women" in Crowell, N. A. & W. Burgess. (eds.) *Understanding Violence against Women*, National Academy Press.

ストロース，A. M.，ゲルス，J. R.，スタインメッツ，K. S.（小中陽太郎訳）(1981)『閉ざされた扉のかげで―家族間の愛と暴力』新評論

高井葉子 (2003)「ドメスティック・バイオレンスと夫婦関係」土屋葉編『これか

らの家族関係学』角川書店
高井葉子・堀千鶴子（2004）『平成13年度「女性への暴力実態調査」（面接調査編）』
　　千葉県DV研究会
辻由希（2012）『家族主義福祉レジームの再編とジェンダー政治』ミネルヴァ書房
タトル，リサ（渡辺和子監訳）（1998）『新版　フェミニズム事典』明石書店
吉浜美恵子（1995）「アメリカにおけるドメスティック・バイオレンスへの取り組
　　み—The Battered Women's Movement」『民間女性シェルター調査報告書Ⅱ　ア
　　メリカ調査編』横浜市女性協会

第11章　ひとり親家族の生活困難

「母子福祉法」から「母子及び父子並びに寡婦福祉法」へ

　　ひとり親家族を対象とした福祉法として戦後，初めて制定された
のが「母子福祉法」(1964年)である．同法は，戦前の貧困母子対策，
戦後の未亡人対策をルーツとして成立した．同法は，母子団体から
の陳情や請願，署名などの運動を受け，母子の生活困窮を背景に，「母
子福祉に関する施策を整備し，他の関連諸施策の充実，強化と相ま
って母子福祉施策を推進」(提案趣旨)することを目的としている．
法の対象は，「配偶者と死別した女子で現に婚姻をしていない者及
びこれに準ずる事情にある女子であって，現に二十歳未満の児童を
扶養している者」とされており，「二十歳未満の児童を扶養してい
る母子」に限定されていた．
　　その後，「母子福祉法」は，対象を「寡婦」にも拡大し，1981年
に「母子及び寡婦福祉法」として改正された．そもそも母子福祉法
の成立時から，「二十歳以上の子がいる母子」は施策の対象になら
ないという点で，法の問題点とされていた．法改正によって，子ど
もの年齢にかかわらず，母子家族が法の対象となったが，父子家族
については，対象からはずれていた．
　　しかし，経済的に困窮する父子家族の存在も明らかになり，従来，
母子のみであった福祉資金の貸付について，父子も借りられるよう
「父子福祉資金」制度を創設，「母子自立支援員」を「母子・父子自
立支援員」に改称するなど，父子家族への支援策を拡大した．これ
らにより，2014年に，法律の名称を父子家族も対象とした，「母子
及び父子並びに寡婦福祉法」に改称した．ひとり親家族への支援施
策の充実を図るため，父子家族への支援も拡充されつつある．

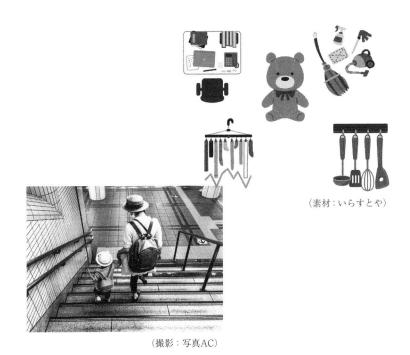

（素材：いらすとや）

（撮影：写真AC）

🔑 キーターム

貧困の女性化　「貧困の女性化」とは，1978年にピアースによって造語された概念である．ピアースは，アメリカにおいて貧困な成人のおよそ3分の2が女性であったことを強調するために，この語を使用した．「貧困の女性化」概念は，ジェンダー視点から貧困問題を把握する必要性を明らかにした（オザワ，1990：228）．

貧困率（相対的貧困率）　1人当たりの可処分所得の上位からも下位からも50％になる中央値の半分を貧困線（2015年122万円）と定め，それより低い層の割合．

✐　ひとり親家族への着目

　少し前になるが，2000年に放映された「NHK連続テレビ小説　私の青空」（主演：田畑智子）では，「未婚の母」である「なずな」とその子ども「太陽」が，母子家族に対する偏見などに直面しながら，地域社会に育まれ，成長していく様子が描かれた．歴史の長い「NHK連続テレビ小説」において，初めて「未婚の母」が取り上げられたという意味でも話題となったドラマである．また，近年では，シングルマザーの厳しい経済状況など，その現実に焦点をあてた「Woman」（主演：満島ひかり，2013年）や「シングルマザーズ」（主演：沢口靖子，2012年）などのドラマが各局で放送されている．

　他方で，シングルファーザーを取り上げたドラマもある．たとえば，2004年には元SMAPの草彅剛主演ドラマ「僕と彼女と彼女の生きる道」が放映された．仕事にしか興味がなく，家庭のことをかえりみない銀行員小柳徹朗（草彅剛）は，ある日，突然妻から離婚を切り出され，妻は幼い一人娘を残し，家を出る．徹朗は，娘を妻の実家に預けようとするが，娘の家庭教師のアドバイスもあり，娘と暮らし続けることを決意する．やがて，徹朗は父親としての自覚をもつようになっていく．主役の草彅剛や，子役の人気もあり，平均視聴率20％を超える人気ドラマとなった．

　現在では，このようにテレビドラマや映画などに，「未婚」や離婚によるシングルマザー，シングルファーザーがしばしば登場するようになった．そのことは，「家族の多様化」の一つとして「ひとり親家族」をとらえる見方を促した．しかし，現実のひとり親家族を取り巻く環境は依然厳しく，特に生別（離婚や非婚）による母子家族は生活困難に直面している．もちろん，母子家族のみならず，父子家族にもさまざまな生活問題が存在している．ここでは「ひとり親家族」の生活困難の一端を素描し，その背景にある近代家族規範を浮き彫りにしたい．その上で，そうした家族規範を問い直す新たな概念を紹介したい．

✐　新たな用語の登場―「ひとり親家族」「非婚」

近年，母子家族，父子家族を表す用語は，新しい言葉に置き換えられている．まず，その意味や経緯について理解しておきたい．

長らく，母子家族や父子家族は，「問題家族」「欠損家族」と位置づけられてきた．つまり，父親を稼ぎ主とし，母親がケアを担当する「両親の揃った家族」が標準モデルとしての「正しい家族」であり，それへの対比として「問題をかかえた家族」「機能の劣った家族」とされてきたのである．

こうした見方を否定したのが，「ひとり親家族」という概念である．1970年代，イギリス保健・社会保障省のもとで組織化された「ワンペアレント・ファミリーに関する委員会」において，初めて「ワンペアレント・ファミリー」という用語が採用された．つまり，「ツーペアレント・ファミリー」との区別として，中立的，客観的な「ワンペアレント・ファミリー」という用語が登場したのである．この用語の登場の意味は，欠損家族というとらえ方を差別として否定し，単に親の数の相違に過ぎないとする価値観の転換である．

日本では，1981年に東京都児童福祉審議会の意見具申「単親家庭の福祉に関する提言」の中で，「ワンペアレント・ファミリー」の訳として「単親家庭」という用語が使用された．以後，各自治体においても使用されるようになったが，「単親」は「単身」と混同されやすいため，「ひとり親」という用語を使用するようになった．このような用語の登場は，「ひとり親」を家族形態の一つとして捉える見方を促進していった．

さらに，「未婚」という言葉に代わって，「非婚」という用語が定着しつつある．「未婚」という言葉は「未だ結婚せず（いずれは，結婚するべき）」という価値観をはらんでいる．一方，非婚という言葉には，「あえて結婚せず」という当事者の選択が暗示されている．すなわち，「結婚できない，かわいそうな未婚」から，「自ら選択した非婚」という積極的なライフスタイルの転換を示唆する用語なのである．なお本章では，公的な調査を紹介する際には，そこで使用されている「未婚」という語を使用するが，それ以外では「非婚」と表記する．

𝒞 ひとり親家族の状況

日本におけるひとり親家族数と生成理由　上述したような新たな用語が登場し，ひとり親家族に対する新たな見方をもたらした一方で，実際のひとり親家族の生活は，依然として多様な生活困難に直面している．以下，そうした状況について見ていくが，初めに，日本における推計ひとり親家族数と生成理由を確認しておきたい．なお，公的な統計では，「世帯」が使用されているため，以下は，母子世帯，父子世帯についてのデータである．

　厚生労働省が5年ごとに実施している「全国ひとり親世帯等調査」[1]（平成28年度）（以下，「ひとり親世帯等調査」と略）によると，同居者がいる世帯を含めた「全母子世帯」の推計値は123万1千世帯，「全父子世帯」は18万7千世帯である．母子世帯，父子世帯数の長期的な推移をみると，図11-1のように，両者とも増加傾向にあり，特に，母子世帯の増加は著しい．このように，ひとり親世帯は，阿部らが述べるように，もはや特別な世帯形態ではなくなりつつある

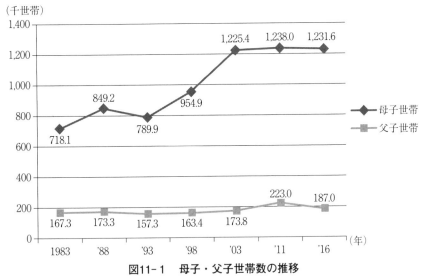

図11-1　母子・父子世帯数の推移

出所）厚生労働省「全国ひとり親世帯等調査結果報告」各年度より筆者作成

（阿部・大石，2005：146-147）．

　同調査から，子ども以外の同居の状況をみると，母子世帯では38.7％に，父子世帯では55.6％に同居者がいる．特に，父子世帯の割合は高い．中でも「親と同居」が両世帯とも最も高く，母子世帯では27.7％，父子世帯では44.2％と半数近くに上る．母子世帯と比べ，父子世帯では，家族から援助を受けられる可能性が高いことがうかがえる．

　ひとり親となった理由は，母子・父子ともに離婚・「未婚」といった「生別」によるものが圧倒的多数を占めている．とりわけ，離婚の割合は高く，図11-2から離婚率の推移をみると，母子世帯においては，1983年では約5割であったが，1988年には6割を超え，2003年にはおよそ8割となり，以後8割前後を推移している．父子世帯においても，1983年の5割から，1993年には6割を超え，

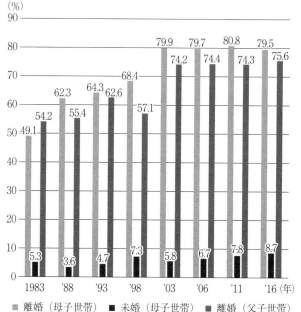

図11-2　ひとり親になった理由別構成割合（離婚・未婚）
出所）図11-1に同じ

2003年には7割を超えている．他方で，図11-2にあるように，「未婚の母」の比率は1983年では5.3％であったが，2016年の調査においては初の8％台となった．生別の中でも，離婚と比べると，「未婚」によるものはさほど高くないが，2011年以後，「未婚の母」の構成割合は7.8％となり，死別母子世帯（7.5％）を上回っている．このように「未婚」母子世帯も増加しつつあるが，日本においては，「未婚」母子に対するまなざしは厳しい．たとえば，死別母子や離婚母子に適用される所得控除である「寡婦控除」は，非婚母子は対象とされておらず，同じ母子家族であっても社会保障制度の扱いに差が生じていた[2]．その背景には，非婚による母子家族は，結婚に基づく「正しい家族」の形成から「逸脱した家族」といった家族観があった（赤石，2014）．ただし，2018年の税制改正以降「ひとり親控除」（2020年より実施）が新設され，婚姻歴の有無を問わずひとり親であれば所得控除が受けられるようになった．制度創設に向けた議論では，「未婚」のひとり親に軽減措置を講じれば，伝統的な家族観を壊す，事実婚を奨励するなどといった意見が根強くあり，税制措置には慎重な意見が呈されていた．しかし最終的に「伝統的な家族観とは別次元の問題」として，子どもの貧困対策と共に，「未婚」差別の解消問題として整理された．こうした非婚母子への差別・偏見を解消するような動きは，今後，広がっていくのだろうか．

母子家族・父子家族の生活困難　ひとり親家族の特徴は，①子育てをすること，②就労し生計を成り立たせること，という2つの役割をひとりの親が行うことにある（新保，2003：12）．ふたり親家族，あるいは成人した大人が複数いる家族であれば，上述した役割を分担できる．しかし，ひとり親家族の場合，すべての役割・責任を担わなければならず，心身共に大きな負担・困難に直面する．これらは，母子家族・父子家族に共通した特徴である．

　一方で，岩田は，ジェンダーによる差が母子家族と父子家族の子育てと生活に，異なる影響を与えていることを考察している（岩田，2006）．母子家族には所得階層・職業の有無・母親自身の学歴階層といった社会的な階層性が見られ，

その差は母子家族形成以前からの実家の親や親族からの援助が得られる層と得られない層という不平等の問題をもたらすこととなる．他方で，父子家族においては，母子家族ほど階層性が見られないが，実家の親と同居しているか否かという家族形態の違いにおいて差が見られる．父子家族の家族依存は，性別役割分業が社会的規範として支配的に存在していることの表れであり，同居父子家族ほど性別役割分業観に規定され，父子家族の生活問題を見えにくくさせている．（岩田，2006：59，65-66）．このような父子家族に見られる性別役割分業観の強さは，『シングルファーザー生活実態インタビュー調査報告書』（以下，「シングルファーザー調査」と省略）においても明らかになっている．同調査では，シングルファーザーの依拠する親族ネットワークが，女性親族に偏っている「ジェンダー化されたネットワーク」であることが指摘されている（川崎市男女共同参画センター（すくらむ21）シングルファーザー生活実態インタビュー調査プロジェクト，2016：96-97）．このように，母子家族，父子家族共に，生活困難に直面しているが，その背景には，男性（父親）を稼ぎ主とし，女性（母親）を家事・育児の担い手とする性別役割分業観があり，母子家族・父子家族が抱える生活困難に相違が生じている．

　それでは，以下，「ひとり親世帯等調査」から，具体的にひとり親家族の生活困難を確認していこう．図11-3に見られるように母子世帯が「困っていること」は，「家計」（50.4％），「仕事」（13.6％），「自分の健康」（13.0％），「住居」（9.5％）と続いている．一方で，父子世帯では，「家計」（38.2％），「家事」（16.1％），「仕事」（15.4％），「親族の健康・介護」（11.6％）の順となっている．ひとり親家族にとっては，母子世帯，父子世帯の両者とも「家計」といった経済的問題が大きい．特に母子世帯にとっては，半数以上が「家計」について困っていると回答している．

　父子世帯においては，「家計」に次いで「家事」に困難を抱えている者が多い．しかし，同調査における困りごととして「家事」を挙げた母子世帯は2.3％に過ぎず，その差は大きい．「家事」の困難には，たとえば，「元配偶者と離

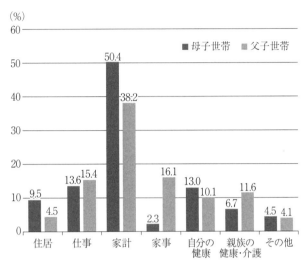

図11-3　ひとり親本人が困っていることの内訳（最も困っていること）
出所）図11-1に同じ

別するまで家事を全く行っておらず，家事遂行に苦労した」といった内容がある．さらに，父子世帯になる以前から，掃除をしたり，洗濯をしたりといった「作業レベルの家事」[3]を行っていたとしても，「家事や育児を『自分が主として』行うこと，すべて自分で決めてスケジュールを立て，それにあわせて生活していくこと」に対する精神的，身体的負担感は大きい（川崎市男女共同参画センター（すくらむ21）シングルファーザー生活実態インタビュー調査プロジェクト，2016：45）．ひとり親になる以前に，作業レベル・管理レベルの家事を担っていたのは，主に女性（母親）であり，シングルファーザーにとって「家事」が大きな負担となっていることがうかがえる．つまり，男性は仕事，女性は家事といった「性別役割分業」に則った結婚の破綻が，その背景にある．

　「家計」「仕事」に次ぐ，母子世帯の困りごとの第三は，「自分の健康」である．仕事に従事していても低収入であれば，ダブルワークやトリプルワークに従事せざるを得ず，身体的な疲弊につながることも少なくない．また，ひとり親であるために，自分が「病気になって仕事ができなくなった時に，どのよう

にして，子どもを育てていくのか」といった不安を感じている者もある（しんぐるまざあず・ふぉーらむ，2011：81）．

　さらに，母子世帯が困っていると挙げた「住居」に関して，持ち家率から確認したい．母子世帯の持ち家率は35.0％，父子世帯では68.1％であり，その差は大きい．母子世帯においては，生成理由による差が顕著となっており，死別母子世帯の持ち家率は58.8％であるが，生別母子世帯では32.9％と低い．死別の場合は，例えば，夫名義の住居を相続することが可能であるが，生別の場合，それまで住んでいた家を出ることもあり，住居の所有が困難となることが推測できる．住居は生活の基盤であり，母子世帯—特に，生別母子—は，不安定な状況にあるといえよう．

　ひとり親世帯の経済的状況　次に，もう少し具体的に，平成28年度「ひとり親世帯等調査」から，母子・父子世帯の経済的状況を確認してみよう．母子世帯の母の平均年間収入（自身の収入）[4]は243万円，年間平均勤労収入は200万円に過ぎず，非常に厳しい経済状況にあり，「貧困の女性化」現象を確認できる．これらのことから，働いていても生活が厳しい「ワーキングプア」状態にあることがうかがえる．なお，同居親族がいる場合の収入を含めた「世帯の収入」は，348万円と多少高いが，平均世帯人員3.31人を考えると，さほど高い収入とはいえない．

　一方，父子世帯においては，平均年間収入（自身の収入）は420万円，勤労収入398万円である．母子世帯よりも，収入は多いものの，全世帯の総所得545万8千円，勤労所得403万円（「国民生活基礎調査」平成28年度）と比較すると，いずれも低収入である．このように，母子世帯・父子世帯共に，厳しい経済状況が推察される．実際，「国民生活基礎調査」（平成28年度）によれば，「児童がいる現役世帯（世帯主が18歳以上65歳未満で児童がいる世帯）」の貧困率は，「大人が2人以上」では10.7％のところ，「大人が1人」世帯では50.8％にも上る．そして，ひとり親世帯の貧困は「子どもの貧困」「貧困の世代間連鎖」など，子どもに負の影響を及ぼすこととなる．

176

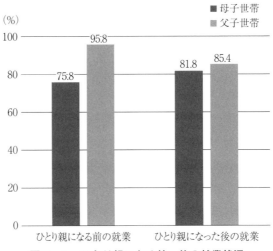

図11-4　ひとり親になる前・後の就業状況
出所）図11-1に同じ

　こうしたひとり親家族の貧困は，上述したように，不就労が原因ではない．
図11-4に見られるように母子世帯，父子世帯ともに8割以上が就労している．
母子世帯になる前の母の就業率は75.8％であり，多少ではあるが，ひとり親に
なったことにより就業率が上がっている．さらに，母子世帯になる前は，「正
規の職員・従業員」（32.1％）より「パート・アルバイト等」（54.7％）の方が高
い（図11-5）．男性（父親）が主たる稼ぎ手となり，女性がケア役割を担う近
代家族においては，女性（母親）がケアを担いながらパートやアルバイトなど
で補助的に働くという就労形態は，珍しいものではない．そのため，母子世帯
となった後に，主たる稼ぎ手となる必要から「正規の職員・従業員」となった
者が増加していると考えられる．さらに，母子世帯になったことを契機として
転職した者は45.5％にも上り，その理由は「収入がよくない」（38％）ためであ
る．とはいえ，母子世帯になった後も「パート・アルバイト等」「派遣社員」
など，不安定な雇用形態の者を合わせると，正規雇用を上回る．シングルマザ
ーの多くは，不安定な就労形態による低賃金労働に従事せざるを得ない状況に

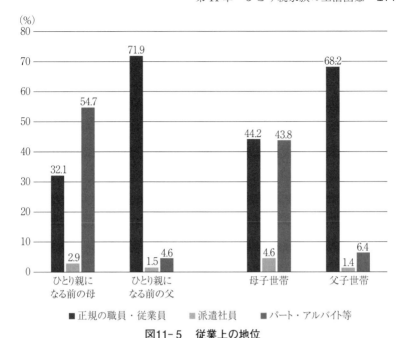

図11- 5　従業上の地位

出所）図11- 1 に同じ

ある.

　一方で，父子世帯のひとり親世帯になる前・後の就労については，母子世帯とは逆の現象が生じている．すなわち，父子世帯になる前に就業していた父は95.8％と高いが，父子世帯となった後は85.4％と減少している．特に，「正規の職員・従業員」は 7 割以上あったが，父子世帯となってからは68.2％と減少しており，正規雇用から非正規雇用への転換がうかがえる．仕事と子育ての両立のため，役職や正社員をあきらめる例については，「シングルファーザー調査」でも紹介されている（川崎市男女共同参画センター（すくらむ21）シングルファーザー生活実態インタビュー調査プロジェクト，2016：13-14）．しかし，母子世帯と比較すると「派遣社員」「パート・アルバイト等」不安定な雇用形態の者の合計は7.8％と少ない．なお，父子世帯においても，ひとり親になったことを契機

として転職した者は24.7％あるが，その理由は母子とは異なり，「労働時間があわない」（22.9％）が最も多く，子育てや家事を考慮した理由であることがうかがえる．

　このように，就業状況についてはシングルファーザーとシングルマザーとでは，大きな相違が存在している．その理由の一つには，日本の労働市場においては，性別役割分業観に基づき，「男性は主たる稼ぎ手」として期待されており，シングルファーザーであっても，シングルマザーほど不利な状況におかれていないことが推察される．つまり，同居家族の支援を受けることができれば，父子家族となる以前と同様の仕事・働き方の継続が可能であり，比較的安定した生活が継続できる．実際，先に見たように父子世帯では，子ども以外に親などと同居している世帯も多く，同居者からのケアを受けられる世帯は少なくない（厚生労働省，2017b；川崎市男女共同参画センター（すくらむ21）シングルファーザー生活実態インタビュー調査プロジェクト，2016）．しかし，父親が子育てや家事などの家族のケアを優先しなければならない場合，転職を余儀なくされたり，非正規雇用に転換したり，安定雇用から外れ，収入減少につながる（川崎市男女共同参画センター（すくらむ21）シングルファーザー生活実態インタビュー調査プロジェクト，2016）．ひとり親世帯の貧困問題は，つまるところ性別役割分担（観）が徹底した社会における家族内のケアのあり方，労働のあり方をめぐる問題である．

✎ ケアの観点による近代家族の問い直し

　人間は，誰でも人生のある時期（赤ん坊や子ども時代など）に必ずケアが必要な状態（＝「依存」）にある．こうした個人のケアは，家族内において女性が担うものとされてきた．実際，どの国においても女性は，男性よりも長時間，家族内における無償労働に従事しており，特に，子どもの誕生によって女性が無償労働に費やす時間は増加している（OECD，2014：234-237）．一方で，近年，ケアの観点から，こうした近代家族のあり方が問い直されている（キテイ，

2010). 哲学者であるキテイ（Kittay）は，「依存」を「人間の条件の一つの特徴」と位置付け（キテイ，2010：79），家庭内や私的な場面において無償で行われるケア，雇用労働・賃労働として行われるケアを含めて，依存者の世話をする仕事すべてを「依存労働　dependency work」と呼ぶ（キテイ，2010：83）。近代家族は，性別役割分業に則り，男性を主たる稼ぎ主とし，女性をケアの担い手とするため，家族内で依存労働に従事する女性（母親）は，経済的に男性（父親）に依存することを余儀なくされる。そして，経済的依存は，精神的依存や社会的依存につながり（「二次的依存」），依存労働者の不平等な地位につながっている。キテイは，ケアの仕事の重要性を説き（ケアの再評価），依存労働者の平等を実現するため「ドゥーリア」という概念を提唱する。「ドゥーリア」とは，ギリシャ語のサービスに由来する社会的共同という概念であり，「人として生きるために私たちがケアを必要としたように，私たちは，他者——ケアの労働を担う者も含めて——も生きるために必要なケアを受け取れるような条件を提供する必要がある」という考え方である（キテイ，2010：293）。「ドゥーリア」の原理は，ケアの担い手が依存者に対してケアの責任を持つように，社会がケアの担い手の「福祉」に責任を負うような「公共的構想」を求める。つまり，社会は，「依存労働」の担い手が「依存者」と同様に，あるいは依存の状態にない人，依存労働を行っていない人と同様に平等であるよう注意を払う義務を負う。このような「ドゥーリア」の構想は，ケアにおける家族の役割について転換を迫るものである。ひとり親家族について言えば，シングルマザーは母子家族になる前から継続して「依存労働者である」ことによる，シングルファーザーは父子家族となって「依存労働者となった」ことによる不利な状態におかれている。ひとり親家族が平等であるためには，子育て・経済的自立を自助努力として当然視・強調するのではなく，子どもに対するケアと同時に，ケアの担い手である「親へのケア」のあり方を新たに構想することが求められている。本章で素描したような，ひとり親家族の生活困難を解決し，平等を実現するためには，近代家族規範を解体し，「依存労働の不可欠な役割と十全の

市民参加の重要性を認識した普遍的支援」（キテイ，2010：317）が求められるのではないだろうか．

注

1） 同調査は，平成23年度までは「全国母子世帯等調査」の名称が使用されていた．同調査は5年ごとに実施されているため，文中で使用しているデータが2022年11月現在公表されている最も新しいデータである．最新の調査は2021年11月に実施され，当初は2022年10月末に公表予定であったが，公表が遅れているため本稿では新たな調査結果を使用することができていない．

2） ただし，母子世帯間の不公平を解消するために，一部の自治体では未婚でも寡婦とみなし独自に支援を行っているところもあった．また，厚生労働省では，死別・離別した寡婦への経済的支援を「みなし寡婦」として，一部の支援を受けられるよう2018年6月より政令を改正しているが，国民年金保険料の減免，所得税・住民税などの寡婦控除は，法改正を伴うため，実現していなかった（東京新聞 2018年2月4日朝刊 http://www.tokyo-np.co.jp/article/politics/list/201802/CK2018020402000114.html）．なお，父子世帯は，寡夫控除として対象となっていた．

3） 山田は，家事労働を，実際に食事や洗濯といった作業を行う「作業レベル」と管理や調整といった「管理・監視レベル」に区別している（山田，1994）．

4） 平均収入は，生活保護法に基づく給付，児童扶養手当などの社会保障給付金，勤労収入，別れた配偶者からの養育費，親からの仕送り，家賃・地代などを加えたすべての収入である．

📖 引用・参考文献

阿部彩・大石亜希子（2005）「母子世帯の経済状況と社会保障」国立社会保障・人口問題研究所編『子育て世帯の社会保障』東京大学出版会，143-161

赤石千衣子（2014）『ひとり親家庭』岩波新書

岩田美香（2006）「父子・母子家庭の階層性─ジェンダー視点からの考察」『子ども家庭福祉学』(5) 59-62

金川めぐみ（2012）「母子及び寡婦福祉法成立までの歴史的経緯」『経済理論』和歌山大学経済学会，370，1-26

川崎市男女共同参画センター（すくらむ21）シングルファーザー生活実態インタビュー調査プロジェクト（2016）『シングルファーザー生活実態インタビュー調査報告書』

キテイ，エヴァ・フェダー（岡野八代・牟田和恵監訳）（2010）『愛の労働あるいは

　　依存とケアの正義論』白澤社
————（岡野八代，牟田和恵訳）（2011）『ケアの倫理からはじめる正義論—支え
　　あう平等』白澤社
厚生労働省（2017a）「平成28年　国民生活基礎調査」
————（2017b）「平成28年度　全国ひとり親世帯等調査結果報告」
OECD編，濱田久美子訳（2014）『OECDジェンダー白書』明石書店
オザワ，N. マーサ（1990）「アメリカにおける貧困の女性化」『季刊　社会保障研
　　究』26（3）
新保幸男（2003）「ひとり親家庭の生活現状と課題」『月刊福祉』12-15
しんぐるまざあず・ふぉーらむ（2011）『母子家庭の仕事と暮らし③　母子家庭の
　　就労・子育て実態調査報告書』
山田昌弘（1994）『近代家族のゆくえ—家族と愛情のパラドックス』新曜社

第12章 オルタナティブ・ファミリー

多世代の家

　ドイツでは，1990年代に多様な家族形態や年齢層の人びとが，相互に協力し合いながら暮らす集合住宅「多世代の家（Mehrgeneratioenhäuser）」の建設が進んだ．そこでは，各世帯のプライベートな空間の他に，共同活動のためのスペースが設けられ，住民の交流が活発に行われている．民間の不動産会社の他に，福祉財団や公益法人が運営するものも多く，多世代の交流が広がる住宅として人気を集めた．連邦政府は，これにヒントを得て，少子高齢化が進む地域の活性化を図るべく，地域のコミュニティセンターとしての「多世代の家プロジェクト」を2006年に開始した．全国に540カ所の「多世代の家」を設置した後，現在もこのプロジェクトは継続している．文化活動，語学，職業教育，介護・子育て支援，異文化交流など，さまざまな活動を軸に，地域住民が交流を深め，相互に支援し合う場として地域に根付いている．

　ベルリンにある「多世代の家—創造の家—」（写真参照）は，かつては青少年教育施設であったという．近隣に独居高齢者が多いことから，高齢者支援プログラムの充実した「多世代の家」が設置された．世代間交流や若者の芸術活動にも力を注ぎながら，多世代のミーティングポイントとして地域に定着してきている．スタッフ1名が常駐し，低料金の軽食を提供するカフェを併設，地域の企業やボランティアがその活動を支える．多様な人びとが集うなかで，相互の関係を深め，地域の課題に取り組む活動が成功を収めている．

ベルリン「多世代の家」外観
（住民が描いた壁画，筆者撮影）

（撮影：写真 AC）

☞ キーターム

ステップ・ファミリー（step family）　子連れで再婚することによって作られる家族．"step" とは継親，継子を意味し，血縁関係にない親子という意味である．パッチワーク・ファミリー （patchwork family）という語も同義で用いられている．

コレクティブ・ハウス（collective house）　個別のプライベートな生活空間と，リビング やキッチンなどの共同で使う生活空間を設けている多世代型の集合住宅をさす．一定の距離感 を保ちながらも，家事や育児，共通の趣味活動や共同作業を通じて，密なコミュニケーション を図れる居住スタイルであり，日本でも世代を超えて広がりを見せている．

セクシュアル・マイノリティ（sexual minority）　LGBT（lesbian, gay, bisexual, trans-gender）を指す．性的志向が同性あるいは両性を対象とする，レズビアン，ゲイ，バイセクシュ アルと，身心の性自認が一致しないトランス・ジェンダーを，セクシュアル・マイノリティと 呼ぶ．他方で，「性的志向と性自認は全ての人に関わる」との考えから，性的志向や性自認によ る区別をしないで，セクシュアリティの多様性を表現する「SOGI（Sexual Orientation & Gen-der Identity）」という言葉も用いられている．

少子高齢化や人口減少，経済格差などの問題がメディアでも報じられるようになって久しい．私たちを取り巻く未来の生活環境は，これまで以上に厳しさを増していくであろう．そんなポストコロナ社会にあって，既存のさまざまな規範からの解放を求め，大事な人と質の高い時間を過ごすことに価値を置くライフスタイルに共感が集まっている．

本章のテーマは，「オルタナティブ・ファミリー」である．オルタナティブ alternativeという語には，"代わりの" "型にはまらない" "もうひとつの" 等の意味がある．20世紀後半の日本には，結婚して親になることが，誰にとっても当然とされた時代があった．そこでは，結婚や出産を選び取らないことが，すでにオルタナティブな人生を意味していたが，今では「あるべき」と考えられてきた家族規範が弱まり，多種多様なオルタナティブ家族を創ることが可能になってきた．

揺らぎや不確実性が増すリスク社会において，家族にはこれまで以上に深い繋がりや自助が求められている．しかし一方で，日々の暮らしを成り立たせていくだけで精一杯な家族もある．私たちが心の赴くままに新しい家族を創っていける可能性は，未来にどのくらい拓かれているのだろうか．本章では，結婚，住まい，親子の関係などの視点から，オルタナティブ・ファミリーの可能性を考えてみることにしよう．

✎ パートナー関係の多様化

法律婚と事実婚　日本では，晩婚や未婚が定着したなかでも，「家族形成の第一歩は結婚である」という考えが今なお堅固である．近代家族モデルからの解放が日本より早く進んだヨーロッパでは，学生運動やフェミニズムの興隆した1960年代末頃から，結婚件数が減少して同棲や離婚が急増し，「結婚の死」が語られるようになった．若者が制度としての結婚に魅力を感じず，「プライベートな関係に国家の承認は要らない」と主張したのである．そうして家族は子どもを中心に置く夫婦の関係性から，自由なパートナー関係を中心とする関

係性へ，そして個人を中心に構築する関係性へと移行してゆき，結婚は家族を形成するための必要条件ではなくなっていった（Peuckert, 2012）．

ヨーロッパでは，結婚のオルタナティブとして同棲を選ぶ人が増えた結果，結婚をしないで同棲するカップルに対しても，結婚に付随する法的保護を与える国が増えていった．たとえば，スウェーデンのサムボ法（1987）やフランスの連帯市民協約PACS（1999）は，共に暮らす2人（PACSでは同性のカップルも対象となる）が届け出をすることにより，結婚に準ずる関係性として承認し，財産権や相続税優遇等の諸権利を与えるとした．また，同棲カップルへの権利保障に続いて，婚姻関係にない両親のもとで生まれた子ども（婚外子）の権利を婚内子と同等にするための法整備も各国で進められた．1965年の時点で，北欧を除くヨーロッパでは，全出生児数に占める婚外子の割合は10％に満たなかったが，1970年代以降は急増し，現在では半数を超える国も珍しくない．2018年の統計によれば，フランス60％，ポルトガル56％，スウェーデン55％，オランダ52％であり，OECD平均は42％と（OECD Family Database, 2018），結婚という形をとらずに子育てする家族が市民権を得ている．

日本では2013年に最高裁判所が，婚外子の遺産相続分を婚内子（嫡出子）の2分の1と定めた民法900条を違憲とする判断を示し，明治期から1世紀以上にわたり続いてきた婚外子への法的差別が撤廃される運びとなった．しかし，その後も婚外子割合は2.3％に留まり，韓国（1.9％）と同様に顕著な伸びを示していない．「でき婚」「授かり婚」等の言葉が示すように，日本では妊娠・出産は法律婚と固く結びついており，その点では，家系や血統を重視する東アジア諸国と共通する家族観をもっているといえるだろう．

ヨーロッパで1970年代に急増した同棲は，ドイツでは「試し婚」（Ehe auf Probe）と呼ばれた．まずは一緒に暮らしてみて，将来も連れ添っていけるか見極めようというのである．2人の関係が破綻しても，法律婚をしていなければ，裁判による煩雑な手続きを経ずに離別できるので，熟慮した上で婚姻届けを出しても遅くはないということだろう．同棲と法律婚が，法的処遇において

大きく異ならないのであれば，婚姻届を出すことで2人の関係性に社会的な承認を得るか否かは，純粋に当事者の意思に委ねられることになる．そのような社会では，家族を形成することが比較的容易である．ドイツは，ヨーロッパ諸国のなかでは保守的な家族観を有し，特に旧西ドイツでは，結婚と出産が強く結びついていたが，今では同棲は結婚に代わる選択肢である．1996年には婚外子への法律上の差別が解消され，婚外子割合も増加傾向にある．

　一方，日本では，結婚にかかる費用を肩代わりしてくれるが，世間体を気にする親世代の意向が，しばしば子どもの結婚に影響を与える．「同棲してみて決める」ことには，親世代の賛同が得られにくく，同棲は結婚のオルタナティブとなり得ていない．2人の関係が社会的承認を得るためには，時に法律婚というハードルを越える必要がある．とはいえ，性規範や結婚観の変化に伴い，カップルが別々の生活拠点をもって互いに通い合うLAT（living apart together）は，結婚前のライフスタイルとして定着し，別居結婚（commuter marriage）も珍しくなくなってきている．

　同性カップル　前節で触れた連帯市民協約などの規定は，相続や社会保障制度の面で，同棲というライフスタイルを結婚とほぼ同等に処遇することを目的としており，同性カップルにも同様の権利を保障している．そのため，主にキリスト教に基づく強い異性愛規範をもつ人びとによって，パートナーシップ法への反対運動が繰り広げられてきた．その背景には，同性愛を社会規範からの逸脱や疾病とみなして迫害・排除してきたヨーロッパ社会の歴史がある．世界保健機関（WHO）が，国際疾病分類から「同性愛」を削除し，性的志向を"障害"とはみなさないという見解を示したのは，1990年になってからのことである．

　プラトンの『饗宴』に描かれたように，古代ギリシアでは，同性愛は自由な恋愛として肯定されたが，とりわけ近代以降は，厳格なキリスト教的価値観に基づいて，男女の関係性だけを「正当」とみなす異性愛規範が強化された．そうした社会的な雰囲気を変える契機となったのは，1960年代末に始まった性解

放運動（gay liberation）である．この運動は，激しい差別や攻撃に晒されながらも，性的少数派の権利を主張し，次第に法的権利を獲得して世界に広がった．たとえばデンマークでは，1989年に世界初のドメスティック・パートナー制度を導入し，親権を除いて相続や年金，健康保険や税制などの面で同棲カップルを法律婚と同等に処遇した．制度の導入後には教会での挙式も可能になった．またオランダでは，1996年に同性カップルへのあらゆる差別を法律で禁じ，1998年には結婚に準ずる権利を保障する登録パートナーシップ制度を導入した．その改正法が施行された2001年には，世界初の法律婚を認め，同性カップルが養子を迎えてつくる家族が市民権を得た．保守的な立場からの反対意見が強かったフランスでは2013年に，ドイツでも2017年に，同性婚を合法化している．

　こうしたヨーロッパ諸国の動きは，世界にも広がりつつあり，32の国と地域で同性婚を認めている（2022年7月時点）．ベトナムでは，同性愛の関係を違法として，罰金刑を科していたが，婚姻法の改正（2105年施行）により，刑罰規定が撤廃された．現時点（2022年）では同性婚の権利保障には至っていないものの，ホーチミン市は，"ゲイ・フレンドリーな都市"として人気を博し，結婚式や旅行などの商業戦略が繰り広げられている．また台湾では，2017年に憲法法廷が同性間の婚姻を排除する民法規定を違憲と判断し，2019年より同性間の婚姻関係を保障する特別法が施行された．しかし一方で，中東やアフリカのイスラム諸国には，今なお同性愛に死刑などの重い刑罰を設けている国もあり（サウジアラビア，イラン，パキスタンなど），今後の展開を予測することはむずかしい．

　日本は，近代以前には衆道（男色）の文化的背景があり，宗教的信条に基づく同性愛嫌悪や厳格な刑罰規定は存在しなかったが，欧米の価値観の影響により，近代以降は異性愛を「正当」とみなす考えが主流となった．しかし現代では，次第にセクシュアリティの多様性に対する理解が進んできている．同性婚に関しては，東京都渋谷区が2015年に同性パートナーシップ条例を施行し，区内在住のカップルから申請があれば，婚姻に準じる関係として認定することに

なった．続いて世田谷区でも，証明書を発行して，賃貸契約や病院の面会等での不利益な扱い防止に繋げている．公益社団法人Marriage For All Japanによれば，240以上の自治体がパートナーシップ制度を施行している（2022年11月）．そして次第に，国内の企業にもダイバーシティ推進の動きが広がりつつある．国政レベルでは，法務省が，2009年に日本人の当事者が結婚していないことを示す“婚姻要件具備証明書”を発行し，外国で同性婚の登録が行えるよう整備した．だが同性カップルへの法的保護は，地方自治体レベルに留まっていることから（2018年現在），今後は「婚姻が両性の合意に基づく」と定めた日本国憲法（第24条）の解釈も含め，幅広く議論が行われていくことになるだろう．

✐ 親子の関係―血縁・非血縁の親子―

「お腹を痛めたわが子」「血は水よりも濃い」などの言葉が示すように，日本では，血統や血縁を重視する思想が根強い一方で，養子縁組が，「家」の存続継承に欠かせない制度として機能してきた．かつては，生みの親が子どもを育てられない場合に親戚縁者に託されることが多かったが，親族関係の希薄化と共に，遠縁に子どもを託すことは減少した．現代における家族の多様化は，親との別れを経験し，血縁関係にない新しい親と共に暮らす子どもの増加をもたらし，子どもの心や生活環境に大きな影響を与えている．ここでは，ステップ・ファミリーと里親の家族を取り上げてみることにしよう．

ステップ・ファミリー　離死別と再婚を経て，新しい親子関係が作られる．子どもを伴い新しく形成する家族をステップ・ファミリー（step family）と呼ぶ．親子の関係は，離婚・再婚が複数回繰り返されれば，より複雑なものになっていく．新しい親子・きょうだい関係の構築に戸惑い悩む家族もあれば，以前よりも強い絆で結ばれる家族もある．親たちが法律婚をしていなければ，新しい親子関係は，法的関係がない“同居人”の位置づけとなり，家族のかたちはよりみえにくいものになっていく．

厚生労働省統計によれば，日本の全婚姻届出件数のうち，夫婦の何れかが再

婚もしくは夫婦共に再婚である割合は，1970年の11.1％から2017年の25.5％へといちじるしく増加しており，結婚総数の4分の1を超えている（2018年人口動態調査）．再婚者の平均年齢が，女性42.7歳，男性46.5歳と，子育て世代であることから，ステップ・ファミリーは増加傾向にあると推測される．親同士は，自らの意思でパートナーを選択して家族を再構成するが，子どもは，生活環境の劇的な変化を受け身でとらえる他に術がない．新しい家族に馴染めない子どもの悩みや，子どもが懐いてくれず苦労する親の葛藤は，古くから物語のなかで繰り返し取りあげられてきた主題だが，現実には悲惨な児童虐待に繋がるケースも絶えない．さらに国際再婚の場合には，言語や宗教，慣習の相違など，より深刻な問題に対処する必要に迫られることがある．家族だけでは解決困難な問題があるということを前提に，支援を拡充する必要がある．NPO等の支援組織との連携による講習会やカウンセリングの充実など，家族支援のネットワークを強固にしていくことが，今後の政策課題として重要である．

　里親と養親　虐待や親の病気などの理由により，産みの親による養育が受けられない子どもを家庭的環境の下で養育する里親制度の拡充が，社会的な課題となっている．戦後の日本では，乳児院や児童養護施設等での施設養育を主軸としてきたが，現代では，安定した家庭的環境の下で子どもを養育することを最善ととらえる立場から，里親委託が推奨されている．公的な里親制度には，養育里親（18歳になるまで里親の家庭で養育する），専門里親（特別の問題を抱える子どもを専門的立場から養育する），親族里親（親の死去に伴い祖父母等が養育する），養子縁組里親（戸籍上も親子となる）等がある．子どものためには，何よりも里親との安定した関係を構築し，安心できる生育環境を保障する必要がある．そのため里親認定に際しては，行政による厳格な規定が設けられている．近年では里親制度の認知度の広がりと共に，里親希望者は増加する傾向にある．

　社会的養育を必要とする子どもの里親への委託率は，欧米諸国では，ドイツが48.1％，デンマークでは62.3％，アメリカやカナダでは州ごとに異なるが約

5割である（日本社会事業大学社会事業研究所，2015）．これに対して，日本は22.8%（厚生労働省，2020年）と低率であり，地域差も大きい．2016年の児童福祉法改正を受けて，里親委託率の大幅な引き上げが目標とされている．里親養育が進んでいる国々では，家族支援団体やボランティアによる里親と里子への支援活動が盛んに行われている．たとえば，世界135カ国と地域で「SOS子どもの村（SOS Kinderdorf）」を運営している国際NGO“SOS”の活動がある．オーストリアの「子どもの村イムスト（Imst）」は1949年に開設された世界初の子どもの村として知られる．母親代わりを務める職員が一般住宅に住み，複数の子どもを養育するシステムが作られている．日本のキンダードルフ「子どもの村福岡」「子どもの村東北」でも，子どもたちが里親と暮らす家々が軒を連ねる．里親が5〜6人の子どもを育てるファミリーホームの数は増加しつつあり，子どもたちは「母親」や「きょうだい」と共に，周囲のサポートを受けながら地域社会に溶け込めるよう配慮されている．同居する年数が短く期間限定であったとしても，こうした里親・里子の関係性もまた，「家族」に他ならない．子どもへの虐待や遺棄等の問題が絶えない現代では，子どもが「親」の庇護と愛情を十分に受けて暮らす環境を広げていく必要があると同時に，里親支援や，新しい家族の下での虐待防止・養育の質の保証，メンタルケアなど，さまざまな課題に対応する必要に迫られている．ところで，大阪府は2016年に，同性のカップルを日本で初めて里親として認定し，注目を集めた．同性カップルの作る家庭が，子どもにとって安定した生育環境であると社会に認知されたことは意義深い．子どもを育む場としての，家族の概念は広がりつつあるといえるだろう．

　このほか，生殖補助技術の進歩によって家族の様相も複雑化している．非配偶者間の人工授精，代理母出産，卵子や受精卵の提供と，非血縁の親子関係の認知，凍結受精卵による出産等々，生殖補助技術によって作られる家族の法的な承認には課題がある．生殖補助技術は，子どもをもちたいという人びとの切なる願いを叶える一方で，「誰が親なのか」「生殖補助技術はどこまで利用可能

か」などの問題を提起する．すでに諸外国では，代理母が出産した子どもの受け取り拒否事件や，代理母の死亡といった，さまざまな問題が生じている．日本では，代理母出産は日本産婦人科学会のガイドラインで禁止されているが，国境を越えた商業主義の介入を阻むことはむずかしい．生殖補助技術と親子の関係については，倫理的な問題を含む課題が山積しているのである（第5章「家族と生殖をめぐる技術」参照）．

　以上みてきたように，現代では結婚や親子という関係性にも多様なオルタナティブをみることができたが，家族の広がりと共に，解決すべき課題も増えている．次に，家族という制度的な枠組みを超えたオルタナティブなライフスタイルを，「住まい」という観点からみていくことにしよう．

居住関係─誰と住まうのか─

　現代社会では，「誰とどう暮らすのか」が比較的自由に選択できるようになってきている．雇用環境の悪化に伴い，若者が経済的な理由のために，親元を巣立つことができないという問題も深刻化しているが，他方で，生活費を節約しながら気の合った人びとと同居するライフスタイルも広がりをみせている．

　1970年代から，ドイツでは3〜5LDKの住宅を気の合った友人同士で借りる居住共同体（Wohngemeinschaft）が人気を集めた．各々が個室をもち，プライバシーを確保しながらバス・トイレ，台所・リビングを共有する．カップルを含む学生たちが共同で一軒家を借りて，賃料や必要経費を分担することが行われてきた．こうしたライフスタイルは，シェアハウス（share house）とも呼ばれ，2000年代に入って以降，日本の若者の間にも急速に広まっている（久保田，2009）．期間限定のシェアハウスもあれば，長期的展望の下で複数の世帯が共に暮らし，家族のオルタナティブとなることもある．さらに不動産会社がシェアハウスを建設して居住者を募集することもある．猫と暮らすシェアハウスや，ひとり親家族が助け合う住宅など，ニーズに応えた多様な住まいが生まれている．共に暮らすことによって，同居人との深い絆が形成され，家族とし

ての意識が芽生える場合もある.

　さらに長期的な展望に立った住まいとして，コレクティブ・ハウス（collective house）をあげることができる．コレクティブ・ハウスとは，個別のプライベートな生活空間と，共同で使用する複数の生活空間を設けている多世代型の集合住宅のことである．デンマークやスウェーデンなどの北欧諸国において，1930年代頃から発展してきた居住形態である．1970年代以降は人びとの自主的な協働や相互扶助によるコミュニティ構築を模索する動きが広がり，機能や形態を柔軟に変化させながら現在に至っている．コレクティブ・ハウスには，複数の人びとが，リビングやキッチン，応接空間，趣味室などを共有して家事やケアを協力しあうなど，親密なコミュニケーションを図れるという利点の他に，経済的で孤独に陥らないという長所もある．日本でも1990年代以降，都市における新しい居住スタイルとして注目を集めてきた．エコロジカルな生活習慣を大切にしたいと考える人びとが，建築素材にこだわって共同住宅を建築する例や，志向を同じくする複数の家族や個人が集合住宅コーポラティブ・ハウス（cooperative house）を建設する例もある．不動産の共同所有には，煩雑な権利上の取り決めが欠かせないので，困難も少なくないが，終の棲家を共同で作り上げ，自主運営することで居住者の結束はより強くなっていくであろう.

　こうした住まいでは，時間を共有し役割分担して共に助け合うなかで，「家族」の一体感を形成していくことが期待できる．特に独居者が，共同生活の利点と将来の安心を求めてコレクティブ・ハウスを選択する場合もある．そこには，婚姻や血縁関係に基づく濃密な関係はないが，穏やかな一体感と安心が共有できるであろう．現在では，住民相互の交流や組織化を提案するシニア住宅が多数提供されており，日常生活の協働を通じて家族のオルタナティブが緩やかに形成されていく．家族とは，共に暮らすことによって縒り合わされていく絆であるといえるかもしれない.

ペットと家族　現代は，空前のペットブームであるといわれる．ストレスフルな現代社会にあって，癒しを与えてくれる伴侶動物はかけ替えのない存在で

ある．筆者は，結婚したばかりの20代の知人から「長寿を全うした息子の喪に服しております」との喪中挨拶を受け取って驚いたことがあるが，今ではペットは子どもであり，家族であるという考えに，多くの人が賛同するであろう．

　文豪夏目漱石も，『吾輩は猫である』（1905）で“吾輩”のモデルを務めた愛猫の死を悼んだといわれている．家の敷地内に墓標を建てて篤く弔い，門下生らに次のような文面の葉書を送っている．

　辱知猫儀久く病気の処療養不相叶昨夜いつの間にか，うらの物置のヘッツイの上にて逝去致候　埋葬の儀は車屋をたのみ箱詰にて裏の庭先にて執行仕候．但主人「三四郎」執筆中につき御会葬には及び不申候　　以上　　　九月十四日
（明治41年書簡，夏目，1996：218）

　このように飼い主が愛玩動物の亡骸を埋葬するのは目新しいことではないが，霊園で家族とペットを共に祀ることが一般化したのは，20世紀後半に入ってからである．「家」制度のもとでは，ペットを先祖の墓に入れることなど，到底考えられないことであっただろう．だが，今ではペットが病に罹ると飼い主は親身に付き添い，老ペットの介護もして看取り，葬儀後は祭祀に心を尽くす時代となった．ペット関連業者は，「家族の心に寄り添い」ながら，医療保険から最先端医療，介護，葬祭に至るまで，あらゆるサービスを提供している．ペット保険会社の見積もりによると，犬を飼う場合，大雑把に見積もって，購入から飼育・医療まで含めると約200万円近くになるようである．そこに葬儀費用も加算されることになる．日本のペット関連総市場は，年平均1％程度の成長を続け，2021年の総額は1兆7,187億円といわれる（矢野経済研究所，2022）．コロナ禍にあっても，ペット・ペット用品は販売額を堅調に伸ばした業種であった（経済産業省，商業動態統計，2022）．「ペットの家族化」が語られるようになって久しいが，顔すら知らない先祖よりも，今共に暮らすかけ替えのない存在を家族ととらえることに，多くの人が共感を覚えることだろう．

✑ 家族とは

　ライフスタイルの多様化と共に，家族にもさまざまな新しい形がみられるようになってきている．本章で取り上げたオルタナティブな家族は，その一部にすぎないが，次第に近代家族の枠組みを離れて家族の新しい可能性が拓けてきているようである．ところで，私たちの日常生活は，実にさまざまなリスク要因に取り囲まれている．老・病・死，離別に加えて，失業，災害や事故など．個人が危機に直面した時に，オルタナティブな家族は，盾となり守ってくれる堅強さを備えているだろうか．また，家事やケアなどの無償労働をメンバーが納得して担い合っていけるだろうか．そう考えると，個々人が生活者として自立し，多様な役割を引き受けながら協働できることが，新しい家族スタイルの前提となるであろう．そのさい，生活を成り立たせるための社会的サポートがセーフティネットとして制度化され，個々人が寄り掛かり合うことなく結び合える環境の整備が，オルタナティブ・ファミリー存立の鍵となるはずである．

　人は，生涯ただひとつの家族のなかで暮らしていくわけではない．「シングル，結婚前の共同生活，結婚という形をとった共同生活，生活共同体，一度か二度の離婚を経た後の親であること…」（ベック，1986＝1988：240）．その他にも，人生には実に多様な局面が現れるであろう．各ライフステージに応じた暮らし方と家族のかたちがあり，その時々に最適な暮らし方を自身が選び取れる自由があってよい．そして，どのような選択を行ったとしても，そのことで大きな不利益を被るものであってはならないだろう．家族が個人にとって大事な拠り所であり続けるためには，家族の枠組み自体が寛容であり，共に暮らす相手や暮らし方を自由に選び取れること，そして誰もが自立して暮らせる基盤が不可欠である．それを可能にするために，家族よりも，個人を単位とする社会（目黒，1987）のサポートシステムを整備していく必要があるだろう．

参考文献

Beck, U.（1986）*Risikogesellschaft. Auf dem Weg in eine Ndere Moderne*, Suhrkamp, Frankfurt am Main.（東簾・伊藤美登里訳（1988）『危険社会—新しい近代への道』法政大学出版局）

———（2011）*Fernliebe. Lebensformen im globalen Zeitalter*, Suhrkamp, Berlin.（伊藤美登里訳（2014）『愛は遠く離れて—グローバル時代の「家族」のかたち』岩波書店）

久保田裕之（2009）『他人と暮らす若者たち』集英社

経済産業省（2022）「ペット産業の動向」https://www.meti.go.jp/statistics/toppage/report/minikaisetsu/hitokoto_kako/20220311hitokoto.html（2022年10月1日検索）

目黒依子（1987）『個人化する家族』勁草書房

牟田和恵編（2009）『家族を超える社会学—新たな生の基盤を求めて』新曜社

夏目金之助（1996）『漱石全集 第23巻』岩波書店

『日本経済新聞』2014年10月20日付朝刊

日本社会事業大学社会事業研究所編（2015）『社会的養護制度の国際比較に関する研究　調査報告書（第1報）』（平成26年度厚生労働省児童福祉問題調査研究事業課題9）

野辺陽子・松本洋人・日比野由利・和泉広恵・土屋敦（2016）『〈ハイブリッドな親子〉の社会学』青弓社

OECD Family Database, share of birth outside of marriage https://ec.europa.eu/eurostat/web/products-eurostat-news/-/ddn-20200717-1（2022年12月29日検索）

プラトン（山本巍訳解説）（2016）『饗宴　訳と詳解』東京大学出版会

矢野経済研究所編（2022）『2022年版ペットビジネスマーケティング総覧』https://www.yano.co.jp/market_reports/C64103300（2022年10月1日検索）

Peuckert, Rüdiger（2012）*Familienfo Formen im sozialen Wandel*,（8te Auflage）Springer Verlag.

第13章　家族文化と子どもの社会化

むかしはテレビでいまスマホ
──子どもが接するメディア環境の変化

　ベネッセ教育総合研究所が実施した調査の速報版によれば，2017年においては首都圏の母親のスマートフォン（スマホ）所有率は92.4%であり，0歳後半〜6歳の子どものスマホ使用頻度は「ほとんど毎日」21.2%，「週に3〜4日」8.8%，「週に1〜2日」12.1%であった．週に1回以上スマホを使っている乳幼児は実に4割以上におよぶ．また，毎日使っている子どもも2割いる．これに対して，ビデオ・DVDの使用頻度は2013年には「ほとんど毎日が」31.0%であったのに対し，2017年は15.9%と減少している．この4年間で母親のスマホ所有率が上がっていることと相関して子どものスマホ利用率も高まっており，利用時間も増えている[1]．

　ほんの少し前まで，子どもに影響を与えるメディアの筆頭として「テレビ」が挙げられていた．ベネッセの調査においても，「テレビ番組の視聴」は2017年の段階で「ほとんど毎日」が80.1%と他のメディア（スマホ，ビデオ・DVD，タブレット端末，ゲーム機など）と比べて圧倒的に割合が高く，また使用時間も最も長い．つまり，テレビは最も子どもたちに身近なメディアとして変わらず君臨している．

　だが他方で，現代は小学生の3割がスマートフォンを所持し[2]，小学生男子が「将来なりたい職業」として挙げる仕事の第6位が「ユーチューバー」である[3]．このように，デジタル化の波は子どもの生きる世界を鮮やかに変えている．

　かつてはテレビの長時間にわたる視聴が，子どもの健やかな成長や想像力の育成を妨げるモノとして存在した．同様に現代においては，YouTubeに代表されるインターネットからのコンテンツや，利用者の低年齢化が指摘されるSNSが，子どもの成長を妨げるものとして警戒されている（「目や健康に悪い」「夢中になりすぎる」）．

　「ネオ・デジタルネイティブ」または「ポスト・デジタルネイティブ」と呼ばれている子どもたちは[4]，それ以前の時代における子どもたちと比較して，明らかに違った「社会化」をしている．だが，デジタル・コンテンツの進化と普及について先が読めないように，子どもたちにそうしたデバイスが与える影響についても先を見通すことは難しい．従来は大人が「社会化」において重要な担い手であり，子どもを導く存在であった．だが，本文中でも指摘されている通り，デジタル社会においては「大人にも社会にも正解がわからない環境のなかで」子育てせざるをえないわけで，そこが現代の保護者の悩みどころの一つである．

（加藤朋江）

注　1）ベネッセ教育総合研究所「第2回　乳幼児の親子のメディア活用調査」
　　2）内閣府「平成29年度 青少年のインターネット利用環境実態調査 調査結果（速報）」平成30年2月
　　3）日本FP協会，「2017年度『将来なりたい職業』ランキングトップ10」2018年12月14日取得
　　4）長尾 嘉英「イマドキの小学生『デジタルキッズ』の実態」（電通報）

(撮影：加藤朋江)

🔑 キーターム

家族と教育　　パーソンズ（Parsons, T.）は，1950年代のアメリカ合衆国における家族機能の一つとして子どもの社会化を挙げている．子どもの教育は，家族がすべきであるとされるようになったのは，近代家族においてのことである．家族の多様性が言われる現在，子どもの教育が家族のみによって行われるとは限らない．

子育ての規範　　子育てを行っていく際の基準．家族と社会との距離が大きくなった近代において，さらに個人が尊重される社会では，子育ての規範を社会で共有することがむずかしいと考えられる．

社会と子ども　　子どもという存在が，社会のなかでとらえられるということ．子どもらしさ，理想の子どもは，社会により異なる．子どもを社会・時代のなかでとらえる必要がある．

✐ 子どもの社会化

社会化とは，個人が他者との相互行為のなかで，彼が生活する社会，あるいは将来生活しようとする社会に，適合的な行動様式や価値，知識，技能などを習得する過程である．人は，社会化の過程を経ることにより，社会の適切な一員となることが可能となる．社会では，適合的な行動をとることではじめて個人の欲求も充足されるものである．個人にとっては，自らのニーズを満たすためには社会化される必要がある．一方，新しいメンバーである個人を社会化することにより，社会にとってはその存続が可能となる．

とくに，生まれたばかりの子どもたちにとっての社会化は，非常に重要な意味をもっている．人は，自分の生まれる社会を選ぶことはできない．しかし，どの社会に生まれ落ちるかにより，私たちは使用する言語をはじめとして，その生活様式や価値観までを含む生き方が決定されている．その社会，つまり家族や属する集団がどのような価値観をもち，どのような行動を許すかを認識していないと，欲求を充足することはできない．お腹がすいたときに，どのようにしたら，空腹から救われるのかは，その文化により決められている．

では，私たちはどのようにして，社会化されていくのであろうか．社会化は，生涯にわたって行われるものである．私たちは，新たな集団に属するたびに，他者との相互行為を通して社会化されていくものであるが，社会化は２つの段階に分けられると考えられている．第一次の社会化は，幼少期に行われるものである．誕生したばかりの子どもたちは，周囲の人びとからの働きかけにより社会化されていく．この時期の社会化は，非常に重要なものであり，のちの第二次社会化の基礎となり，土台となる．第一次の社会化が行われる場として，家族があげられる．

子どもたちは，家族のなかで，基本的な行動様式や習慣を学んでいく．社会化は，その担い手と受け手との間の相互行為を通じて実施されていくのである．とくに生まれたばかりの赤ん坊に対して，周囲の人びとは積極的に働きかけを行う．人間は，文化的には無垢な状態で生まれるとはいわれるが，人は生まれ

たままの目で世界をみているわけではないとルース・ベネディクト（Benedict, R.）がいうような面もある．周囲にとって許される行動が，新たなメンバーである子どもたちにも許される行動となる．そのさいに子どもと関わりを多くもつ家族が果たす役割が，大きいとされてきた．子どもたちは，成長とともに少しずつ行動範囲を広げていき，仲間集団との遊びを通して，あるいは地域の人びととのかかわりを通じてさまざまなルールや価値観を学んでいく．

　社会化のなかに，マートン（Merton, R. K.）が提唱した「予期的社会化」がある．「将来を見越した社会化」とも呼ばれるプロセスである．人がすでに所属している集団のみならず，まだ所属していない集団についても，自分の行動の準拠枠とし，その集団のルールや価値を学び取るプロセスをさす．人は，いずれ自分が属するであろうと考える集団の価値や行動を身に着けようとするということである．子どもたちが，自分の将来の姿をどのように描くことができるかにより，行動のパターンが決まってくるということである．これは，社会化される環境が，人の再生産に影響を与えることになる．

　子どもの社会化やしつけを行う際に，その基準となるものにその社会のもつ子ども観がある．子どもとはいかなる存在であるかは，その時代，社会によって異なる．子どもをどのような存在ととらえるかは，理想の子ども像につながり，それは理想の大人像につながっていく．子どもをよりよく育てようとする大人たちは，その子の将来を想像し，豊かで幸せな暮らしができるように，と考えて社会化を行っていくのである．しかし，子ども観は社会により異なるのであるから，社会の変化に伴い，子どもへの対応も変わっていくべきである．

　現代の日本社会は，複雑化多様化しており，その変化のスピードも速い．家族も多様であり日々変化しているとさえいえる．子どもたちが，家族からその世界を広げていく地域社会も，かつてのような社会化の担い手としての役割を果たしきれない．学校も，一様な価値観のもとにはなく，子どもたちを社会化していく規範がみえにくくなっている．そのような社会のなかで，子どもはどのように社会化されていくのか．その際に，家族が果たせる役割とは何か．

✐　子どもと家族の歴史

「子ども期」の発見　子どもという存在は，社会により扱われ方が大きく異なってきた．フィリップ・アリエス（Ariès, P.）は『〈子供〉の誕生』（1960＝1980）のなかで，中世以前のヨーロッパにおいては，子ども期が存在しておらず，子どもは産着を外されると，その後は小さい大人として扱われていたと述べている．人の一生は，単なる生物の生命現象の自然的な推移ではなく，そこに区切りをつけ，それぞれの時代の価値や意味を決める．ここに，文化をもつ人間の特徴をみることができる．

アリエスは，17世紀までの中世芸術に子どもが描かれていないことから，子どもが認められていなかったと論ずる．子どもたちの服装も年齢を表すのではなく，それぞれが属する階層を示すものであった．17世紀になり，子ども期というものへのまなざしが向けられ，かわいがる対象，愛らしい存在，もろい存在としての子どもという「子どもらしさ」がつくられた．大人とは異なる存在としての子どもが誕生したのである．学校や家族が子どものものになっていくのは，子どもという存在が発見されて後のことである．

その後，『エミール』でルソー（Rousseau, J-J）が，子どもとは大人になる前の存在であり，子どもには子どもの特有の見方や，考え方があるという子ども観をつくる．そして，子どもとは，教育されるべき存在であることも発見された．それまでの学校は，教養を求める場所であり，それは生涯にわたるもので時期を定めるものではなかった．年齢も決められず，そこでは規律も求められていなかった．

家族が，愛情により結ばれるものであり，愛の結晶としての子どもが存在し，社会と家族との距離が離れていくのは，近代という時代になってからのものである．子どもが家族の中心となり，子どもの社会化の担い手として家族の存在がその後大きくなっていくのである．子どもという存在が，社会のなかで認識され，イメージされてきたのである．

村の子ども　伝統的な日本社会にあって，子どもは村という共同体のなかで

の存在であった．子どもはこの世とは異なる世界からやってくる，と考えられ
ており，誕生後しばらくはその霊魂が定まらず，いつあちらの世界に戻ってい
ってしまうかわからない存在とされていた．そのために，誕生後には数多くの
産育儀礼を行って，こちらの世界にとどまるように祈った．その際には，家族
という小さな集団ではなく，村社会全体として子どもの誕生を迎えたのである．
家族のみで暮らしていくことはむずかしく，村全体の助け合いの上に人びとの
暮らしがあった．家族と社会はつながっており，社会の規範が家族の規範でも
あった．

　村人として一人前になることが，子どもの社会化の目的であり，そこでは柳
田國男がいう「群れの教育」（1937）が行われていた．また，「平凡と非凡」
（1937）では，日本社会にあって尊重されることは平凡であること，十人並み
であることであったと述べ，さらに非凡であることは，村社会にとっては望む
ことではなかったという．

　一人前の村人になるために，子どもは少しずつその世界を広げていった．
「七つ前は神のうち」という子ども観は，七つまでの子どもには神性がそなわ
っているということと同時に，七つまではあちらの世界とのつながりが深いこ
とを意味していた．七つを過ぎた子どもは，こちらの世の人間として家族ばか
りではなく，たとえば子ども組に加わるなどして，社会とのつながりをもち，
親以外の人びとからの社会化の対象となっていった．

　しつけの方法として「やらふ」ことがいわれていた．「やらふ」とは，前に
たって子どもを導くのではなく，後ろから見ていて，子どもが誤った方向に行
こうとしたときに正すというものである．そして，実の親ばかりではなく，
「仮親」と称する親を依頼し，子どもの成長にかかわってもらうことが行われ
ていた．伝統的な日本社会では，子どもを家族や親のみで育てるのではなく，
村の子どもとして育てていったのである．

　日本の近代化―学校の始まり　明治の時代になり，日本社会は遅れた近代化
を進め，家族についても短期間での近代化を推し進めてきた．資本主義の導入

と同時に武士の「家」を残す形での明治民法による家族に関する取り決めなど，近代家族への移行にはまだしばらく時間を有した．学校制度が1872年に導入され，近代国家としての日本社会が形成されていく．日本国民としての教育が，全国統一の形で導入された．近代家族は，家族と生産領域が分離されていることを特徴としており，夫婦や親子関係の情緒的性格が増大されていき，親密な関係が家族に求められてきた．そして，子どもの成長に学校教育の果たす役割が，重要なものとなっていく．それまで，子どもの教育は，家業を伝えることと共同体で生きていくためのルールを学ぶことが行われていたが，学校教育の導入によりその姿を変えていった．日本社会では，就学率の上昇がきわめて早かったが，女子の就学率も短期間に上昇した．その際に，「良妻賢母」教育が果たした役割は大きかった．女子を将来母となる存在としてとらえ，男子とは異なる教育の必要性を説き，主婦，「奥さん」になることを目標とする教育を行った．そのことは，皮肉にも女子の就学率を上げることにつながったのである．

教育する家族　日本の近代化が進むことは，社会が都市化されていくことでもあった．都市住民が増加し，いわゆる新中間層となっていったのである．1907年ころの平均世帯員数は，4人から4.6人といわれている．地方から都市へと移住していた人口は，家業をもたず，土地から離れた形での暮らしを行う者たちであった．給与所得により生活する人びとである．さらには，男性ひとりの稼ぎで生活できることが理想とされた．新中間層と呼ばれる人びとは，軍人や銀行重役，医者，高級官吏などであり，当時は未だ男性のひとり稼ぎで家族が生活することはむずかしく，かなりの高給取りである．そこには，家父長制家族とは異なる意味での男女の役割分業が存在し，そのための良妻賢母教育の意味が存在した．

新中間層は，家族愛にみちた家庭を築くことを夢見て，しかし，新たな家々の第一祖となるつもりの家族であった．その家族において子どもは，意図的に教育する対象となった．親の家業を継がない子どもにとって，教育のもつ意味

が重要であり，家庭は教育的関心に基づき，合理的に編成されるべきものとなった．子どもは，家族のなかで教育するものであり，親の責任としての子どもの教育，子どもは親が育てるという意識が広がっていく．

都市の家族は，一方の大人である男性，父親は，外で働き生活のための金銭を稼ぐ役割を担う．それに対し母親は，家庭のなかにあり子どもの教育を担当することになった．子どもの将来は，学校教育の成果により決定されるという学歴主義が，子どもの社会化の基準となっていった．家庭教育と学校教育が同型化された．

子どもは，子どもの純真さ・無邪気さという子どもらしさも期待され，他方学校の成績のよい子，そして礼儀正しさも要求されていく．さらに，その子どもの教育を担当する母親には，パーフェクト・マザーともいわれる存在になることが期待されていく．子ども向けの雑誌『赤い鳥』が創刊されるのは1918年，この頃である．

戦後のベビーブーム　1945年に終戦を迎えた日本社会は，それまでの価値観とは異なる価値観をもつ社会へと生まれ変わった．1947年の民法改正により，戸主権の廃止，家督相続の廃止という「家」制度の廃止が実施された．しかし，祭祀維持の条項が存続し，養子制度も温存されたものではあった．

1947年から1949年は，合計特殊出生率が4.0から4.5といういわゆるベビーブームが到来し，その後の日本社会に大きな影響を与える「団塊の世代」が誕生する．戦後，さらに都市に人口が集中し，大都市にはニュータウンが形成され，新しい家族がつくられていく．日本国憲法に保障された男女の平等と個人の尊重によりつくられた新しい家族は，いわゆる核家族という形態を理念とした．

戦後の混乱が続いた時期には，新しい家族では生活が成り立たなかった．エンゲル係数が76.9という時代に日本人は，それまでの親族や共同体としてのつながりを頼りに食糧を手にいれていたのである．そんななか実質的に日本の家族に変化が起きるのは，1950年代半ば以降のことである．1956年の経済白書は「もはや戦後ではない」とうたっている．同時に，農業従事者が都市労働者へ

と転換していく．家族が生産と消費の場から，消費のみの場になっていった．世帯規模が縮小し，世帯構成も単純化していき，家族関係も愛情を重視したものになる．

　それは企業戦士としての男性，家族を守り育児と家事に専念する女性による家庭であった．世界第2位の経済大国へと邁進した日本は，産業構造の変化とともに家族もその形により適合的なものへと変化していった．ただし，戦後の日本の家族は，たとえば祖先祭祀の担い手を必要とし，落合恵美子がいうように「サザエさん」の家族を夢見る家族，大家族を夢見る核家族であった．

　高度経済成長期　オイルショックをうまく乗り越えた日本社会は，高度経済成長をし，経済大国として世界的な地位を確立した．そこでは，日本型雇用といわれる企業と個人・家族との関係が特徴的である．「男は仕事，女は家庭」といわれる明確な性別役割分業が，日本社会全体の価値観となり，男性も女性もその生き方が規範となった．

　日本社会は，男女に学歴の差が少ないことが特徴である．短期大学の存在も，女子が高等教育を受ける機会を増加させた．大学進学率が50％を超えたのは，女子が先行している．しかし，女性たちは学校卒業後に仕事に就くが，その後結婚により家庭に入るものとされていた．「寿退社」などといわれ，女性たちは入社後数年で仕事を辞めていた．いわゆる日本女性の働き方の特徴とされるM字型就労である．このM字の底を深く沈めたのが，実は戦後のベビーブームに生まれた団塊の世代の女性たちである．

　1975年頃をピークに，女性たちは学生時代や社内で恋愛し結婚をして，仕事を辞め専業主婦となっていった．ここで日本の近代家族が多数派となり，標準世帯とされ，幸せな家族とされた．男女により生き方が異なるとされたため，子どもの社会化の目標も男女により違うものとなり，将来の姿は企業戦士と専業主婦という画一化されたものとなる．しかし，数も多く，理想の生き方とされたこの家族のあり方は，それ以外の存在を例外，欠損した姿として見えない存在としていった．

近代家族の終焉　高度経済成長期の家族こそが，近代家族である．近代とい
う時代によりふさわしい形の家族である．生産の場を家族の外にもち，愛情と
いう絆により結ばれた家族である．当時の産業構造とマッチする形で，サラリ
ーマンの夫，専業主婦の妻，子ども2人という家族が日本中を席巻した．しか
し，1980年代に日本社会は少しずつ変化をしていく．安定した経済のなか，企
業は従業員とその家族の生活や人生を包みこんでいた．そんななか，1975年の
世界女性会議ののちの国際婦人年や，1985年の男女雇用機会均等法など女性を
めぐる環境に変化が現れた．女性たちは，結婚して子育てをすることのみを人
生の目標とすることに少しずつではあるが疑問を感じていく．それは，平均寿
命の伸長により，わずか2人の子どもの成長後の自分の姿を描くことへの不安
もあった．

1990年代に入るとバブルの崩壊とともに，日本の景気に陰りが見えるように
なる．男性のひとり稼ぎのみで中流の生活を維持していくことが困難になり始
め，既婚女性のパートタイム労働という形での就労が始まる．日本の女性たち
の高学歴は，その後の収入につながらないものとされていたが，女性たちが仕
事というものに改めて向き合うようになっていった．

共働き世帯数が1997年には専業主婦世帯数を上回る．「夫が外で働き，妻が
家庭を守るべきである」という考えに賛成する割合は，一貫して減少していく．
また，男女ともに未婚率が上昇し，とくに男性の未婚率は2010年で20%を超え
ている．

しかし，このような状況のなかでも，育児担当者としては女性・母親を第一
に考えることが多いのではないだろうか．男性の育児休暇取得率が伸びない．
子どもの社会化の担い手を母親とし，実際に育児に携わる時間とエネルギーを
母親に期待する社会は少子化がいっこうにとまらない．

家族文化の多様性

家族とは何か　家族は人間にとって普遍的な存在なのであろうか．近年，と

くに若者たちにとって「大切なもの」としての家族の地位が上昇している．しかし，家族を定義することは困難であり，一人ひとりが思う家族を否定することはもっともむずかしい．一緒に住むことは必ずしも家族の条件でもなく，生計をともにする人びとは世帯として扱われる．

　人類はその歴史のなかで，さまざまな家族を形成してきた．その形は多様で，機能も一様ではなく，関係性も多岐にわたる．それでも，われわれは家族とそれ以外の人との区別を行ってきたという．

　とくに，1980年代に日本の家族が大きく変化していくなかで，その危機が叫ばれた．当時「当たり前の家族」とも思われていた，夫がサラリーマン，妻が専業主婦，子ども2人という家族は近代という時代に適合した近代家族であり，それは決して普遍的なものでない，と「近代家族論」が論破した．

　家族のあり方は，それぞれの社会にふさわしい合理的な形で存在するものであり，「正しい家族」という絶対的なものは存在しない．

　親子の意味　家族には，夫婦関係と親子関係という異なる関係が存在する．そのどちらを優先するかは，その家族の特徴を表す．親子関係は，生物としての関係を意味するものではない．むしろ，社会関係である．近代社会の重要な価値を形成する「愛情」により夫婦が結ばれ，その愛の証としての子どもという点が強調されてきたが，親子は，妊娠や出産，そしてそれに関わることによってのみ成立するものではない．父性の不確実性から，父親は生物学的な父親と社会的な父親との要素をもつことがいわれてきた．生殖技術の発展から，近年では母親をもどのように誰が決めるのかも問題とされている．

　子どもは，その生命の維持のためには誰かの助けが必要であり，さらに子どもとは未熟な存在であるという子ども観が誕生してからは，子どもを育てることと教育することが必要とされた．その際の育児担当者が，親であること，とくに生物学的な親であることに価値がおかれるようになった近代にあって，親子は子どもの社会化に重要なものとなった．家族のなかで子どもは育てられるものならば，どのような家族に生まれるかにより，初期の社会化が実施され，そ

れに続く形でのその後の社会化が継続されていく．子どもがどのような人間に
なるかに親のもつ意味が一層重要な社会になっている．

　子どもの価値　日本社会の問題として少子化が取り上げられて久しい．戦後
のベビーブームを終えて，合計特殊出生率は減少を続けていたが，1989年に
1.57ショックと騒がれてから，とくに少子化問題がクローズアップされるよう
になった．戦後，1組の夫婦に誕生する子どもの数は2.2人で安定していたため，
子どもの数の減少は，未婚化によるものと判断されていた．しかし，その後も
少子化は進み，1年間に生まれる赤ちゃんの数は100万人を切るようになって
いる．

　さらに日本社会は，人口減少という人類初の経験をしている．そこで，少子
化の問題は社会全体で取り組む問題とされ，政策としても大きく取り上げられ
ている．それでも，子どもの数は増えない．現代社会にとって，子どもの価値
とは何であろうか．子どもに価値があるか議論すること自体，これまでにない
経験である．しかし，人は意識するしないにかかわらず価値のないことはしな
いのではないだろうか．

　伝統的な日本社会にあっては，子どもは家を継ぐ存在として必要であった．
誰かの子孫として生まれ，家を存続し，祖先となっていくことが人としての価
値であった．家族関係において親子関係をより重視するなかで，女性は家の跡
取りの母になることで婚家の成員権を確立していったのである．また家族が生
産の機能ももっていた社会にあっては，子どもは重要な労働力であった．

　愛情の価値を大きく認める近代社会にあって，子どもに対しても愛情の対象
としての価値が大きくなっていく．子どもの存在は，夫婦の絆を強めるもの，
親たちの生きがいとなり，子育てにより自分が成長するなどの精神的価値をも
つものである．

✐　子どもの社会化の現在

　核家族の多様化　1980年の家族類型のうち，43.1％が夫婦と未婚の子どもで

208

あり，4.2％がひとり親と子ども，夫婦のみは13.1％であり，これらが核家族に分類されていた．2015年には，夫婦と子どもは26.9％，ひとり親と子どもは8.9％，夫婦のみは20.1％である．核家族世帯の割合とすると，1980年には60.3％，2015年でも55.9％となる．

G. P. マードック（Murdock, G. P.）が，1949年に『社会構造』のなかで，核家族と命名した家族は，夫婦と未婚の子どもたちをさし，その当時のアメリカ合衆国においては圧倒的多数がこのような家族をつくっていた．日本では，戦前の理念とされた三世代直系家族から核家族が家族の姿とされ，たとえば相続形態も核家族の原理に基づいて子どもたちの均分相続となった．家族は，世代を超えて存続するものではなく，夫婦関係を中心としたものとされた．

しかし，現在の日本の核家族は，夫婦と未婚の子どもたちの家族，DINKSといわれる夫婦のみの家族の増加，ひとり親世帯の増加など，多様化が進んでいる．

社会の規範　子どもを社会化するために基準とされるべき，社会の規範もみえにくくなっている．理由は一様ではないとはいえ，社会の未婚化が進み生涯未婚率が20％に近づいている．皆婚社会は崩壊し，結婚するべき，子どもをもつべきなどと考える人の方が少数派になっている．

規範を共有できない社会で，社会の新たなメンバーである子どもを社会化していくことは非常にむずかしい．家族が社会の公的領域から隔離された近代社会にあって，家族のなかで子育てを行うものとすれば，子育ての方法や価値観について，共通の規範を提示することができなくなっているのではないか．どこに子どもの社会化の指標を求めたらよいのだろうか．

子どもの世界　社会が複雑化し急速に変化し，さらに科学技術の進歩によりそれまで人の手によってなされてきたものが，どんどん機械化されるようになっている．ゲームを子どもに買い与えるべきか，スマートフォンを何歳からもたせるべきか，など大人にも社会にも正解がわからない環境のなかで成長していかざるをえない．

　学校における人間関係も複雑化している．教室つまり学級という世界は，子どもの成長に合わせてプログラムがつくられ，子どもはそのなかで多くの時間を過ごす．そこは，規律に基づき，子どもたちは管理される対象となる．「望ましい人間関係」を築き，学力向上のために学級のなかで行動することが期待される．しかし，学校に適合できなかった場合に，家族はどのような対応をするべきか，必ずしも正解があるわけではない．

　親密性　家族は，公共圏と親密圏という対概念のなかで，愛情を中心とした感情を頻繁にやり取りする場としてとらえる考え方が，1990年代以降欧米を中心に広くみられるようになった．日本社会における親密性は，欧米のものと同じではないとの指摘もあり，親子関係やきょうだい関係としての意味であり，共同性を伴う．親密圏における関係性として，自分の選択より運命的なものと考える．そこでは，親密圏内のメンバーが援助を必要とする場合は，ある種義務的に対応すべきと考える．親密圏の人間，つまり家族に何かあった場合は，互いに援助しあうべきということになる．その結果，その負担に耐えられない場合は，家族をもたないという方向に進んでいるというのである．

　福祉と家族　子どもが育つ場として，家族は重要な意味をもってきた．しかし，かつては家族ばかりでなくその周囲の親族，さらには地域が子育てに加わっていた．近代社会は家族を外の社会から切り離し，子どもは家族のなかで育てるものとしてきた．家族は，核家族という小家族になった．核家族は，元来それだけで成り立つのはむずかしく，社会福祉制度を必要とした．

　家族の形や意味が変化しており，家族を子どもの社会化を引き受ける唯一の存在であると考えることが可能かどうか．家族が子どもを社会化することが，正しいかたちであるかどうかを大きく変化する社会のなかで，考えてみる必要がある．

📖 **参考文献**

アリエス，P.（杉山光信・杉山恵美子訳）（1960＝1980）『〈子供〉の誕生』みすず書房

広井多鶴子・小玉亮子（2010）『現代の親子問題』日本図書センター

広田照幸（1999）『日本人のしつけは衰退したか』講談社現代新書

小山静子編（2013）『子供・家族と教育』日本図書センター

マートン，R.K.（森東吾・森好夫・金沢実・中島竜太郎訳）（1957＝1961）『社会理論と社会構造』みすず書房

落合恵美子（2004）『21世紀家族へ』有斐閣

落合恵美子編（2013）『親密圏と公共圏の再編成─アジア近代からの問い』京都大学学術出版会

沢山美果子（2013）『近代家族と子育て』吉川弘文館

鈴木翔（2012）『教室内カースト』光文社新書

第14章　災害と家族

それぞれの〈避難〉の物語

　「福島第一原子力発電所事故で強制的に故郷を追われた人がいる．避難指示は出されていないものの，遠くへ避難した人がいる．放射能の影響を懸念しながらも，避難せずに残った人がいる．共通しているのは，原発事故がなければしなくてもよかった「傷み」（引用ママ）を背負わされてきた，ということだ．（中略）

　ネット社会は，不特定多数に広く情報を伝えることをよしとする．だが，避難というセンシティブな状況にいる当事者にとって，想定された範囲を超えて「自らの語り」が独り歩きし，思いもよらぬ反応が返ってくることは，自身の「傷み」を増幅させるリスクに溢れている．多かれ少なかれ，さまざまなところで経験したであろう避難をめぐるディス・コミュニケーションが，「あえて語らない」ということを選択させる場面に，私自身，別の避難者調査の中で何度も直面していた．

　避難したこと，避難を続けること，避難を終えること．何が正解なのかはわからないから，お母さんたちは迷い，悩みながら，それぞれの基準で判断し，それぞれの時間を生きていた．だからこそ，周囲の反応をうかがいながら，出したりひっこめたりする，当事者の揺れる心に寄り添いながらの情報発信があっていいと思った．お母さんたちを取り巻く原発事故後の世界はどのようなものだったか．どのようなものであり続けているのか．いま語れることもあるだろうし，語れないこともあるだろう．」（「六つの『物語（ナラティヴ）』が生まれるまで」関礼子・廣本由香編『鳥栖のつむぎ』新泉社，2014：6-12）

　本書には福島の原発事故後に佐賀県鳥栖市に避難した家族の6つの「物語」が収められている．「原発事故がなければしなくてもよかった『傷み』を背負わされてきた」という指摘は，避難世帯にかかわらず日本で子育てをする全ての保護者に共通していえることなのではないだろうか．

「被災者支援ふくおか市民ネットワーク」の交流スペース「うぃすてりあ」。同団体は東日本大震災の後に設立され，行政やNPO，企業，団体，個人などを有機的につなぎ，主として福岡への避難を希望している人びとを支援している。

（写真提供：被災者支援ふくおか市民ネットワーク）

☞ キーターム

原発避難　福島第一原子力発電所の事故後，ピーク期には16万人に及ぶ人びとが住み慣れた土地を離れ，避難を余儀なくされた．そのうち，政府が指示する警戒区域，計画的避難区域からの避難者が11万人とされ，「自主的避難」とされる人びとは5万人と推測される．「『自主的』といっても，いつ爆発するかもしれない原発から逃れるため，あるいは高い線量にさらされ，子どもや家族を守るためにやむにやまれず，故郷を離れた」人びとであり，「多くの方々が，避難先で，経済的あるいは心理的な苦難に直面して」いる（満田，2014）．

　2011年3月11日，東北沖を震源とする大地震が発生，それによって引き起こされた津波によって1万5千人余りの尊い人命が奪われた．津波の災害によって，いまだに2,500人余り（2018年3月現在）が行方不明とされている．また，この震災によって福島第一原子力発電所が事故を起こし，おびただしい量の放射性物質が周囲にまき散らされた．このことによって，原発の周囲に住む住民たちが強制的に，または自らの判断によって住んでいる場所から離れ，移住している．このように災害は，「家族」メンバーの突然の不在，居住環境が変わることによる「家族」間の関係性の変化を引き起こす．

　平和とされる現代日本で生活していると，自分たちが含まれる「家族」との生活は，メンバーのライフステージにおける変化，すなわち結婚や進学や就職等がない限り，急な変化には晒されないと思いがちである．だが，2011年の東日本大震災の以前にも，たとえば1995年の阪神大震災，2004年の中越地震があった．加えて，最近では2016年4月の熊本地震が記憶に新しい．複数のプレートの上に国土のある日本は地震大国であり，いつ，どこで大きな地震が起こってもおかしくないと言われている．現在運転中の原子力発電所の数は全国で42基であり（2018年1月現在），大きな地震・台風・水害などの自然災害の発生のたびに，災害そのものがもたらす被害と共に原発による周囲への影響が常に心配される．

　本章では，2011年3月の福島第一原子力発電所（以下，福島原発と省略）の事故後に東京から九州のX県Y市へ家族での移住を決めたAさんの語りを紹介する．東京は福島原発から200キロ隔たっており，原発事故から7年を経過した今では放射能汚染の危険性が少ない，またはまったく意識されない地域としてとらえられている．

　ではなぜ，Aさんはそこから離れることを決めたのか．そのことによって，「家族」のメンバーにおいてどのような変化が生じ，また他の「家族」とどのような緊張関係や葛藤が生じたのか．Aさんの語りを中心とした避難者の事例によってその点を考察していきたい．

　なお，インタビューは2016年4月，Aさんが現在居住している九州のX県Y市で実施された．Aさんと筆者はそれに先立つ3月にX県内で実施された福島原発事故による自主避難者の交流会で面識を持ち，研究目的によるインタビューについて快諾を得た．当日はICレコーダによる録音をおこない，それをテキストに起こした．ご本人が特定されない形での公表についても承諾を得ていることをここに明記しておく．

✎　震災までと震災の直後

　Aさんは，2016年のインタビュー当時40代前半であり，小学生の子ども2人の母親である．彼女はどういう経緯でX県に来たのだろうか．

　「高校卒業まではずっと九州外のZ県で，大学がX県で，でまた就職で地元に戻って実家から会社に勤めてて．夫はX県出身で大学時代に知り合いました．彼が関東に行ってたので結婚を機にじゃあ私もみたいな感じで一緒に行って，そのあと東京に引っ越すことになってずっと（自分も）金融系の仕事は続けてたんですけど．震災の3年，4年位前にお家を買い，定年したら九州に戻ろうかなぐらいの（気持ちでいた），家を売ったらいいし，みたいな感じで住んでました．
　子どもが，震災の時，年長と2歳．2人とも保育園に行ってました．夫も私も正社員でした」

2011年3月13日，震災の当日はどうであったか．

　「震災の時には夫も私も2人とも帰宅難民になって，保育園に着いたのが9時半位，保育園が見てくれてたので助かりましたね．翌日は土曜日だから，会社は休みで何となく普通に過ごしてましたね．びっくりしたね，とか言いながら．その時，原発の事は全然考えてなかった」

　震災の当時は，水などのストックがあったため，生活にもそれほど支障がなかった．そんな彼女が動き出すのは，翌週の月曜日以降である．

　「月曜日（14日）に会社に行っても何も特にっていうか，みな仕事するような心理状態でもなくて．で，15日に朝，放射能が来たっていうのを，会社で知ったんですね．つながりのある人から，この動画で配信，情報配信してるよ，っていうのを聞いて何だったかな，原子力なんとか，CNNか何かちょっと覚えてないけど，Ustreamかな，ずっと配信してて東京に朝，放射能が来たっていうのを知って『マジで！』と思って，これは逃げないといけないと思って」

「放射能が来た」という表現をセンセーショナルなものとして受け止める方もいるかもしれない．だが，よく知られているように，3月12日に福島原発の第1号機が水素爆発を起こし，周辺に放射性物質がまき散らされた．その後，汚染された雲が千葉・東京方面に動き，雨によって汚染物質が叩き落とされた結果，千葉や東京の一部にも部分的に放射線量が高い地域が発生するに至った．この件を知ってからのAさんの行動は早かった．

　「それで，東京都内すごく人数が居るので逃げる時に羽田にしろ，新幹線にしろ，パニックになるなと思ってたから，逃げるんだったら（みんなよりも）前に逃げないといけないと思って．15日に仕事もせずにその動画を見てたら「来た」っていうのを初めて知って，上司に『もう帰ります』『しばらく休みをいただきます』って言って，もうそのまま保育園に迎えに行きました．家に帰って荷物を取って，保育園に行ってしばらく保育園を休みますって言って，実家のZ県（西日本）に帰りました．その時，夫にも一緒に行こうって言ったけど，彼は行けないって言って，残りました．
　（震災直後の）土日はなんか余裕が無くて，いつもだったら必ずネットチ

ェックってするんだけど，ネットチェックをしてなかった．してたら，早く
動いたかもしれないかもしれないけど，その時は，東京まで来るかなとかって，なんかそんな事も思ってたし，来ないんじゃない？位の感覚だった．のほほんとしてたと思う，っていうのもあるし，やっぱり，地震の方に気をとられてたっていうのもあるし，子どもと普通に過ごしたいなとか，何か色んな事がこう，あいまって，爆発情報とか情報取るのが遅くなってたと思いますね」

　この語りにあるように，3月15日に東京に「放射能が来た」という情報を得たのち，Aさんは仕事を休んで保育園児である子どもたちを連れ，実家のあるZ県に移動した．この当時，関東・東北エリアにいる幼い子どもを持つ（母）親が子どもと一緒に一時的に九州や北海道，西日本に避難していた話はよく聞かれた．たとえば，筆者は震災当時東京都内在住であったが，Aさん同様，2011年の3月には幼稚園児の長子，未就園児の末子を連れて九州に一時避難をしていた．3月中旬に長子の幼稚園で卒園式がおこなわれた折，3分の1にあたる園児がそれを欠席した．度重なる余震や原発事故に対する不安から，母親たちが子どもを連れて関西や九州に移動していたから，というように聞いている．
　さて，Aさん母子はその後東京に戻っている．

　「上の子が3月下旬に卒園式だったんですよ．だからそれに合わせて戻りました．戻った後くらいにちょうど東京の金町浄水場の水に（放射性物質が）出たっていうのを知って．これは，大変だと思ったんだけど，そこでもいまいちピンと来てなくて『あ，水飲んじゃだめだからペットボトルの水で』みたいな．家にある水を使おうくらいの感じだったんだけど，保育園での給食とかが気になり始めて，水だけじゃなくて他の野菜とかも汚染されてるって何か，調べたら色んな情報がようやく出てきてたと思うんですね．
　それで4月に入ったら，食物の汚染とか水の汚染いうのがすごい気にな

ってて，4 月の終わりに保育園の役員会議みたいのがあって，そこで『ペットボトルの水とか持って来たい人は，そういう変更をしてもいいっていう何か対応をしてほしい』と保育園に言ったら，断られて．『全員に，この人は持ってくる，この人は持ってこないとかいう対応は出来ない』って言われて」

　金町浄水場の水道汚染の後，東京都内では自治体が 2 歳以下の子どもの水道水の摂取を控えるような通達を出したり，無料でミネラルウォーターを配布するような騒ぎが起こった．水についてはストックがあったために困ることがなかったAさんではあるが，それを機に食物汚染が気になるようになる．

🖉 チェルノブイリの記憶

　ここで，キーワードになるのが「子ども」である．子どもは放射性物質に対する耐性が大人より低い．そして，放射性物質に汚染された地域では，子どもの甲状腺がん等のリスクが高くなる．こうしたことは，1986 年に旧ソビエト社会主義共和国連邦で起こったチェルノブイリ原発の事故によって日本にも知られており，2011 年 3 月の福島原発以降ではとくにチェルノブイリ原発の事故について日本との比較において改めて報道されたり，またネットで記事が紹介されたりした．

　「チェルノブイリについては，私ほとんど記憶に無くて，チーズが（汚染されていて）駄目とか何かそんな事とか，『夏に扇風機をかけっぱなしにしてると，突然死する』っていうのが流行ったんですよ．何でそれが記憶に残ってるかっていうと，実家のある町はすごく田舎でちっちゃいんだけど，あるお兄さんが阪大かどっかに行ってて死んだんですよ，それで．私は，チェルノブイリだと思いましたけど．中学校の私でさえ何かすごくセンセーショナルだったんですね．その時は，チェルノブイリと私はシナプスでは全然結

びついてなかったけど，何か今回も何かありましたよね，何か突然死するっていうか，チェルノブイリの話だったかな．だから，あれ（扇風機をかけっぱなしにしていると放射性物質が飛んできて突然死するという噂）は多分放射能がこっち，日本に来てて何か亡くなる一つの現象だったんじゃないかなって」

　とはいってもＡさんの場合は，チェルノブイリ原発の事故にまつわる記憶そのものが彼女に東京からの移住を決意させたわけではない．直接の契機は彼女が当時関わっていた仕事の内容そのものであった．このことについては後述する．

　だが，福島原発の事故後にいわゆる「自主避難」を決断した世帯において，この「チェルノブイリ」に対する言及というのは少なからずある．避難の当事者によるネットワークグループが福岡教育大学の西崎研究室と共同で2013年4月に実施した実態調査によれば，「震災直後，原発の爆発をテレビで見てから，これはただ事ではないと原発，放射性物質，チェルノブイリ事故などについて一から調べました」という意見や，「チェルノブイリは1,200キロの西ドイツまで高濃度放射能が来ていたということを聞いていたので九州でも危ないのではと心配になった」という声が聞かれた．また，東京から福岡に避難した母親は「チェルノブイリのことを調べていたので，まず1,000キロっていうのが自分の中にあったんですよね．（中略）1,000キロ離れた距離で，北海道か福岡かって思うと，福岡」と思い，福岡に避難移住することを決めた（西崎，2014）．このように，放射性物質の害を重くみる世帯において，チェルノブイリ原発の事故は，参照できる数少ない先行事例となっている．

✐　放射性物質に対する考えの相違

　放射性物質についての考えをめぐって，家族員の考えが異なり，そのために関係性が変わる場合がある．Ａさんの家ではどうであったか．

「夫はちょっとずつ変わってきてはいると思うんですね．ただ，放射能に関して，すごく危ないっていう感じではなくて，けど良くないものだね，って．それよりも彼を多分動かしたのは，まあ震災で，子ども達が放射能の所，汚染された所にいるのは，あんまり良いとは思わないねって．

　それと，九州の人は九州ラブな方（が多い）なので，東京よりもX県で子育てをした方が．だから放射能がって言って説得したっていうよりも，地元に帰って子育てした方が，この機会だし，もういいんじゃない？っていうそっちの方が夫には多分大きく響いてると思うんですね．だから放射能の事はもちろん話してたけど，X県での子育ての方が安心だね．安全だね．みたいな，そっちのスタンスです．6月にギアチェンジしたっていう点では，夫も同意して」

　X県への移住は，Aさん本人においては，原発事故による放射性物質の飛散に対する忌避意識が直接の契機であるが，夫にとっては「地元に帰って子育て」という魅力が大きく，それで移住を決意するに至った．

　だが，震災や原発事故といった非常事態によって，夫婦の中の価値観のずれが露呈し，関係性が変わってしまうケースもある．三浦天紗子の著作である『震災離婚』は，著者自身を含めてそうしたカップルの現実が記されているドキュメンタリーであるが，同書において取材されている一人であるHさんは，震災後の3月末より子どもを連れて宮城県仙台市から北海道の実家に避難した．

　「子どもへの影響がどのくらいあるのかはっきりした情報が出ないこともあり」，Hさんは「どうしても仙台に住む気になれなかった．一般には，福島に比べたら，仙台市の放射能被害はぐっと少ないと考えられている．だが，子どもをなるべく安全な環境で育てたいという願いは，住まいが避難区域の隣接地域か，あるいはだいぶ遠いかということにはあまり関係がない．東京などの首都圏や，もっと西へ避難している人たちもいるのだ」．Hさんの場合，7月近くまで北海道に母子で滞在するが，夫の母親に非難されて一時仙台に戻る．だが，子ど

もが喉の痛みを訴え，放射能の影響ではないかと疑いあちこちの医療機関を転々とする．そうしたHさんの態度に義母は「あなた，頭がおかしいんじゃないの？　そんなに心配しなくても大丈夫よ」と，まるで彼女が「神経質すぎるのがいけないのだといわんばかりにあきれる．夫も姑に同調しているのが伝わってくる」．「自分の不安を夫も姑も理解してくれなかった，それどころか聞く耳さえ持ってくれなかったという失望」を彼女は抱えるに至る（三浦，2012：50-52）．

　Aさんの場合，一番身近な他者である夫は彼女の放射性物質に対する考え方に共感してくれた．だが，夫以外の周囲の他者とは，まさに東京の「放射性物質による被害」に対する評価をめぐり，関係性に変化が生じた．

　　「ドイツ気象協会（のサイト）でしたっけ？　（それを見て）やっぱり，放射能がきてる時は，外遊びをさせてほしくないっていう事を（子どもの保育園に）伝えたんですけど，まあちょっと端折りますけど，結局モンスターペアレントみたいなことを園長先生から言われて．それは，他の人から噂で聞いたんですけど，その要望に対して受け入れはしてもらえず，かつ『あの人の言ってる事はおかしい』とか，『園ではこう考えてます』みたいな，『放射能は大したことじゃない』みたいな，そんなことをおっしゃって．あとは『個別の相談に来てください』みたいな．結局お母さん同士が，まとまっていう事は出来なかったんですよね．
　　声をかけてみて，『放射能ってこうなってるんだよ』って言っても，『へー知らなーい』っていう感じのお母さんだけで，内心，心配してる人は居たとしてもその人とつながるまでの活動してたわけでもないし，そこまではいかなかったですね．何人かそれでも徐々に危ないと思ってる人って居るんだなっていうのが分かって．その人たち同士で情報交換をして．園のつながりとあと小学校のつながりも含めて」
　　「ママ友達に頭がおかしいんじゃないかとか，まあダイレクトに言われた

ケースもあるし. すっごい（仲良しの）お友達っていうのはですね. やっぱ
働いてるとそこまで出来なかったんですよね. 会社の人, あとママ友達って
言っても何かグループに入ってた訳でも何でもなく, 迎えに行って, こう連
れて帰るだけの. それでも保育園のお母さんたちから多分おかしいと思われ
てたと思うんですよ. けど, そうやって何か私の事を非難してくる人も後で
分かったんだけど, すごく放射能の事を心配してて苦しかったんでしょうね.
　で, 私はすぐ逃げたりとか, 色んな事言ってましたから. だから言えない
立場の人も居て, まあ逆に傷つけたのかもしれないけど, それはその人のま
あ, キャパシティの狭さという事で. 私は, 本当に堂々としてました. 自分
で言うのもなんだけど. 子どもに嘘をつかないとか, 自分に嘘をつかないと
いう事をモットーにしてたので, そこが守られてる限り全然平気だったんで
すよね.
　だから, お陰で一緒に西日本の野菜を一緒に買うお友達とかも出来たし,
だけど, 結局その 2 人とも, 移住したいっていう希望はちょっと今の所叶っ
てないんだけど」

　筆者がかつて聞き取り調査をした別の避難世帯でも, 放射性物質の被害に対
する考えをめぐって家族員や親戚, 友人という親しい関係性から, 職場の同僚,
子どもの園や学校でつながりを持った他の保護者（母親の場合は「ママ友」）との
関係に大きな変化が生じるケースを多数聞いた. もともとうまくいっていない関
係性が原発事故を機に決裂した, という場合も多いのであるが, 原発事故さえ
なければ当たり障りなく付き合えた（かもしれない）相手と放射性物質の危険
性に対する考え方の違いという理由で決定的に「袂を分かつ」という経験を多
くの避難者がしている.

🖋 移住の実際
　A さんは 2011 年の 3 月末に一時避難をしていた Z 県から東京に戻り, そして

最終的には夫の出身地であるX県に移住することになるが，その間も東京に住む上でのさまざまな工夫があった．

「移住までは，子どもの安全も確保しながら小学校でも校庭を除染したいねとか言って，何か話しながら，（同じ考えを持つ人と）結局まとまることは，出来なかったんですね．つながりきれなかった．それは，話してみたけど，汚染されてないって言い切りたい人たちのグループ，『私たちの地元は，〇〇区は汚れてない』とか．この地元は汚れてないっていうその気持ちは分かる．何かそうなんだと思ったから，ああ，もうこの人たちに言っても中々まとまらないと思ったから，何ていうかあんまり人を巻き込まずに，孤独に行動をしようと．つながってる人たちだけでって思って私を含めて3家族で西日本の野菜を購入してそれを，分け合ったりとか，そういうような生活をまず始めて，野菜，食べる物の確保をして」

小学生だった上の子どもについては，6月からお弁当を持たせていた．プールにも入らないなどの制約があったのでしんどかっただろう，と彼女は語る．そしてその間も持ち家を売るために不動産屋に足を運んでいた．

「家を売りたいって言ったのが，8月位だったかな．10月位には売れる目処がたってたんで，その時点で11月末で会社には辞めますっていうのを言ったりとかして，だからもう10月11月は引継ぎとかでばたばた過ぎ去った」
「11月末にお家が売れて，夫がまたラッキーな事に，11月末に住まいから押し出される前日にこちらで就職が決まったんですね．東京から出る時にY市にマンションを借りる事にして夫は直接Y市に来たんですね．もう次の日からは，こちらの会社に通ったんです．私は，久しぶりに会社を辞めたので，じゃあちょっとしばらく実家に居ようという事になって東京を出て実家で4ヶ月過ごして，子どももZ県の小学校に行ったりとか．下の方は園には通わ

ずにお家でまあぶらぶらしてたというか，遊んでたんですけど．で，４ケ月
過ごして４月にY市に来てお父さんと合流したみたいな感じ」

　Aさんの世帯は2011年３月当初の母子の一時避難，そして12月から翌年３月
も４カ月間，夫と離れて暮らすことを強いられた．実家に身を寄せるとはいえ，
家計は２つに分かれることとなり負担も大きかったはずである．結果的に2012年
４月からX県Y市でAさん夫妻と子どもたちは同居できるようになったが，この
間は家族を支える「家計」にも大きな変化が生じた．家族を支える基盤である
ところの「家計」，災害によって生じたその変化に関しては，後ほどまた彼女
の語りを聞くことにしたい．

新しいネットワークの構築

　実家のあるZ県での４カ月の保養の後，Aさん一家は2012年４月からX県に
住み始めるに至った．そして移住後しばらくして，Y市における避難者の会
"風の会"[1]を取りまとめるに至っている．

　「こちらに来てから半年位は，生活がこっちに慣れるのとかで割と精いっ
ぱいだったのかな．何も特に本当に何にもすることなく，片づけをしたりと
か，子どもの小学校の参観日に行ったりとか，専業主婦みたいな感じで過ご
しつつ，半年くらい経って秋くらいの時に，初めて何か原発の集会みたいな
のに行ってみたりとか，避難者の集会みたいなのに行ってみて，ああ，こん
な人が居るんだっていう事で，Y市にも避難者が来てるっていう事でつなが
ったんですよね．そう，それまでは何か私って，避難者なのか，支援者なの
かよく分かんないみたいな，こっちに来ちゃったもんだから．

　だからつながったからっていって特に，急にギアが変わる訳ではなかった
んだけど，その後，原発事故子ども・被災者支援法とかが出来て，そういう
ことに関するイベントを別の地域の方がやっていてたまに行ってたんですよ

224

ね．そんな事をしてたんだけど，Y市には，ほとんど避難者居ないなと思って2013年の夏に“風の会”を，立ち上げたんですね．

それは，その前に何かお茶会とか，何かつながってる人同士がこう，だんだんまとまってきて5，6人Y市に居るんだっていうのが分かって，じゃあお茶会でもするボランティアグループをまあ，立ち上げようかなっていった所で，その時すでに別の地域に避難者の自主グループがあったのでY市も，みたいな感じ．お茶会とかぬり絵を塗る会とかその時々で講師を呼んでしてもらったりとか，ボランティア団体だと補助金がもらえる市民活性化事業みたいなのがあるんですね．それをもらいながらっていうところで1年半活動しましたね．その後もたまに集まってお茶会をやっています．今は補助金はもらっておらず，講師の人を特に呼ぶとかっていうのはやってなくて，まあ無料で来てくれるのは別ですけど」

東京に住んでいた時に，放射性物質をどう考えるかという点でAさんは従来の交流関係から切り離された経験を有していた．Y市においては，逆に「危険性を感じて移住を決めた」という点において考え方が一致する人びとと共におり，そこから新たな関係性が生まれている．「災害」がもたらす，数少ないプラスの側面の一つである．

✎ 移住の決め手となったもの

冒頭に述べた通り，Aさんが住んでいた東京は避難区域からの移住者が移り住むことはあっても，そこから放射性物質による被害を想定して別の地域に移り住むということは一般的には考え難いエリアである．では，彼女を九州への避難に駆り立てたものは何だったのか．

「私，東京でやってた仕事の時に，医療じゃなくてファイナンスの面で「がん」の患者さん達と関わっていたんです．がんの先進医療の重粒子の施

設が九州の鳥栖に出来たんですけど，あれって千葉の放医研（放射線医学総合研究所）から持ってきてるんですよね．足が放射能の，水に浸かっちゃったっていう人達が運び込まれたのが放医研なんですけど，そこにインタビューに行ったりとか，そんな仕事をしてたんですよね．

　あくまでも医療じゃなくて，がんファイナンスとして，がんになるとどれ位お金がかかるんだろうとか，あと保険とかの仕事してて放射線治療というのはめっちゃ素晴しいなと思ってたんですよ．普通のエックス線とかじゃなくてその，重粒子とかって言われる炭素線て言うんですけど．で，そんな事を勉強させてもらいながら，『放射線て素晴しいね』って思ってた時に爆発して，それがこの世にこう，ばらまかれてるんだと思ったら，めっちゃ危ないやんって思って，それとまあ，放射線の威力の凄さと．

　それともう一つ，やっぱり，がん患者さんと一緒に仕事してる中でがんになったらきついなって思ってたんですね．その時でさえ，2人に1人ががんになるって多分もっと上がってくると思うんだけど，あの，特に小児がんとかって言うと親も相当つらいなって．それを思うと，放射能をばらまかれてがんになる可能性が上がってる所に住んでいて，もし子どもが「がん」になったら，もう何か私，絶対耐えられないと思って．それも放射能がある所に住んでるという事で，退避というか移動してたらそのリスクが2分の1に抑えられるんであれば，何故それをしなかったのだろうとか，結局自分を責めてしまう．そんな責める位にリスクが分かってるんだったらなんで逃げなかったんだろうって，うん．結局自分のためにも，自分に嘘をついてるみたいな事になると思って」

　「『なんでお母さん知ってるのに，なんで逃げてくれなかった？』みたいなこととか，何かそんなことを想像すると，何かねベッドの上でこう，がんになっていって，（などと）想像するともうこれはもう絶対，私逃げないと自分自身がやってられないと思って，だから一つは放射線治療の凄さっていうのと，あともう一つが「がん」患者さん，その2つが相まって，スイッチ

オンみたいな」

　原発事故が周辺の住民に対して与える健康被害，とくに間接的な外部被曝に対しては，大気中の汚染，汚染物質が河川や海域へ降下することによる水質汚濁，そして土壌汚染がある．こうした放射性物質を体内に取り込むことを内部被曝というが，これには大気中や土壌において微粒子となった放射性物質を取り込む吸引被曝と，放射能汚染された農作物や海産物を食べたり，汚染された水を飲むことによる摂取被曝がある．

　チェルノブイリ原発事故の例でいえば，放射性ヨウ素の被曝によって甲状腺ガンが増加し，とくに乳幼児に多大な患者を生んだ．だが，「放射線の影響は，低い被曝線量での発がんや遺伝的な影響など，まだわからないことも多」く，専門家ですら意見が分かれている（大木，2012：21-42）．

　日本において，2011年3月の福島原発事故以降に子育てをしている世帯は，放射性物質に対する評価を意識的に，あるいは無意識のうちに決めているのではなかろうか．すなわち，自分の住んでいる地域の放射線量や摂取する食べ物に対する安全性の判断をおこない，何らかの態度で示す（食べる／食べない，住む／住まない），またはこのことについて「忘れる・考えない」という態度である．東京に住むことにしても，ある人は安全であると言う．対して，Aさんをはじめとする避難者たちはそこを子育てに向かない土地とみなして移住をする．

　そして，このような放射性物質に対する評価と態度によって，保護者やかれらを取り巻く人間関係のネットワークは，大きく分断されるに至った．このことをわれわれ，すなわち「家族」や子育てについて学んだり研究したりしている者たちは，もう少し重くみるべきではないだろうか．

✐　移住したことに伴う悩み

　Aさんの語りに戻ろう．彼女は，夫や子どもたちと共に，東京から夫の郷里である九州のX県に無事に移住をすることができた．幸いにも，夫はX県で仕

事を得ている．子どもたちもX県の中での子どものコミュニティに溶け込み，とくに問題なく生活を送ることができている．では，移住によって困った点や悩みなどは無いのであろうか．

　「困ってることね．私，今は『お金の話』を家計の専門家としてやってるので，そこを話したいなと思うんだけど．私今回，会社を辞めて自営でやってるけど，やっぱり，2馬力で働いていたので，会社でもらってたお給料まで追いついてないんですよね．そこをまず目指してるんですけど」

　2馬力，というのはひとつの世帯の中に夫と彼女と2人，フルタイムでの稼ぎ手がいたということを示す．

　「現在は金融関係の資格を活かして，保険の代理店に勤めているわけでもなく自営というか独立して相談業務をやっています．そうは言っても，急に慣れない土地でバンバン営業することも（できない）．転居して1年経って避難者交流会とかもやり始めて，何となくこう気持ちが上に上がってきて，『ああ，お仕事もしよう』みたいな感じになってきて，いま丸4年経ってるのかな．それでも家計的には，東京で暮らしてた時より（収入が少ない）．そこを生活の基準に持っていくときついですよね」

　これは，避難世帯の母親のうち，かつてフルタイムワーカーであった人びとが共有する悩みである．収入の減少によって人生設計が大きく狂わされた，そう嘆く声も聞いたことがある．

　「けど，比べられないものをこっちではたくさんもらってるので，安心とか安全とか．もちろん，川内原発とか玄海原発の心配ってありますけど，今『もくもく』しているのは，フクイチ（福島第一原子力発電所）なんです．

それを思うと，欲しいものが手に入るっていうのがすごく生活コストを下げているんじゃないかなと．東京だとやっぱり水は全て買ったりとかあと浄水器とか．野菜も絶対取り寄せてると思うし，小学校にもお弁当だろうし，保育園にしても．もう2人とも保育園じゃないですけどずっと無認可とかにやってたと思うんですよね．そう思うとまあ，何となくやってこれて良かったなあって」

「お金に替えられない」安心と安全と．あのまま東京で暮らしていたら，高い世帯収入を得ることができたかもしれないが，水や食べ物などにかかるコストも大きかったはずである．そう思って，避難世帯は自分を納得させる．

「（とはいえ，）生活レベルをやっぱり落とすこと（は大変）ですよね．収入がある時はあるように，ない時はないように暮らすって言うのが，人間すごく難しいと．大変なんだけど，どちらかというと強制的に変えざるを得ない位の，何か爆発的な物がっていうか，起こったと思うんです．避難者にとっては．食べられていたものをまず食べないんで．だから否応なく手に入れたいなと思うものが手に入っても，あんまり嬉しくないものになっちゃったみたいな感じもあって，食べ物だったものが食べ物じゃなくなったりすると，ね．今の生活はやっぱり恵まれてるんでしょうね．家計はね．縮小ですね」

東日本大震災という名の大きな地震，そしてそれによって引き起こされた原発事故という災害によって，Aさんの家族は大きく生活を変えることになった．冒頭で示したコラムにあるように，「お母さんたちは迷い，悩みながら，それぞれの基準で判断し，それぞれの時間を生きていた」．そして，福島原発事故は未だに収束しておらず，多くの人員が危険な作業に投入されている．また，Aさんのように，原発事故という「災害」をきっかけとして，それまでは思いもかけなかった人生に家族と一緒にシフトチェンジした人びともおられる．

「家族」とは恒久的なものではなく変動するものである．そして，変動の一つの契機として「災害」があり，前述したように日本に住む限り，それはいつ誰の身に起こってもおかしくないことであることを，読者には覚えておいていただきたい．

注
1）「風の会」は，仮名である．

📖 引用・参考文献

満田夏花（2014）「『避難』の選択肢を切り捨ててきた『避難政策』」eシフト（脱原発・新しいエネルギー政策を実現する会）編『「原発事故子ども・被災者支援法」と「避難の権利」』合同出版，51-73

三浦天紗子（2012）『震災離婚』イースト・プレス

西崎緑編（2014）『平和・共生ブックレット　原発事故から3年　九州に避難した人たちの今』

大木久光（2012）『イラストでわかる　原発と放射能』技報堂出版

第15章　がん患者家族とグリーフ

デンマークのホスピスでの家族へのケア

ディアコニーセスティフテルセ・
ホスピスの外観（筆者撮影）

ディアコニーセスティフテルセ・ホスピス副施設長Ms.Hanne Monbergの説明「このホスピスでは，できるだけ患者の家族の要望も聞くようにしています．要望は，さまざまですが，最も多いのは，『身体的痛みを取ってください』ということです．残された人生を痛みに耐えることだけに費やしてほしくないからです」

「週に1回ここでミサをやり，家族も参加します」

「死後6週間の時に家族にこちらに来てもらいます．どの家族にも連絡を取って，6週間後に一番身近な人，たとえば配偶者・子どもであったり，親友だったりと家族全部じゃなくて，とくに親しかった人に連絡をして『どうですか』声をとかけます．年に一度，11月，全国的な催しがあり日本のお盆みたいなものですが，亡くなった人をしのぶ日があります．その年に亡くなったり，前の年に亡くなった人たちの家族に声をかけて，『一緒に思い出を語り合いませんか』ということをしています．それ以上に話し合いをしたい場合には，『がん撲滅協会でそういうサービスを提供していますのでそちらの方へ問い合わせてください』という説明をしています」

「人員がたくさんいれば，もっと話に応じたいのですが残念ながらそこまで手が回りません」（2017年8月28日筆者の取材による．通訳は，田口繁夫氏）

ディアコニーセスティフテルセ・
ホスピスの居室（筆者撮影）

（撮影：ぱくたそ）

🔑 キーターム

緩和ケア（palliative care）　身体的，心理的，社会的およびスピリチュアルなケアを提供することによって，患者および家族ができるだけ高いQOLを維持することをめざすもの．世界保健機関（WHO）によれば，重い病の早い段階から適用される．

クオリティ・オブ・デス（quality of death）　死にゆく人が，望むような最期を迎えられたかどうかを表す指標．

グリーフ（grief）　一般には，愛する対象を失った悲しみ．家族を失ったすべての人が経験する自然な反応だが，それぞれのグリーフは，独自で個別性が強い．

予期悲嘆（anticipated grief）　愛する対象を失うことを予期した悲しみ．

グリーフワーク（grief work）　愛する対象を失った悲しみからの回復とその過程．

✐ 大量死時代

　現代は，大量死時代といわれることがある．政府統計によると2021年は，出生数が81万1,622人だったのに対し，死亡数が143万9,856人と出生数を62万8,234人も上回った．

　日本は2005年を境に人口減少社会に突入しており，これからも毎年56万人規模で人口が減少していくことが予測される．国立社会保障・人口問題研究所が公表した将来推計人口によると，2065年の日本の人口は，8,808万人になる．

　また，2021年の主な死因別の死亡数は，第１位が悪性新生物で人口10万人あたり3,107人，第２位が心疾患で同174.9人，第３位が老衰で同123.8人，また第４位が脳血管疾患で同85.2人だった（2021年人口動態調査）．

　上記の悪性新生物というのはがんのことである．現在では，日本人の２人に１人ががんにかかり，３人に１人ががんで亡くなるといわれている．

表15- 1　人口動態（出生数と死亡数等）の年次推移

西暦	元号	出生数	死亡数	自然増減数
2005	平成17	1,062,530	1,083,796	△21,266
2006	18	1,092,674	1,084,451	8,223
2007	19	1,089,818	1,108,334	△18,516
2008	20	1,091,156	1,142,407	△51,251
2009	21	1,070,036	1,141,865	△71,829
2010	22	1,071,305	1,197,014	△125,709
2011	23	1,050,807	1,253,068	△202,261
2012	24	1,037,232	1,256,359	△219,127
2013	25	1,029,817	1,268,438	△238,621
2014	26	1,003,609	1,273,025	△269,416
2015	27	1,005,721	1,290,510	△284,789
2016	28	977,242	1,308,158	△330,916
2017	29	946,146	1,340,567	△394,421
2018	30	918,400	1,362,470	△444,070
2019	令和元年	865,239	1,381,093	△515,854
2020	2	840,835	1,372,755	△531,920
2021	3	811,622	1,439,856	△628,234

出所）厚生労働省，人口動態総覧（2022）より抜粋

サイコオンコロジー

ところで，一億総ストレス時代になって，「心のケア」がもてはやされ，「がんと心」についても，さまざまなプロパーで取り沙汰されるようになった．それらのなかには，疑わしい短絡した言説が見受けられたり，心と体の関係を単純化しすぎたりしているものもある．

このがん患者の心の問題を扱う医学としてサイコオンコロジーがあり，精神腫瘍学と訳される場合がある．サイコオンコロジーには，2つの射程があり，ひとつは，がんが心に与える影響，すなわちがんが患者，家族，医療スタッフの心に与える影響である．もうひとつの射程は，心や行動ががんに与える影響である．どうすればがんにならずにすむのか？　どうすれば，がんを抱えても長生きできるのか？　を研究することである（岸本・内富，2009：10-11）．

本章では，まさにがんの家族員が他の家族に与える影響やストレスを取り上げたい．

緩和ケア

がん患者の家族が，緩和ケアの対象だということは，世界保健機構（以下WHO）の定義にも謳ってある．

そのWHOの定義（1990）によれば，「緩和ケアとは，治癒を目的とした治療が有効ではなくなった患者に対する積極的な全人的ケアである．痛みやその他の症状のコントロール，そして霊的（スピリチュアルな）問題の解決が最も重要な課題となる．緩和ケアの目的は，患者とその家族にとってできる限り可能な最高のQOLを実現することである．末期だけでなく，もっと早い病気の患者に対して治療と同時に適応すべき点がある」（恒藤，1997：3，カッコ内は筆者）とされる．

また，生命倫理事典では，「生命を脅かすような状況に置かれた家族や患者の生活の質を向上させる働きかけ．それは，狭義には痛みやその他の症状からの解放を行うことであり，広義には精神的サポートや心理的サポートを診断の

最初の時から最期の時，さらには遺族の悲嘆に対しても行うことを含める」としている（酒井他編，2002：219-220）．

　上の両定義は，一般にはわかりづらいことから，日本緩和医療学会では「緩和ケアとは，重い病を抱える患者やその家族一人一人の身体や心などの様々なつらさをやわらげ，より豊かな人生を送ることができるように支えていくケア」と新しい説明文をつくった（同学会，2015年2月配布のパンフレットより）．

　いずれにしても定義上，家族も患者である．厚生労働省終末期ガイドラインでは，医療・ケアチームにより可能な限り疼痛やその他の不快な症状を十分に緩和し，患者・家族の精神的・社会的な援助を含めた総合的な医療およびケアを行うことが必要であるとされている．患者が意思決定できない場合，①家族が患者の意思を推定できる場合には，その推定意思を尊重し，患者にとっての最善の治療方針をとることを基本とする．②家族が患者の意思を推定できない場合には，患者にとって何が最善であるかについて家族と十分に話し合い，患者にとっての最善の治療方針をとることを基本とする．③家族がいない場合および家族が判断を医療・ケアチームに委ねる場合には，患者にとっての最善の治療方針をとることを基本とする，等々の指針が示されている．

　また，日本老年医学会の「立場表明2012」をそのまま抜粋すると，立場1で，年齢による差別（エイジズム）に反対する「最善の医療とケアをうける権利」を，立場2で，個と文化を尊重する医療およびケアの重視を提唱している．立場2では，「わが国特有の家族観・倫理観」，「患者個々の死生観，価値観，思想・心情・信仰」を大切にする．立場3では，本人の満足を物差しにすることである．老人医療でも「苦痛の緩和とQOLの維持・向上」が大切なのである．立場4では，家族もケアの対象にすることが謳われ，立場5では，チームによる医療とケアが必須とされる．学際的な医療とケアが必須なのである．立場6では，死の教育を必修にすることが大事とされ，死の教育，そして終末期医療およびケアについての実践的教育が大切であるとされる．

✎　クオリティ・オブ・ライフとクオリティ・オブ・デス

　上記のように，医療においては「家族はケアの対象である」ことの認識は共通だが，グループや立場によって，そのケアに対する取り組みはさまざまである．

　しかし，それぞれのプロパーで問題にされることは，クオリティ・オブ・ライフ（以下QOL）の維持・向上という共通尺度で論じることが可能である．

　五十嵐正紘（1994：373）は，地域医療を論じるなかで，個人のQOLを以下のように具体化している．

① 人生観，価値観，イデオロギー，宗教

② 生命観，死観

③ こだわっているもの，大事にしているもの

　人に触られたくないもの，秘密にしておきたいもの

④ 趣味，楽しみにしているもの

⑤ 仕事

⑥ ライフワーク，人生目標，生きがいにしているもの

⑦ 家庭，家族，友人

　②において，QOLは，生命観，死観と関連するとされている．つまり，日本でもQOLと同時にQODが重視されるようになった．しかし，クオリティ・オブ・デス（Quality of Death，以下QOD）は，いまだに多くの国で死と同様にタブー視されている．以下，Economist Intelligence Unit（2010）の主張に沿ってこの問題を整理したい．

　1．世界緩和ケア・アライアンス（Worldwide Palliative Care Alliance：WPCA）によれば，ホスピスや緩和ケアを必要とする人は，毎年1億人を超えるが，実際にそれを利用できるのはそれを必要とする人びとの8％に満たないという（Economist Intelligence Unit, 2010）．

　2．世界の国々では，人びとの平均寿命が延びて高齢者が増加しているとい

うことで，すぐにでもエンド・オブ・ライフケア（End of life care：緩和ケアを含むが，より広いケアの社会的，法的要因，スピリチュアルな要因にも留意する）の必要性が急増するにもかかわらず，緩和ケア戦略を包括的ヘルスケア政策に組み込んでいる国はほとんどない．

　3．世界的にみても，緩和ケア教育がヘルスケア教育のカリキュラムに含まれていることはまれである．

　4．緩和ケアやエンド・オブ・ライフケアの専門施設は，国の医療制度の一部門でないことが多い．

　5．鎮静剤の使用は，悲惨なことに世界のほとんどの地域で十分には使えない状態にあり，その結果，死を目前にした人だけでなく，その人びとが大切に思っている人びとに計り知れない多くの苦しみがもたらされている．

　6．緩和ケアが，より幅広い保健政策のなかに深く統合され，そして「クオリティ・オブ・デス」を高めると（中略），明らかに，人類のQOLも向上するであろう，ということだ．

　ちなみに，日本は，死の質ランキングで23位という低位にある（Economist Intelligence Unit, 2010：17）．

　ここで，QOLに話を戻すと，家庭（まま）のQOL，地域のQOLは，以下の事柄をめぐって考えられる．

　　① 老いの価値
　　② 生きがいの支援
　　③ 共生
　　④ 援助者の確保

　まず，①の老いの価値であるが，それぞれの地域に老いの文化がある．そして，②については，最新の生きがい研究では，生きがいにとって「ありのままの価値の自覚」が大切であるともいわれるようになった．すなわち，生きていることそれ自体に喜びを感じるような方向性である．そうだとすると，生きることのなかで，単身や家族生活の違いによって，生きがい観の違いが生じるか

ランク　国

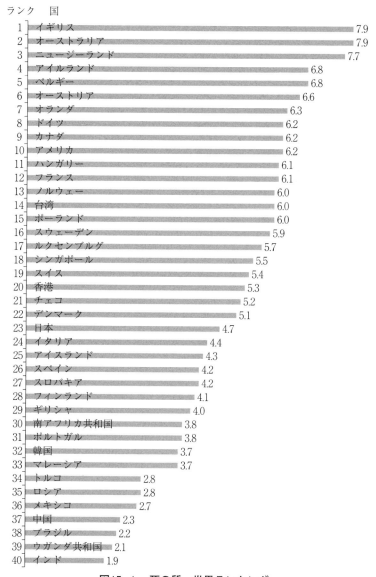

ランク	国	
1	イギリス	7.9
2	オーストラリア	7.9
3	ニュージーランド	7.7
4	アイルランド	6.8
5	ベルギー	6.8
6	オーストリア	6.6
7	オランダ	6.3
8	ドイツ	6.2
9	カナダ	6.2
10	アメリカ	6.2
11	ハンガリー	6.1
12	フランス	6.1
13	ノルウェー	6.0
14	台湾	6.0
15	ポーランド	6.0
16	スウェーデン	5.9
17	ルクセンブルグ	5.7
18	シンガポール	5.5
19	スイス	5.4
20	香港	5.3
21	チェコ	5.2
22	デンマーク	5.1
23	日本	4.7
24	イタリア	4.4
25	アイスランド	4.3
26	スペイン	4.2
27	スロバキア	4.2
28	フィンランド	4.1
29	ギリシャ	4.0
30	南アフリカ共和国	3.8
31	ポルトガル	3.8
32	韓国	3.7
33	マレーシア	3.7
34	トルコ	2.8
35	ロシア	2.8
36	メキシコ	2.7
37	中国	2.3
38	ブラジル	2.2
39	ウガンダ共和国	2.1
40	インド	1.9

図15-1　死の質　世界ランキング

出所）Economist Intelligence Unit（2010）*The quality of death: Ranking end-of-life care across the world.*（丸祐一・小野谷加奈恵・飯田亘之訳）（2013）『死の質—エンド・オブ・ライフケア世界ランキング』東信堂, p.17）

ということになるが，違うという有力な証拠はない．

　そして，③（家族の）共生ということでは，統合医療の導入，家族介護者のQOLそして家族以外の他者のインフォーマルな援助を上手に取り入れることなどが，問題になる．④では，そうした介護保険を含めたフォーマルな援助者の確保が大切になってくる．近年，これらのことは「地域包括ケア」ですべての利用者に対応することとなった．地域包括ケアとは，地域包括支援センターを拠点として行われる地域住民の保健医療の向上および福祉の増進を総合的に支援することである．したがって，このなかに在宅緩和ケアも含まれることになる．

✐　第二の患者論

　他方，2006年「がん対策基本法」が成立した．これに基づき2007年にがん対策推進基本計画が策定され，全体目標にも「すべてのがん患者とその家族の苦痛の軽減と療養生活の質の維持・向上」が掲げられた．2012年には，第2期基本計画において「がんになっても安心して暮らせる社会の構築」が全体目標に加わった．

　しかし，がん患者を成員にもつ家族は，孤立しがちである．医療においても家族は「第二の患者」と呼ばれるとおり，大切に扱われるべき存在として位置づけられている．サイコオンコロジーでは，家族は三重苦を背負うとされる．

　すなわち，第一に，病魔は，もちろん患者の体のなかにだけ生じたものであるが，心理的には家族としてがんを抱えてしまう．だから，病によって生じるストレスは患者と同等である．

　第二に，一般的には，家族は，介護を提供する側として大いに期待される．現状の日本の医療では，24時間完全看護とはいえ，家族が介護にかかわらざるを得ないような制度枠組みしか用意されていない．

　第三に，社会学的にいえば周囲の無理解のなか，患者と自分たち，患者と医療者を含む周囲との関係，自分たち家族と周囲との関係という3種類の関係に

も意を払わざるを得ない（岸本・内富，2009）．

　このように家族は，家族員ががんにかかった瞬間から，これまでに経験した
こともない大きなストレスにさらされる．しかも，患者や医療者への従属が始
まるのである．従属というと言葉は悪いが，まさに患者中心の生活にならざる
を得ない．また，そうしたなかでは，患者である家族の治療に関しても，医療
者の裁量と提案に従属的にならざるを得ないのである．患者中心主義を唱える
医療者のパターナリズムと出会うからである．

🖉　がん患者家族の心の問題

　国立がん研究センターのホームページによると，看病の過程で起こる心の問
題は，大きく３つのフェイズに分けられるという．すなわち，ひとつ目は「が
んと告げられた時の衝撃」である．それは，ひとつには強い葛藤であり，ショ
ックが収まると仕事や医療費やサポート体制などをどうするかという現実問題
が山積する．そして，自分たちの心のケアはあとまわしになり，心の病が悪化
する可能性がある．

　２つ目は，生活スタイルの変化である．たとえば，共働きのどちらかが仕事
を休むことは，経済的にも負担であるが，家族内の役割を他の成員が代行する
ことになる．あるいは，役割の再配分がうまくいかない場合がある．

　３つ目は，不確定な将来への不安である．「治療の続行」と「再発・転移へ
の不安」による一喜一憂を繰り返すことの慢性的ストレスは計り知れない．

　家族員のなかでも，長く連れ添った配偶者への心理的影響はもっとも大きい
といわれる．パートナーが乳がんになった男性はならなかった男性に比べ，う
つ病などの心的障害によって入院する確率は1.4倍という研究があった．デン
マークの男性約116万人を13年間追跡した結果，パートナーが死亡した場合の
同リスクは，3.6倍だということである．

　家族のなかには，強い自責の念から抜け出せない人もいる．病気の発見の遅
さへの後悔，治療や生活の選択と方法などを何度も繰り返して，反省する．

それから，自分は何もしてあげられないという無力感にさいなまれる家族も大半だ．ある程度病状が進んでしまうと，これらの感情は，予期悲嘆（後述）と重なることがある．

✐ グリーフ

第二の患者である家族にとっては，患者が亡くなったあとのグリーフ（grief）は深刻である．グリーフとは，愛する対象を失った後の悲しみをいい，日本では，「悲嘆」と訳されることが多い．

長寿は素晴らしいことであるが，人びとが長生きする間にはさまざまな別れを経験する．夫婦であれば，どちらかが必ず先に亡くなる．また，多くの人は，そのずっと前に親の死を経験する．夫婦2人の親は，4人いるのだ．若いうちに子どもの死を経験する人たちもいる．

家族は，もし家族員の誰かが「がん」だったりすると，余命宣告されるずっと以前から，介護しつつも来るべき死別の悲しみに苦しむのだ．このように，あらかじめ予測される悲しみのことを予期悲嘆という．そして，予期悲嘆は，時間がたつと本当の悲嘆に変わる．

誰かが亡くなるとき，家族は，心臓がえぐり取られるかのような苦痛を味わうという．俗に，「親が亡くなるときは過去を失い，配偶者が亡くなるときには現在を失い，子どもが亡くなるときには未来を失う」という．

配偶者の事例を取り上げてみたい．

配偶者を亡くした倉嶋は，以下のように述懐している．

「伴侶の死は誰もが経験することですが，今，まさにその喪失感に苦しんでいる人にとって，それは誰の苦しみともどんな苦しみとも比較しようのない，絶対的な苦しみです．愛する人を亡くした人はみな，そのつらさは誰にもわかってもらえない，どんなふうに慰められてもいえるものではない，自分一人が背負っていくしかない悲しみだと言います．私もそう感じていました」（倉嶋，2002：163）．

　倉嶋の悲嘆は，うつとそれに伴う自殺未遂を引き起こすほどのものだったという.

　このように，近親者の死は，それぞれに別々のしかも強度の悲しみを引き起こす. このことは，筆者が大学生時代に学んだラーとホームズ（1967）のストレスマグニチュードを想起させる. それは，生活上の困難をマグニチュード法で数値化し，ライフストレス強度として評価尺度にしたものだった.

　あくまで，参考としてのみ提示するが，彼らは，配偶者の死を100として最大値にしていたのである.

　以下，離婚が73，別居が65，近親者の死は，刑務所入りと並んで63の４位だった. 日米の死生観の文化的差異をとりあえず置いて述べておくと，近親者の死とはこれほどの一大事だということになる（ジオシティズ　ストレス・マグニチュードhttp://www.geocities.jp/honmei00/zasugaku/sutoresmagnichuudo.html. 2016年11月８日検索）.

🖊 グリーフケア

　ここまでは，悲嘆そのものについて述べてきたが，ここでは，グリーフケア，すなわち悲嘆にくれる人のケアについて述べたい. グリーフケアといういい方のほかに欧米でよく使われるビリーブメントケア（bereavement care）といういい方もあるが，目下のところ前者の方が人口に膾炙しているため，前者を用いたい.

　医療者の側には，そもそも，グリーフケアが必要かという議論とそれを誰が担うべきかという議論が併存する.

　また，死別体験者のなかにも，グリーフケアに拒絶的な声も耳にすることが多い.

　それは，悲嘆に対する認識の甘さからくるものである. ここでは，ウォーデン（Worden, J. W.）の「一人ひとりの悲嘆はすべての人たちと似ている（以下，悲嘆の性質①）. 一人ひとりの悲嘆はある人たちの悲嘆と似ている（以下，悲嘆

の性質②）．一人ひとりの悲嘆はだれの悲嘆とも似ていない（以下，悲嘆の性質
③）」を引きながら，グリーフケアについて論じる（ウォーデン，2011：9．括
弧内は筆者）．

　吉田利康が，引用しているK. H.さんの以下の文章は，かなり痛烈である（吉
田，2013：134-135）．

　　今の私は悲しみについて語ったり，自覚したりするのにはかなりの時間を
　要すると思っています．そんな私ですから，訪問看護師として働いていたこ
　ろも，医療者が言うグリーフケアという言葉にうさん臭さを感じていました．
　　「あんたになにがわかるねん」という想いを抱きしめて歩いてきた時間は，
　無駄ではなかったのです．
　　焦らずに自分自身の想いに正しく向き合っていれば，いいタイミングで出
　逢いがあることを経験しました．
　　無理は禁物．
　　嫌なものは嫌．
　　善意の押し付けはいらない．
　　もし，「グリーフケア」なるものがあるとするならば，「あんたに，なにが
　わかるねん」と拒絶されて当然と，そういう相手の気持ちも全部含めて丸抱
　え，できるかどうかなのだと思います．

　ここには，グリーフケアについての考えとともに，すべてのケアギヴァーが
自覚すべき論点が含まれている．すなわち，ゲストから突き付けられた「あな
たには，私の考えていること，私の抱える複雑性は理解不能です．お話しする
つもりもありません．お話ししてから，後悔するのも嫌です」という「不信」
は，悲嘆の性質③に対する個別ケアの不能性を指摘するものである．ケアギヴ
ァーがこの不信を「信頼」に変えるこころと術をもっているか? という根源的
な問いがなされたのである．

　話を戻したい．グリーフは，一時的ではない．人によって強いグリーフを感じる期間も長さも異なる．しかしながら，その期間は残された家族（遺族）がもっとも弱っている時期である．家族を中心に考えると「被援助」ニーズは，強いととらえられる．そのニーズは，家族員それぞれでしかもデリケートだということを強調したい．

　それに対して，上記の根源的な問いに真摯に答えようとするのはもちろん，そういった人たちこそ支えていきたいと考えるグループがさまざまある．ここでは，そのグループをいちいち紹介することはしないが，支えたい人びととの様々な出会いがあってはじめて，グリーフケアという仕組みを成立させるのだということである．

🖋 グリーフワーク

　しかし，援助という行為の本質は，あくまで自立援助であるから，残された家族は，自分で故人に関する想い，喪失経験に関する認識，変容した世界に関する認識などそれぞれを直視し，その意味を再構成させていく必要がある．このことをグリーフワーク（grief work，「悲嘆の作業」あるいは「悲嘆の仕事」と訳されたこともあるが，今日ではこのカタカナ表記で通じる）という．

　悲嘆の深さという表現が適切かどうかは判断できないが，悲嘆の性質の③だけはそれぞれの対応になる．

　ウォーデンによると，グリーフワークには，4つの課題がある（ウォーデン，2011）．

課題I　喪失の現実を受け入れること
課題II　悲嘆の痛みを消化していくこと
課題III　故人のいない世界に適応すること
課題IV　新たな人生を歩み始める途上において，故人との永続的なつながりを見出すこと

（1）　喪失の現実を受け入れること（課題Ⅰ）

　ここからしばらくは，ウォーデンを参考にしつつ，4つの課題について考えていきたい．

　まず，誰かが亡くなったとき，たとえその死が予期されたものであっても，現実とは思えないのがふつうである．もう帰ってこないという現実と正面から向き合い，この世では再会は不可能だと信じられるようになることだ．そう信じられるようになる（受容）には，時間が必要である．

　したがって，否認が続く．否認がいつまで続くかは，悲嘆者自身もわからないことであるが，それが長期に続く場合もある．

（2）　悲嘆の悲しみを消化していくこと（課題Ⅱ）

　愛する人の喪失は，そうやすやすと受け入れられるものではない．悲しんで悲しんで悲しみ尽くすことが肝要であるという人もいる．すなわち，苦痛を感じ尽くし，その苦痛もやがては過ぎてゆくというワークから逃げてはならないのだという．安易な逃げとして，お酒を飲みすぎたり，薬を常用したりすることがある．また，旅に癒しを求める人もいる．百人百様なのだ．

　悲嘆の痛みには，悲しみや絶望感だけではなく，不安，怒り，罪悪感，抑うつ，孤独感といった感情もあり，うつ病その他の精神障害を引き起こす場合もある．悲しみの消化のつらさは，悲嘆の性質①〜③のすべての位相で感じられるべきものであるから，これも体験したものでなくてはわからないといわれることがある．

（3）　故人のいない世界に適応すること（課題Ⅲ）

　この場合の適応は，3つあるという．ひとつ目は，「外的適応」である．

　　残された人は普通，喪失後しばらくたってからでないと，故人が行っていた役割のすべてには気づかないものだ．

　多くの人は，新しい生活のスキルを習得して，かつてパートナーが行っていた役割を担わなければならないことにいらだちさえ感じるかもしれない

（ウォーデン，2011：46）．

　次に必要なのは，「内的適応」である．自らのあらたな「自己認識」（原著では「自己感覚」）に適応するという難題がある．死別が，根源的な意味において，アイデンティティ，自尊心，自己効力感などに大きく影響をする．

　たとえば，配偶者との死別は，夫と妻の関係において成立していた関係的自己の喪失を意味する．そういった場合の適応は，自己を「夫婦の片割れ」でなく独立した「自分」として認識するようになることである（ウォーデン，2011：47）．

　3つ目は，スピリチュアルな適応である．死による喪失は，その人の基盤にある人生の価値や人生哲学の問い直しを迫る．愛する人を失うことは，①世界は信じられる場所だということ，②この世界は意味があるということ，③自分自身には価値があるということの想定が崩れ，問い直しを迫られることでもある．すなわち，「世界を学びなおす」必要性が生じてくる．

（4）　新たな人生を歩み始める途上において，故人との永続的なつながりを見
　　出すこと（課題Ⅳ）

　残された人は，人生のなかでもっとも重要な位置にあった人を忘れることもできないし，「あきらめる」こともできない．ここでの援助者の仕事は，残された人に故人との関係をあきらめさせることではなく，心の中の適切な場所に故人を位置づけることを手助けすることである．

　家族にとって，この課題Ⅳが，もっとも困難である．この課題が完了していない人は，まだ「人生を楽しめない（not living）」，すなわち，本当には生きていない，あるいは本来と思える生き方をしていないのだという．

死別へのサポート

　グリーフワークは，とくに配偶者を亡くした夫または妻にとっては，ひとりで乗り越えるには過酷すぎる．失った人は戻りはしないからである．しかし，

配偶者のいない世界を受け入れて，有意義な人生を送ることは可能だともされている．

そのためには，以下の3種のサポートを活用することが大事になってくる．

（1）　医療の力を借りる

一般に悲嘆が病的な場合，遺族は，精神科や心療内科にかかることが必要になってくる．医師は，身体症状に対する投薬ができるため，有効な対応をしやすいはずである．いくつかの病院では，がん患者家族の外来も受け付けるようになったし，臨床心理士も配置されるようになり，ようやくがん患者家族に目が向けられるようになったかにみえる．

しかし，当事者間では，医療機関での対応があまりに機械的であるとの不満が聞かれることも確かだ．診療報酬制であるため，傾聴というところまでいかない．そして，話を聞いても，非審判的態度が基本であるため，ある判断が是か非かの回答を決してしてくれないのが常である．結局，迷いを消そうとしても無駄なのである．

（2）　専門家の力を借りる

最近では，心理カウンセラーそして喪失専門のグリーフケアカウンセラーの養成も始められ，徐々にではあるが，相談しやすい環境が整いつつある．くり返しになるが，当事者は，もっともデリケートな心理状態にあるので，カウンセラーには集中した専門的訓練が不可欠となろう．あえていわせていただくと，未熟な応談者は，遺族としての家族をよけい傷つけてしまうことになりかねない．詳しく論じている余裕はないが，残念ながら，日本の現状はいまだにこのレベルにとどまっているのだ．

（3）　自助グループやサポートグループの力を借りる

これらのうち，もっとも「助けになった」と評価されるのが自助グループあるいはサポートグループである．しかし，現状では，多くのグループも玉石混交であり，当事者は自分に合うところを慎重に選ぶ必要がある．ここでもまた，遺族は，判断のつかないところでの選択を強いられることになる．

選択の余裕がない状態でとりあえずサポートを得ようとするのは，逆効果になる場合があることを銘記しておくことも大切だ．

🖋 自助グループ

愛する人を亡くした人は，その続柄によってさまざまな体験をする．上記のように，夫婦二人暮らしだった人たちの配偶者がなくなれば，独りぼっちになる．また，夫婦と未婚の子からなる家族の父親か母親がなくなれば，ひとり親家族になる．

また，三世代家族の誰が亡くなっても，お互い喪失のとらえ方が違っていれば，別々の苦しみを背負うことになるので，逆に，家族には悲嘆の苦しみを切り出しにくくなる場合もでてこよう．悲嘆の性質③によるグリーフワークの違いが強く出てくるのが家族であるといえよう．

それに対して，悲嘆の性質①と②を根拠として成立するのが，自助グループである．一般に，こうしたグループを形成する目的は，以下の5項目だといわれる（高松，2004：14-15）.

（1）　問題の解決や軽減

グリーフの場合，なかなか解決や立ち直りという表現は使いにくいが，自己の悩みや痛みを安心のできる雰囲気のなかで吐露することで，グリーフが軽減するように感じることがあるかもしれない．

（2）　問題との付き合い方を学ぶ

悲嘆は，生涯続くものとみなされるが，この思いどおりにならない現実との折り合いの付け方を同じ境遇の人から学ぶことができる．

（3）　居場所づくり

若林（1994）によると，家族と死別した人は，居場所がないような感覚に陥るという．しかし，自助グループでは，①安心感，②連帯感，③表現の自由，④ケアのギブ・アンド・テイク，⑤自己の受容などが可能になるという点で，グリーフケアが行われうるのだ．

説明を加えると，①の安心感は，全員が同じことを経験しているので，前置きなしに自分固有の悲嘆（悲嘆の性質③）を心置きなく展開できる雰囲気があることを指す．②連帯感は，「自分だけなのではない」「一人ではない」などの感覚が得られる．③参加者には，同じ経験を味わった仲間なので，そのとき感じていることを何でも聴いてもらえるし，タブーであるため，批判もしてこない．④あえてピアグループという言葉を用いるなら，参加者は，ケアテイカーでもあり，ケアギヴァーでもある．ケアギヴァーであることは，自己の支えにもなる．⑤同じような悲嘆経験者を発見することによって，「ありのままの自己」を受容し，resilience（以下，レジリエンス）を強めることができる．

レジリエンスとは，もともと，弾力性や復元力を意味する物理学用語である．精神医学におけるレジリエンスには，回復因子と回復に向けた力動的過程という２つの意味があるという．「レジリエンスとは，厳しい状況にあっても，人間が持つ内的な力によってその状況を跳ね返し適応し，立ち直れる力であり，その過程である．悲嘆に関しても，それをマイナスとしてとらえるのではなく，人間的成長の契機として意味づけることができる」（広瀬，2011：44）という．これは，グリーフを生き抜いた人にしかわからない，ある意味結果論である．だから，悲嘆のただ中にある人にとってはまったく五里霧中でしかない．

（４）　情報交換

同じむずかしい問題を抱える人同士の情報交換は，悲嘆にある者にとっては貴重だ．繰り返しになるが，同じ体験でも亡くなった人との関係，男女差，年齢，子のあるなしなどにより，微妙に心配事が異なる．そのとき，ネットよりは対面状況の方が立ち入った詳細な情報が得られる場合もある．

（５）　社会への働きかけ

実際のところ，21世紀の現在まで，日本においてのグリーフケアは，おざなりだった．死を話題にすることへの躊躇と周囲の無理解によって，悲嘆者は孤立しがちだった．最近になってようやくセルフヘルプ・グループ（以下，自助グループ）の存在がクローズアップされようとしているものの，周囲も当事者

も互いにどう接していっていいのか，手探り状態である．そこで，医療福祉の内容に入ろうと入るまいと，対応の充実が望まれるのは確かであるから，自助グループによる活動の発信も大切である．

　端的には，人が自助グループの門をたたくのは，グリーフワークをその人なりにこなし，誰とも違う悲嘆（悲嘆の性質③）をレジリエンスの過程に導くためであろう．この意味であえて「回復」という言葉を使うときは，愛する人との死別前の自分に戻ることではなく，人間として成長していくことを意味することになろう．

✐　自助グループでの留意点

　そうだからといって，自助グループへの過剰な期待は禁物である．確かに，家族にいえないことを話せる場合もあるし，利害関係を抜きに参加できる．そのこと自体は，素晴らしいことであるが，なかには依存が強すぎてメンバーに負担をかけてしまう人も出てくる．そういったことを避けるための留意点を記載して本章を閉じたい．

　まず，グループ選びは，慎重にということを指摘したい．昨今，ウェブをみればグリーフケアのための自助グループがたくさんあることがわかる．自分で探そうとする人は，病院からのサポートがない場合と，家族がかかった病院をあまり好ましく思っていない場合とがある．慎重の意味は，参加を控えるのではなく，自己のニーズと照らし合わせて違和感を感じたら，時間を置いたり，グループを替えたりしてみるのもよいということである．なかには，多数のグループに参加したり，いくつかのグループを転々とする人もいるようである．

　次に，参加のタイミングを考えたい．これも悲嘆の性質③から，自分のタイミングで入ることが大切である．

　それから，そのグループのルールを守ることである．ある自助グループのルールをみると，約束と時間の厳守，傾聴，非審判的態度，統制された情緒的関与，自己覚知，秘密厳守などの援助職の基本原則のようなことが記されている．

みんなの悲嘆に似ていること（悲嘆の性質①）への理解と，ある人たちと同じ境遇（悲嘆の性質②）による仲間はできても，誰とも似ていない（悲嘆の性質③）部分のケアは自分でというのが原則である．

このいわば悲嘆の「個別化の原則」（バイスティック，Biestek, F. P.）への対処法は発展途上にある．

✐　がん患者家族への心理的援助のために

本章は，やや冗長になってしまったので，主張を整理したい．日本人の死因の第1位ががんであるが，がんは，早期発見さえすれば治る病気になった．しかし，がん患者の家族が背負う負担は，高齢化によって要介護高齢者を抱える家族とはまた違った大きなストレスを伴うものである．

WHOの指針によると，その緩和ケアの定義（2002）から，がん患者の家族もまたケアの対象である．また，さかのぼること50年，近代ホスピス運動の母であるシシリー・ソンダース（Cicely, Saunders, D.）は，がん患者とその家族のスピリチュアルケアを含む心理的援助をホスピスの大切な役割のひとつとしたのだった．そして，死別後の家族に対するグリーフケアの大切さについてもたびたび言及していた．

それにもかかわらず，日本では，とくにキリスト教を主たる宗教とする欧米諸国に比して，患者家族への心理的援助への取り組みが立ち遅れている．「がん難民」とは，家族だったのである．

そこで，本章では，主に死別後の家族が直面するグリーフとそのケアに焦点を当て，当事者の直面する現実を記述的に述べてきた．記述的と書かざるを得ないのは，家族の視点で書かれた研究があまりにも少ないからである．あえていうなら，医療，福祉，心理学専門家（ケアギヴァー）の立場からの発言や研究だけでは，患者とその家族はますます弱い立場に追いやられてしまうことを付言して，別稿を期することとする．

📖 **参考文献**

Economist Intelligence Unit（2010）*The quality of death: Ranking end-of-life care across the world.*（丸祐一・小野谷加奈恵・飯田亘之訳（2013）『死の質―エンド・オブ・ライフケア世界ランキング』東信堂）

五十嵐正紘（1994）「地域医療」日野原重明・阿部志郎監修『クオリティ・オブ・ライフのための医療と福祉』小林出版

柏木哲夫（1997）『死を看取る医学―ホスピスの現場から』NHKブックス

片岡佳美・吹野卓（2014）「『高齢者の生きがい』再考―生きがいのもう一つの視点」『生きがい研究』第20号，長寿社会開発センター

岸本葉子・内富庸介（2009）『がんと心』文春文庫

国立がん研究センター「家族向けの心のケア情報」，http://ganjoho.jp/public/support/mental_care/mc06.html（2017年6月10日検索）

国立がん研究センター「家族ががんになったとき―患者さんとあなたを支える3つのヒント」『社会とがん2017』，http://ganjoho.jp/data/public/qa_links/brochure/odjrh3000000pusy-att/201.pdf（2017年6月10日検索）

倉嶋厚（2002）『やまない雨はない』文藝春秋

尾角光美（2013）『なくしたものとつながる生き方』サンマーク出版

酒井明夫他編（2002）『生命倫理事典』太陽出版

高木慶子編著（2012）『グリーフケア入門―悲嘆のさなかにある人を支える』勁草書房

高松里（2004）『セルフヘルプグループとサポート・グループ実施ガイド―始め方・続け方・終わり方』金剛出版

恒藤暁（1997）『最新緩和医療学』最新医学社

若林和美（1994）『死別の悲しみを超えて』岩波書店

ウォーデン，J. W.（山本力監訳）（2011）『悲嘆カウンセリング』誠信書房

吉田利康（2013）『悲しみを抱きしめて―グリーフケアおことわり』日本評論社

索　引

あ 行

愛情　4, 45-47, 61, 62, 116, 159, 200, 204-206, 209
アイデンティティ　17, 45, 47, 49, 53, 81, 245
アリエス, P.　60, 200
家　6, 7, 13, 58, 202, 207
家制度　6, 7, 58, 143, 193, 203
生きがい　89, 236
育児　46, 49, 52, 64, 109, 139, 146, 156, 174
1.57ショック　8, 127, 138, 142
ウエルネス　88, 89, 92, 93
ウォーデン, J. W.　241, 244, 245
エルダー, G.　23, 30, 31
オグバーン, W. F.　18
夫は仕事，妻は家事・育児　16
男は仕事，女は家庭　141, 204
オルタナティブ・ファミリー　184, 194

か 行

介護　33, 46, 89, 90, 109, 112, 115, 116, 126, 139, 193, 240
介護機能　104, 115
皆婚社会　121, 125, 208
核家族　3, 5, 6, 12, 16-19, 110, 111, 131, 141, 143, 144, 203, 207-209
核家族化　12, 13, 105
核家族世帯　9, 12, 104, 109, 208
家計　16, 173, 174, 223
家事　46, 49, 52, 64, 146, 156, 162, 173, 174
家族　4-7, 14, 18-20, 23, 26, 33, 36, 40, 42, 43, 45-47, 58, 61, 66, 74, 83, 84, 88, 92, 94, 96, 104, 112, 114-117, 138, 139, 141, 144, 147, 161, 164, 184-186, 192, 194, 200, 202-209, 213, 229, 230, 234, 238-240
　　──の機能　17, 18
　　──の多様化　136, 168
家族観　4, 34, 35, 58, 171
家族主義　110, 117
家族問題　42, 43
家族類型　5, 9, 207
家父長制　63, 110, 202

加齢効果　22
緩和ケア　231, 233, 236, 250
QOL　101, 117, 233-236, 238
QOD　235
近代家族　3, 6, 13-15, 42, 45, 47, 103, 111, 139, 143, 148, 158, 159, 179, 184, 202, 205
クオリティ・オブ・デス　231, 235, 236
クオリティ・オブ・ライフ　70, 101, 235
グリーフ　231, 240, 243, 247, 248, 250
グリーフケア　241-243, 247, 249, 250
グリーフワーク　231, 243, 245, 247, 249
ケア　46, 48, 97, 178, 230
ケア役割　158-162
ケアワーク　156, 162, 163
経済的暴力　156, 157
結婚家族　26, 35
ゲルス　154
健康寿命　87, 90
健康・予防元年　87, 90
原発事故（福島）　214, 219, 226
合計特殊出生率　7, 8, 127, 128, 138, 142, 207
公的領域　14, 139, 158
高度経済成長期　12, 15, 45, 58, 59, 141, 204, 205
幸福　14, 15, 19, 20, 34, 36, 126
コーホート　22, 23, 26, 28, 32
コーホート効果　22
心のケア　233, 239
子どもの社会化　7, 17, 19, 197, 207, 209
子どもの出自を知る権利　69, 81
子どもの貧困　132, 175
コレクティブ・ハウス　183, 192
婚姻　4, 5, 144
婚外子　185, 186

さ 行

サイコオンコロジー　233, 238
里親　189, 190
三世代世帯　101, 102, 105
三世代直系家族　112, 115, 208
ジェンダー　56-58, 63-66, 151, 154, 155,

163, 164, 173
ジェンダー規範　153, 163
自主避難　214, 218
自助グループ　246, 247, 249
シシリー・ソンダース, D.　250
時代効果　22
私的領域　13, 14, 139, 158
社会化　198, 199, 206, 207
社会保険　100, 103, 107
社会保障　19, 100, 103, 113, 114, 148
社会保障制度　59, 103, 104, 114, 116, 131
出生家族　26
出生率　58, 127, 130, 138
　　──の低下　145
生涯未婚率　121-123, 125, 138
少子化　2, 7, 9, 17, 122, 126-128, 132
少子高齢化　141, 147, 184
女性活躍推進法　57, 58
女性の社会進出　16, 49, 103
新型出生前診断　69, 83
シングルファーザー　168, 173, 174, 178, 179
シングルマザー　53, 168, 176, 178, 179
人工生殖技術　69, 70, 76, 80, 83
人工妊娠中絶　69, 70, 74
震災　214-216
身体的暴力　156, 157
ステップ・ファミリー　52, 183, 188
ストレス　39, 40, 43-47, 52, 126, 239
ストレスフル　89, 192
ストレッサー　44, 51
ストロース　154
スピリチュアル　236
　　──な適応　245
スピリチュアルケア　250
生活保護　105, 116
生殖　70, 71, 84
生殖技術　84, 206
性的暴力　156, 157
性別役割分業　13, 42, 47, 48, 59, 138, 139, 142, 156, 158, 161, 163, 173, 174, 179
世帯　4, 170
セルフヘルプ・グループ　52, 248
専業主婦　14, 16, 58, 111, 114, 141, 143, 146, 147, 204, 205, 223
専業主婦世帯　2, 205

た　行

ターナーとマリアンスキー　5, 6
体外受精　77, 79, 80
第二の患者　238, 240
タイミング　22, 23, 26, 27, 31
代理出産　78, 82
正しい家族　169, 171, 206
ダン, H. L.　88
団塊の世代　127, 203
男女共同参画　137, 142
単身世帯　17, 111, 115
男性稼得型　108, 109
単独世帯　104, 144, 147
地域包括ケア　96, 238
チェルノブイリ　217, 218
超高齢社会　89, 96
直系家族　3, 6, 12
DV/ドメスティック・バイオレンス　151-154, 158
ディストレス　43, 48, 51
ドゥーリア　179
同性カップル　82, 185, 190
共働き　2, 16, 49, 114, 205

な　行

日本型福祉社会　59, 100, 109

は　行

バージェス, E. W.　18
パーソンズ, T.　18, 197
配偶者控除　56, 59
働き方改革　136, 137
バダンテール, E.　61
晩婚化　17, 32, 126, 145
非婚　144, 145, 169
悲嘆　240, 243, 244
悲嘆の仕事　243
悲嘆の性質　241, 242, 244, 248-250
ひとり親家族　5, 95, 166, 168-170, 172, 173, 179, 191
ひとり親世帯　173, 175, 176
ひのえうま　8, 127, 128, 142
夫婦家族　5
夫婦間コンフリクト　50, 51

夫婦のみの世帯　　9, 105
フェミニズム　　62, 63, 184
複合家族　　3, 6
福祉国家　　109, 110
父子家族　　16, 168, 169, 172, 173, 179
父子世帯　　170, 173, 176, 177
二人（ふたり）家族　　12, 16, 34, 114
平均世帯人員　　115
ベネディクト, R.　　199
ベビーブーム　　203
法律婚　　185, 186
暴力　　72, 95, 151, 152, 154, 155, 160
ボーヴォワール, S.　　62, 63
母子家族　　16, 168, 169, 172, 173, 179
母子世帯　　170, 173, 175, 176
ホスピス　　230, 250
母性　　60, 61
母性愛　　46, 60-62
ホックシールド, A.　　64, 65

ま　行

マードック, G. P.　　5, 208
マートン, R. K.　　199
正岡寛司　　26, 30
未婚化　　17, 32, 122, 123, 126, 144, 145, 208
未婚率　　144, 145, 208

森岡清美　　5

や　行

やすらぎの場　　40, 54
柳田國男　　201
予期悲嘆　　231, 240

ら　行

ライフイベント　　23, 25-27, 31, 32, 44, 122,
　139, 140
ライフコース　　17, 20, 23, 26, 28-30, 33, 34,
　49, 66
ライフコース研究　　22, 23, 25, 27, 29, 32, 36
ライフコース調査　　23, 30
ライフスタイル　　2, 15, 89, 143, 191, 194
ライフステージ　　194, 213
ライフプラン　　34, 143
離婚率　　40, 171
リプロダクティブ・ヘルス／ライツ　　69, 71,
　73, 74
ルソー, J-J.　　200
レジリエンス　　248

わ　行

ワーク・ライフ・バランス　　58, 74, 135, 137,
　138-141, 143, 148

編 著 者

増子 勝義（ますこ かつよし）

1987 年　早稲田大学大学院文学研究科博士後期課程
　　　　単位取得満期退学（社会学専攻）
現　　職　城西国際大学福祉総合学部教授
主要著書　『おもしろ家族論』（共著）学文社　1994年
　　　　　『地域の教育力と生涯学習』（共著）多賀出版　1995年
　　　　　『保健医療福祉の社会学』（共著）中央法規出版　1997年
　　　　　『福祉文化の研究』（単著）北樹出版　2000年
　　　　　『新世紀の家族さがし』『増補改訂版 新世紀の家族さがし』『新版 新世紀の家族
　　　　　さがし』（共著）学文社　2000，2003，2007年
　　　　　『世界の社会福祉年鑑2003』『同2004』『同2005』『同2006』『同2008』『同2010』
　　　　　（共著）旬報社　2003-2006，2008，2010年
　　　　　『福祉文化の創造』（単著）北樹出版　2006年
　　　　　『21世紀の家族さがし』（共著）学文社　2010年
　　　　　『福祉文化の協奏』（単著）北樹出版　2017年

21世紀の家族づくり　第2版

2019年1月10日　　第1版　第1刷発行
2023年1月30日　　第2版　第1刷発行

　　　　　　　　　　　編著者　　増　子　勝　義
　　　　　　　　　　　発行所　　株式会社 学 文 社
　　　　　　　　　　　発行者　　田　中　千　津　子

　　　　　　　　東京都目黒区下目黒3-6-1　〒153-0064
　　　　　　　　電話 03（3715）1501　振替00130-9-98842

落丁・乱丁本は，本社にてお取替えします．定価は売上カード，カバーに表示してあります．
ISBN978-4-7620-3222-6・印刷／シナノ印刷㈱

・検印省略